TRIBUTAÇÃO DAS SOCIEDADES COOPERATIVAS

CIP-BRASIL. CATALOGAÇÃO NA PUBLICAÇÃO
SINDICATO NACIONAL DOS EDITORES DE LIVROS, RJ

C351t

Castro, Guilherme Frederico de Figueiredo

Tributação das sociedades cooperativas / Guilherme Frederico de Figueiredo-Castro. – 1. ed. – São Paulo : Noeses, 2017.

272 p. : il. ; 23 cm.
Inclui bibliografia
ISBN: 978-85-8310-086-7

1. Direito tributário - Brasil. I. Título.

17-41329

CDU: 34:351.713(81)

GUILHERME FREDERICO DE FIGUEIREDO CASTRO

Mestre em Direito Tributário pela PUC/SP. Pós-graduado em Direito Tributário pelo IBET. Pós-graduado em Direito Constitucional pela PUC/SP. Graduado em Direito pela Universidade para o Desenvolvimento do Estado e da Região do Pantanal - UNIDERP. Atualmente é sócio-proprietário do escritório Assis, Castro, Vigo e Stuart Advogados S/S. Professor da Universidade Católica Dom Bosco – UCDB.

TRIBUTAÇÃO DAS SOCIEDADES COOPERATIVAS

2017

Copyright ® Noeses
Fundador e Editor-chefe: Paulo de Barros Carvalho
Gerente de Produção Editorial: Rosangela Santos
Arte e Diagramação: Renato Castro
Revisão: Equipe Noeses
Designer de Capa: Aliá3 - Marcos Duarte

TODOS OS DIREITOS RESERVADOS. Proibida a reprodução total ou parcial, por qualquer meio ou processo, especialmente por sistemas gráficos, microfílmicos, fotográficos, reprográficos, fonográficos, videográficos. Vedada a memorização e/ou a recuperação total ou parcial, bem como a inclusão de qualquer parte desta obra em qualquer sistema de processamento de dados. Essas proibições aplicam-se também às características gráficas da obra e à sua editoração. A violação dos direitos autorais é punível como crime (art. 184 e parágrafos, do Código Penal), com pena de prisão e multa, conjuntamente com busca e apreensão e indenizações diversas (arts. 101 a 110 da Lei 9.610, de 19.02.1998, Lei dos Direitos Autorais).

2017

Editora Noeses Ltda.
Tel/fax: 55 11 3666 6055
www.editoranoeses.com.br

À Ariene, amor da minha vida, aos meus pais e irmão, Cícero, Solange e André, e aos meus sócios de escritório, Dr. André Assis Rosa, Dr. André Stuart Santos e Dr. José Henrique Vigo, por acreditarem e terem tido paciência para a concretização desse maravilhoso sonho.

"A tarefa não é tanto ver aquilo que ninguém viu, mas pensar o que ninguém ainda pensou sobre aquilo que todo mundo vê".

Arthur Schopenhauer

AGRADECIMENTOS

Em primeiro lugar, agradeço ao Nosso Senhor Jesus Cristo e a Nossa Senhora de Aparecida.

Ao Prof. Dr. Paulo de Barros Carvalho, exemplo a ser seguido, o meu muito obrigado por tudo o que aprendi e principalmente por ter me admitido como seu orientando, fato este que marcará toda a minha vida profissional. Em seu nome cumprimento todos os amigos do IBET.

Ao Desembargador Claudionor Miguel Abss Duarte, pelo apoio incondicional.

Aos amigos Sandro e Marli, pela presença em todos os momentos.

Ao Dr. Robson Maia Lins, Dr. Roque Antônio Carrazza, Dra. Elizabeth Nazar Carrazza, Dr. Antônio Carlos Mendes, Dr. Renato Lopes Becho e Dr. Marcelo Gomes Sodré, pelas aulas inesquecíveis.

Ao Lucas Galvão de Britto, pelo material ofertado para o meu estudo.

À Claine Chiesa, pela amizade de sempre.

Ao meu primo Leonardo Rebello, pela calorosa acolhida em sua residência durante todas as idas e vindas a São Paulo/SP.

SUMÁRIO

PREFÁCIO... XV

INTRODUÇÃO 01

1. TEORIA DO CONHECIMENTO E DA LINGUAGEM 05

    1.1 Em busca do conhecimento 05

    1.2 A Filosofia e a Ciência Jurídica 09

    1.3 A linguagem do Direito e o seu conceito................ 12

    1.4 Teorias do Direito 14

2. DIREITO POSITIVO E O COOPERATIVISMO................ 21

    2.1 Direito Positivo e Positivismo Jurídico 21

    2.2 Ordenamento e sistema jurídico 24

    2.3 Autopoiese do Direito.. 33

    2.4 Norma jurídica 36

          2.4.1 Regras e princípios.. 39

          2.4.2 Estrutura da norma jurídica 41

          2.4.3 Espécies de normas jurídicas 43

2.4.4 Princípio da igualdade tributária................... 45

2.4.5 Princípio da capacidade contributiva 50

2.4.6 Legislação do sistema cooperativo 53

3. AS COOPERATIVAS NO SISTEMA JURÍDICO BRASILEIRO... 55

3.1 Definição 55

3.2 Sociedade empresária x simples............................ 61

3.3 Características das sociedades cooperativas......... 65

3.4 Entidades *sui generis* 68

3.5 Sociedades auxiliares... 70

3.6 Delegação cooperativa 71

3.7 Da classificação e dos objetivos das sociedades cooperativas... 73

    3.7.1 Cooperativas singulares.................................. 74

    3.7.2 Cooperativas centrais ou federações de cooperativas 75

    3.7.3 Confederações de cooperativas...................... 75

    3.7.4 Cooperativas de crédito.................................. 76

    3.7.5 Cooperativas de trabalho................................ 78

    3.7.6 Cooperativas habitacionais 85

    3.7.7 Cooperativas de produtores........................... 86

    3.7.8 Cooperativas de consumo............................... 91

    3.7.9 Cooperativas mistas 95

    3.7.10 Outras cooperativas....................................... 95

3.8 Ato cooperativo 101

    3.8.1 Unilateralidade e bilateralidade.................... 103

3.8.2 Ato cooperativo estrito senso e lato senso 114
3.8.3 Ato intercooperativo.. 120
3.8.4 Ato não cooperativo.. 125
3.9 Atividade econômica x lucro...................................... 126
3.9.1 Excedentes ou sobras... 129
3.9.2 Prejuízos ou perdas.. 131
3.10 Livre concorrência e o cooperativismo.................. 132

4. ADEQUADO TRATAMENTO TRIBUTÁRIO DAS COOPERATIVAS 139

4.1 Adequado tratamento tributário e ato cooperativo.. 140
4.1.1 Imunidade.. 144
4.1.2 Isenção... 148
4.1.3 Não incidência.. 160
4.2 Projeto de Lei Complementar n. 271/2005............. 170

5. TRIBUTAÇÃO DAS COOPERATIVAS....................... 175

5.1 Regime Jurídico Tributário 175
5.2 Imposto sobre a Renda - IR 177
5.3 Contribuição Social sobre o Lucro Líquido – CSLL 186
5.4 Imposto sobre Produtos Industrializados - IPI 190
5.5 Imposto sobre Serviços de Qualquer Natureza - ISSQN... 193
5.6 Imposto sobre Circulação de Mercadorias - ICMS. 199
5.7 PIS/PASEP e COFINS... 207
5.8 Contribuição Previdenciária Patronal 213

5.8.1 O problema da base de cálculo das contribuições sobre a folha de salário 218

5.9 Contribuição previdenciária do artigo 22, IV, da Lei n. 8.212/91 220

5.10 Contribuição previdenciária das cooperativas de crédito 226

5.11 Deveres instrumentais das cooperativas 227

CONCLUSÃO 237

REFERÊNCIAS 241

PREFÁCIO

Acompanhar a dinâmica do direito, na sua mais larga acepção, tem sido trabalho difícil, mesmo que o tema estudado desperte vivo interesse no seio da comunidade jurídica brasileira. E o cooperativismo provoca um sentimento positivo em quantos o examinam na sua função altamente social e agregadora. Mas, cumpre advertir que a perspectiva dinâmica, sobre ser delicada no seu trato, não esconde suas complexidades a qualquer momento. A marcha inexorável do tempo, marcando as evoluções e involuções no caminhar da trajetória humana, surpreende a cada passo, ainda que possamos isolar uma pequena porção do tecido social, como é aquele conjunto de atividades que assinala o domínio do cooperativismo.

Com efeito, nas sociedades cooperativas, os associados se obrigam a contribuir com bens ou serviços para o exercício de uma atividade econômica, de proveito comum e sem objetivo de lucro, conforme demarcado pela Lei n. 5.764/71, que definiu a Política Nacional do Cooperativismo e instituiu o regime jurídico das sociedades cooperativas, trazendo uma disciplina segura a respeito dos princípios e das relações que se estabelecem nesse tipo de grupamento associativo.

Nessa espécie de sociedade, o cooperado participa como proprietário, atuando em todos os processos decisórios, de criação e de manutenção da sociedade. Ao mesmo tempo, tal sócio/proprietário figura como destinatário da atividade exercida pela cooperativa, ou seja, é consumidor dos serviços por ela prestados. Esse o elemento caracterizador da cooperativa: a existência de duas relações distintas, porém indissociáveis. Numa, a relação em que o associado faz as vezes de proprietário; noutra, resultado da primeira, em que o cooperado toma parte como beneficiário.

Desses liames decorrem os atos cooperativos, definidos no art. 79, *caput* e parágrafo único da Lei n. 5.764/71, como aqueles praticados entre as cooperativas e seus associados, entre estes e aquelas, bem como pelas cooperativas entre si, para a consecução dos objetivos sociais, não implicando operações de mercado, nem contrato de compra e venda de produto ou mercadoria. Eis o *fim* das sociedades cooperativas: prestação direta de serviços a seus associados, sem objetivo de lucro, ainda que para tanto seja necessário o exercício de atividades negociais como *meio* da obtenção da finalidade proposta.

É preciso lembrar que entre as peculiaridades das cooperativas está a circunstância de que o legislador constituinte houve por bem eleger a lei complementar como veículo introdutor de normas jurídicas tributárias no âmbito dessa espécie de sociedade, prescrevendo, expressamente, no art. 146, inciso III, alínea "c", da Carta Magna, competir à lei complementar estabelecer referidas normas, especialmente sobre *"o adequado tratamento ao ato cooperativo praticado pelas sociedades cooperativas"*. Essa é uma das matérias que o constituinte considerou especial e merecedora de maior vigilância, demandando disciplina cuidadosa, ao exigir sua introdução no ordenamento mediante instrumento normativo intercalar, em decorrência de seu procedimento legislativo mais complexo.

Guilherme Frederico de Figueiredo Castro, cônscio dessas dificuldades, mergulha no funcionamento das cooperativas, naquilo que tange a atividade de tributação, para extrair conclusões interessantes quanto aos que lidam com essa matéria, no dia a dia da experiência jurídica.

O Autor diz bem a respeito do problema surgido com a interpretação do art. 146, III, c, do Texto Fundamental, em virtude do elevado teor de vaguidade do qualificativo *adequado*, aberto para receber atribuições de sentido desconcertantes, tornando problemática a construção de sentido daquele preceito constitucional. Inobstante isso, é intuitivo reconhecer que o exegeta não deve manter-se inerte diante de trecho do direito positivo, sob a escusa de que as palavras empregadas pelo legislador proporcionam embaraços, dificuldades de toda ordem, que prejudiquem a compreensão da mensagem. Pelo contrário, há de utilizar seus recursos sintáticos, semânticos e pragmáticos, semióticos enfim, para superar, a qualquer preço, os ruídos da comunicação legislada. Espera-se dele, aliás, que ultrapasse essas dificuldades e apresente sua compreensão. Os atos de fala produzidos pelas fontes do direito hão de ser recebidas e processadas pelo destinatário. E é este o ponto central da excelente tese de Guilherme Castro, agora oferecida à publicação.

É, portanto, com imenso prazer que enuncio tais palavras de apresentação, ressaltando aspectos que me parecem altamente positivos, no trabalho desse ilustre professor e advogado especializado, sempre pautando sua conduta dentro dos rigorosos padrões da ética e da moral profissional.

São Paulo, 5 de maio de 2017.

Paulo de Barros Carvalho
Professor Emérito da PUC/SP e da USP

INTRODUÇÃO

Não existe um marco temporal exato para se estabelecer o início do cooperativismo no mundo. Desde a Antiguidade o ser humano sempre teve a necessidade de se reunir em grupos para que fosse garantida a sua sobrevivência. Nisso estava incluído não somente a busca de proteção física, mas também o desenvolvimento de trabalho conjunto que viabilizasse a sua subsistência. Neste tempo não havia qualquer formalidade, sequer a ideia de cooperativa que temos nos dias que correm.

No formato que hoje nos é apresentado pode-se dizer que o cooperativismo tem seus primórdios na Inglaterra, por volta do ano de 1844, onde vinte e oito tecelões reuniram-se com o objetivo de enfrentar os maléficos efeitos propagados pela Revolução Industrial.

Anota Waldirio Bulgarelli que:

> Foi, no entanto, a partir do século passado que essas tentativas lograram sucesso, com a criação das cooperativas, as quais se desgarrando da ideia geral de simples cooperação, especificaram-se num tipo determinado de organização solidária, adquirindo conformação característica, de tal forma que o cooperativismo se tornou um verdadeiro sistema sócio-econômico. Precedidas bem de perto por tentativas utópicas e isoladas, como a dos Falantérios de Fourrier, da Nova Harmonia de Owen, das 'Union Shops', de William King, e das Colônias Icarianas, de Cabet, as cooperativas surgiram com os Pioneiros de Rochdale,

em 1844, na Inglaterra, época que se tem estabelecido como marco histórico dos mais importantes.[1]

Este fato é confirmado pela doutrina portuguesa de Rui Namorado:

> A fundação da *Rochdale Society of Equitable Pioneers*, em 1844, tem servido como marco cronológico que assinala o início da cooperação moderna. Esta cooperativa teve em muitos aspectos um papel pioneiro que torna legítimo olhá-la como fundadora. Todavia, isso não apaga o facto de, ainda, durante o séc. XVIII e durante as primeiras décadas do séc. XIX, muitas terem sido as experiências cooperativas. A mortalidade foi grande, mas várias sobreviveram até muito depois de 1844.[2]

Mas não foi desde o início que as sociedades cooperativas tiveram o devido reconhecimento pelo Direito. As primeiras legislações foram aparecendo aos poucos, sendo a primeira delas no ano de 1852, na Inglaterra (*Industrial and Provident Act*); após na Alemanha com a lei prussiana e na França, ambas em 1867; na Itália no Código Comercial de 1883.

No Brasil tem-se como marco do cooperativismo o ano de 1902 com a fundação de uma caixa rural Raiffeisen, no Município de Nova Petrópolis, Estado do Rio Grande do Sul, sem que houvesse qualquer legislação que dispusesse sobre este modelo de associação. A primeira lei brasileira a regular as cooperativas foi a de n. 1.637, de 05 de janeiro de 1907, revogada em 1932, sendo sucedida por várias outras leis. Atualmente está em vigor a Lei n. 5.764/71, que disciplina sobre todas as cooperativas.

Com o advento da Constituição Federal de 1988, o assunto foi *constitucionalizado*. Não há qualquer dúvida de que o cooperativismo atingiu a plenitude do sistema jurídico, ocupando espaço de relevância na Carta Magna, a qual traz em seu bojo diversas passagens que cuidam desta importante modalidade

---

1. BULGARELLI, Waldirio. *Direito Cooperativo*. 1. ed. São Paulo: Atlas, 1967, p. 17.
2. NAMORADO, Rui. *Introdução ao Direito Cooperativo*. Lisboa: Almedina, 2000, p. 12.

de sociedade. A proteção dada pelo legislador às cooperativas abarca regras e princípios tanto de ordem constitucional, quanto infraconstitucional.

Todavia, como visto, nem sempre foi assim. Nos seus primórdios, e um pouco ainda nos dias atuais, existe certa desconfiança com relação ao cooperativismo. Principalmente no Brasil, no período do regime de exceção, este modelo de reunião de pessoas com objetivos mútuos tinha uma conotação de movimento social contrário ao governo dos militares. Tanto isso é verdade que a Lei Geral do Cooperativismo brasileira, datada do ano de 1971, em várias passagens dá demonstrações inequívocas do controle e das limitações impostas ao modelo cooperativista.

Apesar dos avanços que já foram feitos neste setor, muito ainda deve ser repensado e debatido entre os operadores do Direito, notadamente com o Poder Legislativo e o Poder Judiciário. O Direito Cooperativo sofre para ter um crescimento mais célere, devido à morosidade do legislador em adequar as legislações ordinárias aos preceitos encetados na Constituição Federal de 1988. Não obstante, o Poder Judiciário precisa evoluir com a sua jurisprudência, interpretando o cooperativismo consoante foi determinado pelo constituinte.

Há muita timidez dos julgadores em desbravar esta seara, deixando de realizar uma interpretação conforme a Carta Magna, para se apegar na literalidade das legislações ordinárias, as quais não guardam mais identidade com o novo modelo de cooperativismo adotado a partir de 1988, quando ocorreu a *constitucionalização* do assunto.

Destaca Renato Lopes Becho que:

> Para possibilitarmos um maior crescimento das cooperativas, precisamos trazer conhecimento sobre seu significado, seus mecanismos, seu funcionamento, a distribuição de direitos e deveres, seus riscos e vantagens, as atribuições de cada partícipe e muito mais. Dentre tantos campos do conhecimento que envolvem as cooperativas, do sociológico ao político, passando pelo econômico, precisamos conhecer profundamente o

significado jurídico da cooperação, porque esse é o caminho de solução das controvérsias internas e externas que surgirão de forma inexorável.[3]

A proposta deste trabalho, sem pretender esgotar o assunto, é trazer informações e argumentos para o debate da tributação do cooperativismo no Brasil, partindo do pressuposto, como já mencionado alhures, da elevação do tema ao topo da pirâmide jurídica. Como será visto com maiores detalhes, o modelo de cooperativismo sofreu uma profunda reforma com o advento da Constituição Federal de 1988, todavia, a Lei Geral (5.764/71) é retrógada e o Poder Legislativo, passado mais de 27 (vinte e sete) anos, não editou a Lei Complementar para regular o *adequado tratamento tributário ao ato cooperativo*.

Dessarte, muitos esclarecimentos devem ser feitos a respeito desse tema. O cooperativismo, apesar de todo o empreendedorismo das pessoas que o praticam, ainda está longe de ter o seu espaço devidamente reconhecido na economia brasileira, não, evidentemente, por culpa dos associados, mas sim, pelas travas mantidas pelo Poder Legislativo que demora muito para dar respostas satisfativas e, quiçá, pela timidez do Poder Judiciário.

Nesse ambiente é que o presente trabalho será desenvolvido, buscando, se possível for, dar algumas soluções imediatas, mas claro, sempre respeitando a construção de sentido dos enunciados prescritivos do Direito Positivo.

---

3. BECHO, Renato Lopes. *Elementos de Direito Cooperativo*. São Paulo: Dialética, 2002, p. 14.

1. TEORIA DO CONHECIMENTO E DA LINGUAGEM

1.1 Em busca do conhecimento

O ser humano é inquieto e sempre está em busca do conhecimento. O ato de tudo questionar é intrínseco à racionalidade humana, que nem sempre se conforma com as coisas da forma como se apresentam, buscando sempre uma razão para as coisas serem do jeito que são. Não é de hoje que a literatura em geral noticia a incessante trajetória perquirida pelos povos na busca do conhecimento, seja acerca da origem do mundo, da origem do próprio ser humano, do estado das coisas, enfim, tudo que está ao nosso redor, que é parte integrante das nossas vidas.

Todos nós somos livres para formular em nossas mentes tudo aquilo que nos convier. Também, ninguém está obrigado a aceitar todas as construções de ideias que são apresentadas. O pensamento e a formulação de proposições acerca do raciocínio que foi feito não precisa necessariamente seguir critério de rigorosidade. Sendo assim, o conhecimento pode se apresentar dentro de um contexto social, ora retratando simples acontecimentos da vida cotidiana, isto é, quando alguém dá a notícia de um fato ocorrido com determinada pessoa (ex.: a imprensa quando veicula uma matéria sobre um acidente), ou pode assumir uma feição mais rigorosa, no sentido de investigação aprofundada sobre determinado objeto.

Portanto, diz-se que o conhecimento é representado pelo binômio sujeito/objeto, como bem destacou Agostinho Ramalho Marques Neto:

> Não é fácil a tarefa a que ora nos entregamos. As características do conhecimento, suas raízes e seu processo de elaboração e aprimoramento são estudados sob perspectivas bem diferentes – e às vezes até mesmo opostas – pelos diversos pensadores que se têm ocupado deste assunto. O ponto central da discussão reside no binômio 'sujeito-objeto': suas relações, o papel que cada um desempenha na elaboração do conhecimento e a própria conceituação desses elementos.[4]

O que nos interessa neste trabalho não são aqueles conhecimentos adquiridos pela pessoa em razão de fatos da vida cotidiana, ou seja, notícias sobre determinados acontecimentos mundanos, despidos de um critério mais rigoroso para apreensão do objeto a que se alude. Ao contrário, pretende-se trazer à baila a forma de conhecimento calcada na verificação das suas premissas, tudo aquilo que é apreendido de forma criteriosa.

Na classificação de Miguel Reale, trata-se de conhecimento vulgar e conhecimento científico, senão vejamos:

> O conhecimento vulgar pode ser certo – e muitas vezes o é –, mas não possui a certeza da certeza, por não subordinar a verificação racional, ordenada, metódica.
>
> O conhecimento científico, ao contrário, é aquele que verifica os próprios resultados, pela ordenação crítica de seu processo.[5]

---

4. MARQUES NETO, Agostinho Ramalho. *A Ciência do Direito*: conceito, objeto, método. 2. ed. Rio de Janeiro: Renovar, 2001, p. 2-3.

5. REALE, Miguel. *Introdução à Filosofia*. 4. ed. São Paulo: Saraiva, 2002, p. 48.

Este mesmo assunto é tratado por Aurora Tomazini de Carvalho, entretanto, sob outras nomenclaturas, a saber: conhecimento em sentido amplo e em sentido estrito. Vejamos sua lição:

> Com objetivo de simplificar nossos estudos, reduzimos as complexidades diferenciando conhecimento em 'sentido amplo' e em 'sentido estrito'. Em sentido amplo, toda forma de consciência que aprisiona um objeto intelectualmente como seu conteúdo é conhecido. Alcança esta concepção estrita, no entanto, a partir do momento em que seu conteúdo aparece na forma de juízo (uma das modalidades do pensamento) quando, então, pode ser submetido a critérios de confirmação ou infirmação.[6]

Analisando as diversas produções científicas, dos mais gabaritados jurisconsultos, uma atenção especial é dada à origem do conhecimento. De onde provém tudo aquilo que sabemos? Não há dúvida de que existe uma grande dificuldade em dar respostas totalmente satisfatórias a esta pergunta. Vários estudiosos já escreveram sobre este tema, sendo que aqui serão apresentadas as propostas doutrinárias consideradas apropriadas para a investigação científica de um objeto.

Pela Teoria do Conhecimento, vários filósofos, entre eles Miguel Reale, sustentam que existem três posições fundamentais: empirismo, racionalismo e criticismo. No primeiro caso, o conhecimento é adquirido essencialmente pela experiência humana, *i. é.*, por meio dos acontecimentos ao longo do tempo. Para os pensadores racionalistas, a verdade não decorre simplesmente de uma concatenação de fatos, senão pela preponderância da razão no processo cognitivo. Por seu turno, o criticismo preliminarmente questiona a relação sujeito-objeto, suas condições e pressupostos. O criticismo kantiano apregoa que não se pode ter conhecimento sem a experiência (sensorial), mas para que este tenha validade deve ser submetido ao critério da racionalidade, para verificação da validade universal.

---

6. CARVALHO, Aurora Tomazini de. *Curso de Teoria Geral do Direito*: o constructivismo lógico-semântico. São Paulo: Noeses, 2009, p. 8.

A Teoria do Conhecimento, desde a época de Platão, baseia-se na ideia de que o ato de conhecer tem como pressuposto a relação entre o sujeito e o objeto. Nesta concepção, a linguagem é relegada para um segundo plano, pois somente teria a finalidade de conectar o sujeito ao objeto. Em outros dizeres, o estudo do conhecimento é feito por intermédio da gnosiologia (sujeito) e da ontologia (objeto), ou da fenomenologia (relação entre estes).

Entretanto, em meados do século passado, Ludwig Wittgenstein apresentou o seu *Tractatus logico-philosophicus*, que academicamente ficou conhecido como giro-linguístico. A partir de então, é defendido que o conhecimento somente é adquirido pela construção da linguagem, a qual assume papel de preponderância para a formação da consciência. O mundo é criado a partir da construção linguística. Essa nova fase da filosofia ficou marcada pela seguinte expressão "os limites da minha linguagem significam o limite do meu mundo".[7]

Da mesma forma que a filosofia do conhecimento apresentada por Kant influenciou vários filósofos, sendo utilizada como referencial para estes estudiosos, na Teoria da Linguagem o efeito da obra de Wittgenstein foi o mesmo. Para o giro-linguístico não existe um mundo de *per se*, mas sim, tudo aquilo que sabemos e acreditamos decorre da construção das palavras existentes no vernáculo. Nessa senda, anotou Dardo Scavino que "a linguagem deixa de ser um meio, algo que estaria entre o sujeito e a realidade, para se converter num léxico capaz de criar tanto o sujeito como a realidade."[8]

Feitas estas considerações acerca do conhecimento e da linguagem, avançaremos no sentido de estabelecer uma noção do tão propalado Direito. Afinal de contas, o que o Direito atualmente representa para a sociedade e para os estudiosos?

---

7. WITTGENSTEIN, Ludwig. *Tractatus logico-philosophicus*. São Paulo: Edusp, 1994, p. 11.

8. SCAVINO, Dardo. *La filosofia actual*: pensar sin certezas. Buenos Aires: Paidós Postales, 1999, p. 12.

1.2 A Filosofia e a Ciência Jurídica

Desde os grandes pensadores da Antiguidade, notadamente os gregos, o homem sempre esteve em busca de respostas para as várias situações que lhe afligem. A curiosidade e o ânimo investigativo contribuíram sobremaneira para a evolução dos povos. Assim, a filosofia cumpriu e ainda cumpre papel fundamental no desenvolvimento ordenado do raciocínio. Por meio da filosofia é possível organizar as várias especulações que são feitas pelo indivíduo sobre o assunto que for.

A filosofia pode servir com muita eficiência às ciências naturais e humanas. O seu campo de abrangência é ilimitado. A preocupação do filósofo é estabelecer conceitos e critérios para que se possa atingir um resultado satisfatório com relação à dúvida que se pretende resolver. Dessa forma, a filosofia muito se assemelha à ciência, apesar de não ser de aceitação uníssona, como nos afirma Renato Lopes Becho, *verbis*:

> É importante ressaltar que a filosofia possui métodos para sistematizar os conhecimentos sobre os quais seus teóricos vertem suas atenções. Com isso, mesmo não sendo uma ciência exata, ela pode ser vista como uma ciência rigorosa, por organizar os objetos de sua atenção com técnica específica.[9]

Quando se tenta associar a filosofia aos estudos jurídicos (ciência jurídica) vários problemas são encontrados pelo caminho. Isto porque, algumas teorias ao longo dos séculos foram defendidas para tentar explicar o fenômeno social comumente chamado de Direito. Assim, não faltaram teóricos que defenderam e ainda defendem o Direito de base natural e outros que reduzem tudo ao Direito posto. Existe certa resistência de alguns escritores em explorar a filosofia como mecanismo de encontrar soluções para o Direito positivado, pois ela, além de considerar a Teoria do Conhecimento, não se afasta da Teoria dos Valores (axiologia).

---

9. BECHO, Renato Lopes. *Filosofia do Direito Tributário*. 2. tir. São Paulo: Saraiva, 2010, p. 12.

Uma das peculiaridades da Teoria Pura do Direito, de Hans Kelsen, é justamente separar tudo aquilo que é valorativo do Direito positivado. A teoria kelseniana defende que o Direito deve se ocupar unicamente com a norma jurídica, isto é, o direito se resume à norma. Tudo o que não estiver positivado é irrelevante. Desta forma, o Direito deve ser entendido como algo avalorativo, não cabendo debater sobre ética e moral. De nada importa também especulações de ordem política, financeira, social, e assim por diante. Nesta obra, Kelsen sustenta que a Ciência Jurídica deveria ser um conhecimento objetivo e neutro.

Em Austin encontramos categoricamente a separação entre filosofia e ciência jurídica, como observou Albert Calsamiglia:

> John Austin – discípulo de Bentham y fundador de la escuela analítica – propuso un modelo de ciencia jurídica que puede considerarse paradigmático por su claridad y simplicidad. La ciencia general del derecho – según Austin – se divide en dos partes. En primer lugar, 'la ciencia de la legislación', cuyo objeto es conocer cómo debe ser el derecho. La ciencia de la legislación es una disciplina normativa, en el sentido de que trata de buscar cuáles son las normas adecuadas para la regulación de la conduta social. Conviene señalar que esta disciplina ha sido cultivada especialmente por los filósofos y los políticos, mientras que los juristas en cuanto tales han tendido a considerar que esta disciplina no era la verdadera ciencia del derecho.
>
> En segundo lugar, frente a la ciencia de la legislación se encuentra otra disciplina que Austin denominaba jurisprudencia. [...]. La jurisprudencia general constituye la parte conceptual de la ciencia general del derecho y sólo se ocupa de cómo es el derecho. Los juristas han dedicado especial atención a esta disciplina y la han considerado como su auténtico feudo. En el modelo austiniano la jurisprudencia debe mantenerse separada de la filosofía, de la política y de cualquier otra ciencia social.[10]

---

10. CALSAMIGLIA, Albert. Ciencia Jurídica. In: GARZÓN, Ernesto; LAPORTA, Francisco J. (Org.). *El derecho y la justicia*. 2. ed. Madrid: Editorial Trotta, 2000, p. 19-20.

Nessa senda, não se pode deixar de mencionar as valiosas considerações feitas por Alf Ross:

> Tomada como um todo, a escola analítica leva o selo de um formalismo metódico. O direito é considerado um sistema de normas positivas, isto é, efetivamente vigorantes. A 'ciência do direito' busca apenas estabelecer a existência dessas normas no direito efetivo independentemente de valores éticos e considerações políticas. Tampouco formula a escola analítica qualquer questão relativa às circunstâncias sociais penetradas pelo direito – os fatores sociais que determinam a criação do direito e seu desenvolvimento, e os efeitos sociais que se produzem ou que se pretende produzir mediante normas jurídicas.[11]

Miguel Reale, que muito se dedicou aos estudos filosóficos, esclarece que um grande equívoco cometido pelo positivismo é buscar *"atingir a síntese científica aceitando os resultados das ciências como ponto de partida"*.[12] Reale explica que a filosofia deve atuar como uma crítica à própria ciência, das condições de sua certeza, devendo-se concluir que:

> [...] a especulação filosófica é sempre de natureza crítica, visando atingir o valor essencial das coisas e dos atos. Assim sendo, implica, segundo certo prima, uma consideração de natureza axiológica, o que quer dizer, uma teoria do valor, a começar pelo problema da validade do conhecimento em geral.[13]

Ao que parece, a filosofia encontra resistência dentro da teoria do positivismo jurídico, pois, como dito, esta teoria está calcada numa ciência de caráter totalmente avalorativo. A filosofia tem como problema central o caráter valorativo das coisas, conforme ensina Miguel Reale.

---

11. ROSS, Alf. *Direito e justiça*. Trad. Edson Bini, rev. téc. Alysson Leandro Mascaro. Bauru, SP: EDIPRO, 2000, p. 25.

12. *Id. ibid.*, p. 20.

13. *Id. ibid.*, p. 20.

1.3 A linguagem do Direito e o seu conceito

O Direito nos é apresentado pela linguagem natural escrita (português, inglês, espanhol etc.). A linguagem do Direito é um subsistema da linguagem natural. Assim, a linguagem enquanto conjunto de símbolos (signos) pode ser analisada sob três prismas:

a) sintático: estuda a estrutura e a relação entre os símbolos;

b) semântico: estuda a relação entre os símbolos e seus significados e;

c) pragmático: estuda a relação entre os símbolos e o seu uso prático.

As imprecisões sintáticas, semânticas e pragmáticas da linguagem levaram o professor Tercio Sampaio Ferraz Jr. a explanar que o termo Direito:

> É sintaticamente impreciso, pois pode ser conectado com verbos (ex.: meus direitos não valem nada), substantivos (ex.: direito é uma ciência), adjetivos (ex.: este direito é injusto), podendo ele próprio ser usado como substantivo (ex.: o direito brasileiro prevê...), advérbio (fulano não agiu direito) e adjetivo (ex.: não é um homem direito). Semanticamente é um termo denotativamente e conotativamente impreciso. Denotativamente ele é vago porque tem muitos significados e conotativamente ele é ambíguo, porque, no uso comum, é impossível enunciar uniformemente as propriedades que devem estar presentes em todos os casos em que se usa a palavra. Pragmaticamente é uma palavra que tem grande carga emotiva.[14]

A vaguidade e a ambiguidade da linguagem natural limitam sua precisão e rigor. Todos os termos genéricos são potencialmente vagos, o que se pode denominar de *textura aberta* da linguagem. Sempre é possível imaginar um objeto de que não dispomos de critérios para saber se pertence à referência da expressão.

---

14. FERRAZ JR., Tercio Sampaio. *Introdução ao estudo do Direito*. 4. ed. São Paulo: Atlas, 2003, p. 38.

A ambiguidade ocorre quando uma palavra apresenta mais de um significado. Isto pode ocorrer de forma extracontextual ou contextual. A ambiguidade extracontextual se apresenta somente quando uma expressão é analisada isoladamente, fora de um contexto. Essa ambuiguidade não é um problema, posto que quando a palavra é alocada dentro de um contexto, desvanece qualquer ambiguidade, sendo possível identificar qual o significado pretendido pelo enunciado.

Entretanto, a ambiguidade contextual pode ocorrer de duas formas: a) uma expressão que tem vários significados que somente pode ser utilizada de forma alternativa em um contexto determinado; b) uma expressão que tem vários significados usados em um contexto simultaneamente.

Diante dessas considerações, depreende-se a dificuldade que existe em definir o que significa o Direito. A palavra *Direito* pode ser usada tanto num sentido informal, popular, sem qualquer pretensão ou rigorosidade científica, como também pode aludir a um objeto de estudo específico, que são as normas jurídicas que regulam as condutas dos indivíduos na sociedade. Nesta última versão, ainda cabe distingui-lo em direito positivo e ciência do direito. De toda forma, interessa-nos no presente estudo investigar o *direito* enquanto um dado certo, atinente às normas gerais que se impõem sobre a sociedade.

Paulo de Barros Carvalho ensina o seguinte:

> Trato o direito positivo adotando um sistema de referência, e esse sistema de referência é o seguinte. Primeiro, um corte metodológico, eu diria de inspiração kelseniana – onde houver direito haverá normas jurídicas, necessariamente. Segundo corte – se onde houver direito há, necessariamente, normas jurídicas, nós poderíamos dizer: onde houver normas jurídicas há, necessariamente, uma linguagem em que estas normas se manifestam. Terceiro corte – o direito é produzido pelo ser humano para disciplinar comportamentos sociais; vamos tomá-lo como um

produto cultural, entendendo objeto cultural como todo aquele produzido pelo homem para obter um determinado fim.[15]

Portanto, é inegável que o Direito é constituído pela linguagem natural de cada povo e que apresenta uma imprecisão na definição do seu conceito. Todavia, retirando-se as possíveis vaguidades e ambiguidades, por meio de um processo de refinamento da pesquisa, podemos chegar à conclusão de que o Direito que nos interessa, enquanto estudiosos, é aquele veiculado por meio das normas jurídicas e estudado por meio da Ciência Jurídica. Entretanto, estas normas advêm exclusivamente da criação do homem ou podem ser de caráter divino? No próximo item explanaremos a respeito disso.

1.4 Teorias do Direito

Por vários meios os filósofos tentam solucionar o problema *do que é o Direito?* Neste diapasão, inúmeros pensamentos foram produzidos e reproduzidos ao longo da história, ora denominados de escola do direito, outras vezes de filosofia ou Ciência do Direito, teorias do direito, métodos, enfim. Não se pretende aqui discutir sobre a classificação que é feita. Portanto, não nos ateremos aqui em explicar as diferentes correntes filosóficas sobre a classificação do estudo jurídico. O que importa neste tópico é apresentar de uma forma simplificada quais efetivamente foram os pensamentos considerados relevantes para o avanço do estudo jurídico.

A mais antiga concepção que se tem do Direito é aquele de origem natural. O homem nasce livre e com o poder de decidir a sua própria vida. O jusnaturalismo busca o seu fundamento no Direito natural. Inúmeras teorias que foram apresentadas ao longo dos séculos para explicar o Direito natural. Alguns doutrinadores fazem menção ao racionalismo, à ética e à metafísica.

---

15. CARVALHO, Paulo de Barros. *Apostila do Curso de Extensão em Teoria Geral do Direito*. São Paulo: IBET/SP, 2007, p. 89.

Cícero apresenta a lei natural da seguinte forma:

> La verdadera ley es una recta razón, congruente, perdurable, que impulsa con sus preceptos a cumplir el deber y aparta del mal con sus prohibiciones; per que, aunque no inútilmente condena o prohíbe algo a los buenos, no conmueve a los malos con sus preceptos o prohibiciones. Tal ley no es lícito suprimirla, ni derogarla parcialmente, ni abrogala por enterro, ni podemos quedar exentos de ella por voluntad del senado o del pueblo, no debe buscarse un Sexto Elio que la explique como intérprete, ni puede ser distinta em Roma o em Atenas, hoy y mañana, sino que habrá siempre una misma ley para todos los pueblos y momentos, perdurable e inmutable; y habrá um único dios como maestro y jefe común de todos, autor de tal ley, juez y legislador, al que, si alguien desobedece huirá de si mismo y sufrirá las máximas penas por el hecho mismo de haber menospreciado la naturaleza humana, por más que consiga escapar de los que consideran castigos.[16]

O Direito natural busca sua essência na deidade, de modo que a figura mística de um ser superior é que dita as regras de comportamento dos seres humanos. Estas leis possuem caráter universal, pois são as mesmas em Roma ou Atenas, como mencionou Cícero. O direito natural não está submetido ao crivo do poder legislativo, o qual não pode mudá-lo, como também, não pode derrogá-lo ou abrogá-lo. Na Antiguidade, a visão que se tinha do direito natural era que seus mandamentos possuíam uma superioridade frente a qualquer regramento produzido pela autoridade terrena.

Em *Antígona* isto fica muito bem visível. A tragédia escrita por Sófocles narra a história de uma família que ao final é desestruturada por uma série de suicídios. Tudo tem início quando o corpo de Polinice, irmão de Antígona, é proibido de ser dignamente enterrado com os louvores de um funeral. Creonte é quem determina este castigo, pois acusa Polinice de traição. Não conformada com a decisão de Creonte, Antígona mesmo assim resolve sepultar o irmão. Para isso, pede ajuda da sua irmã Ismênia.

---

16. CÍCERO. *Sobre la república*. Trad. Álvaro D'Ors. Madrid: Editorial Gredos, 1984, p. 137.

Interessante trazer um pequeno trecho da fala de Antígona:

> Não insistirei mais; e, ainda mais tarde queiras ajudar-me, já não me darás prazer algum. Faze tu o que quiseres; quanto a meu irmão, eu o sepultarei! Será um belo fim, se eu morrer, tendo cumprido esse dever. Querida, como sempre fui, por ele, com ele repousarei no túmulo... com alguém a quem amava; e meu crime será louvado, pois o tempo que terei para agradar aos mortos, é bem mais longo do que o consagrado aos vivos... Hei-de jazer sob a terra eternamente!... Quanto a ti, se isso te apraz, despreza as leis divinas![17]

Nesta fala fica muito evidente a diferença entre a lei natural e a lei criada pelo homem. Creonte, usando da sua autoridade, determina a todos os cidadãos daquele lugar que o enterro de Polinice está proibido. Todavia, Antígona não se conforma com esta ordem, pois na sua visão nenhum homem pode negar o sepultamento de outro. Deixar o cadáver de Polinice insepulto, não possibilitando a despedida e as lágrimas sobre o seu corpo, seria um ato atentatório às leis divinas. Portanto, Antígona, mesmo colocando sua própria integridade sob risco, afrontou a ordem de Creonte e providenciou o sepultamento do seu irmão.

A tragédia de *Sófocles* serve perfeitamente para a compreensão do Direito natural. Trata-se do relato de um Direito nato, onde impera a justiça e a moral, de forma que todo e qualquer ato praticado por um ser humano detentor de autoridade terrena não pode estar em descompasso com as leis divinas, pois, se isto ocorrer, estas últimas sempre deverão prevalecer. Ao homem não é conferido o poder para retirar dos seus semelhantes aquilo que foi concedido pela própria natureza divina.

Com Santo Tomás de Aquino, por exemplo, o Direito natural era compreendido como: "[...] as regras que deveriam

---

17. SÓFOCLES. *Antígone*. Trad. J. B. de Mello Souza. Versão para e-book, 2005, p. 09. Disponível em: <http://www.ebooksbrasil.org/eLibris/antigone.html>.

presidir a prática humana, de modo a que esta resultasse adequada aos desígnios de Deus quanto à vida em sociedade e quanto ao lugar do homem na totalidade dos seres criados."[18]

A impressão que se tem é que alguns operadores do direito não dão a devida importância ao Direito natural. Para estes, talvez o Direito natural não passe de uma extensa história de teorias jusnaturalistas. Entretanto, atualmente, o estudo do Direito natural tem ocupado grande importância nas academias. Parece estar havendo um processo de resgate, principalmente nas suas vertentes que se debruçam sobre a moral, a ética e a justiça.

O ordenamento jurídico brasileiro pode ser exemplo do que estamos aqui explanando. A aceitação da existência de princípios jurídicos demonstra a preocupação que os nossos julgadores têm com questões fundamentais que muitas das vezes não são possíveis de serem resolvidas pela simples aplicação de um texto de lei (regra). A valoração do ser humano por meio das teses humanistas tem contribuído sobremaneira para o retorno dos debates acerca do Direito natural. A axiologia tem se ocupado muito nos últimos tempos em auxiliar na interpretação dos textos legislados.

Não se pode perder de vista, ao contrário do que possa ser imaginado, o Direito natural não nega a existência do Direito positivo. Pensar deste modo é totalmente equivocado, pois o Direito natural convive muito bem com o Direito posto, todavia, somente não admite que as regras criadas pelo ser humano afrontem os institutos consagrados pela lei universal. Exemplificando: o Poder Legislativo pode criar leis que instituam a exigência de tributos, porém, para o Direito natural, não pode haver uma exigência superior às forças do homem, algo que seja capaz de privar a sua liberdade, conduzindo-o à condição de escravo do Fisco.

---

18. HESPANHA, António Manuel. *Cultura jurídica europeia*: síntese de um milênio. Florianópolis: Fundação Boiteux, 2005, p. 206.

Em sentido totalmente diverso do jusnaturalismo, também existiu na história do Direito a Escola da Exegese. Sua fundação ocorreu no século XIX, acredita-se que no ano de 1804, no decorrer da Revolução Francesa. Representada pelo Código Napoleônico, a Escola da Exegese defendia que o Direito somente seria aquele que estava escrito. Nesta época, existia uma confiança muito grande na codificação das leis, partindo-se da premissa de que todos os fatos sociais estavam cabalmente regulamentados, isto é, não haveria qualquer lacuna. A interpretação dos textos legais era literal.

A Escola Histórica do Direito também surgiu no século XIX, todavia, na Alemanha. Foi encabeçada por Savigny e era contextualizada nos costumes. A lei deveria ser uma tradução da vontade popular, identificada pelos costumes sociais.

No Culturalismo jurídico o Direito é concebido como um fator cultural. Os bens culturais ajudam o homem a constituir os seus valores. No Brasil verificamos em Miguel Reale a defesa dessa escola, nas seguintes palavras:

> Esclarecendo, assim, que as ciências culturais elaboram juízos de valor, após terem tomado contacto com a realidade, verificamos que determinadas ciências culturais, como a Moral e o Direito, ao elaborarem estes juízos de valor, atingem uma posição ou momento de 'normatividade', que não é necessária para todas as ciências culturais, como é o caso, por exemplo, da Sociologia e da História: estas são ciências puramente 'compreensivas' ou 'explicativo-compreensivas'; aquelas, ao contrário, são 'compreensivo-normativas'.[19]

O pós-positivismo surge como uma evolução do constitucionalismo. Os seus defensores, entre eles o Exmo. Ministro do Supremo Tribunal Federal Luís Roberto Barroso, misturam as tendências normativistas e culturalistas. O intérprete não deve agir de forma mecânica – simples subsunção do fato à norma –, mas sim, a partir dos textos legais, tem o papel de atribuir valor aos fatos sociais, aplicando os princípios,

---

19. REALE, *op.cit.*, p. 226-227.

notadamente aqueles que tratam sobre os direitos fundamentais do ser humano.

Aduz Barroso que:

> O Direito, a partir da segunda metade do século XX, já não cabia mais no positivismo jurídico. A aproximação quase absoluta entre Direito e norma e sua rígida separação da ética não correspondiam ao estágio do processo civilizatório e às ambições dos que patrocinavam a causa da humanidade. Por outro lado, o discurso científico impregnara o Direito. Seus operadores não desejavam o retorno puro e simples ao jusnaturalismo, aos fundamentos vagos, abstratos ou metafísicos de uma razão subjetiva. Nesse contexto, o pós-positivismo não surge com o ímpeto da desconstrução, mas como uma superação do conhecimento convencional. Ele inicia sua trajetória guardando deferência relativa ao ordenamento positivo, mas nele reintroduzindo as ideias de justiça e legitimidade.[20]

Por último, o constitucionalismo tem evoluído consideravelmente a ponto de ganhar maior realce com relação aos direitos humanos. Nesta concepção, o homem é visto como o centro de todas as atenções. Apesar de haver certa indeterminação acerca da nomenclatura desta nova corrente filosófica do direito, uns a chamam de neoconstitucionalismo, outros de pós-positivismo, e até mesmo os que preferem designar de jus-humanismo.

Para o professor Ricardo Hasson Sayeg:

> Os direitos humanos servem como elemento essencial de sedimentação geral do sistema jurídico de direito positivo, consequentemente, os direitos humanos são a essência constitutiva de toda norma jurídica, como interesse implícito garantido juridicamente de dignidade da pessoa humana, de maneira que os direitos humanos devem ser aplicados a todo caso regulado pelo direito positivo, de acordo com o realismo jurídico. Significa dizer que todo caso regulado pelo direito exerce uma

---

20. BARROSO, Luis Roberto. Fundamentos teóricos e filosóficos do novo direito constitucional brasileiro. Pós-modernidade, teoria crítica e pós-positivismo. *Revista Diálogo Jurídico*, Salvador, BA, ano 1, v. 1, n. 06, p. 19, set, 2001.

atração gravitacional sobre os direitos humanos para a respectiva subsunção.[21]

A nova era das teorias do direito pressupõe que o Direito natural não garante a pacificação social. Por seu turno, o Direito positivo aplicado mediante simples subsunção do fato à norma não atenderia às expectativas da sociedade moderna. Hodiernamente se pensa num Direito que dê efetiva atenção aos valores sociais, buscando sempre a proteção do ser humano.

De nada adianta ter uma excelente técnica de elaboração legislativa se o núcleo essencial da atividade legiferante não está sendo alcançado. Em outros dizeres, no momento exige-se do legislador um cuidado redobrado com o exercício do seu ofício, pois não basta apresentar projetos de lei, como se fosse uma linha de produção. Imperioso é que consiga contemplar os valores consagrados na Carta Magna, para que todos os setores da vida humana sejam satisfeitos.

---

21. SAYEG, Ricardo Hanson. *Texto de estudos*: o capitalismo humanista. São Paulo: Edição do Núcleo do Capitalismo Humanista da PUC/SP, 2010, p. 202.

2. DIREITO POSITIVO E O COOPERATIVISMO

2.1 Direito Positivo e Positivismo Jurídico

Sempre que se fala em Direito positivo é muito comum a confusão que se faz com o positivismo jurídico, misturando-os como se fosse uma única coisa. Metodologicamente é importante fazer a distinção, para esclarecer que o Direito positivo pode ser visto enquanto um sistema normativo, onde existem várias regras jurídicas que regulam a vida em sociedade. Assim, deontologicamente falando, temos no Direito posto normas jurídicas que estipulam obrigações, permissões ou proibições. Por outro lado, o positivismo jurídico ou o juspositivismo é uma Ciência, ou, como preferem alguns estudiosos, é uma técnica ou método que se ocupa em estudar o Direito positivo.

A noção de sistema é muito importante para conseguir diferençar o Direito positivo de outras áreas do conhecimento. Várias correntes doutrinárias apregoam que vivemos num ambiente sistêmico repleto de subsistemas. Para não ir tão longe nesta classificação e se distanciar muito daquilo que se pretende abordar neste trabalho monográfico, vamos nos atentar à noção ampla de sistema social. Este sistema é composto por todos aqueles elementos necessários à existência de uma sociedade.

Portanto, além dos indivíduos, estamos também aludindo às regras de comportamento, sejam elas de caráter moral, religioso e também aquelas que são emanadas pelo poder estatal.

Tanto o Direito positivo, quanto a Ciência do Direito, são considerados como subsistemas do sistema social. A característica marcante do Direito positivo é se tratar de um sistema binário (lícito e ilícito). A prescrição não é um traço marcante na sua definição. Colhemos da doutrina de Aurora Tomazini de Carvalho que:

> Com relação ao direito positivo, pensando-o dentro desta classificação, ele se caracteriza como sistema prescritivo, é um conjunto de proposições voltadas a disciplinar condutas intersubjetivas. No entanto, é de se ressalvar que ele não é o único pertencente à categoria dos prescritivos, ao lado dele figuram sistemas como os religiosos, morais, éticos, etc. (também voltados a regular condutas). A diferença específica é que suas prescrições gozam de coercitividade estatal, ou seja, dispõem do aparato do Estado para serem adimplidas.[22]

Quando se mencionou alhures que o caráter prescritivo do Direito não é o seu fundamento maior, de antemão já se estava atento ao fato de que existem inúmeros debates sobre este aspecto. Afirmam alguns estudiosos que o Direito positivo não é composto totalmente por normas jurídicas prescritivas, isto é, existem normas que não se revestem de nenhuma prescritividade, ao contrário, são usadas pelo sistema do Direito como apoio àquelas normas que efetivamente possuem o caráter de prescrição.

Assim, p. ex., a norma jurídica que trata da maioridade civil, isoladamente interpretada nada obriga, nada permite e nada proíbe. Todavia, quando se está diante de um negócio jurídico realizado por pessoa incapaz, o que o torna nulo, aí a norma que prevê a maioridade civil entra em atividade, auxiliando a interpretação daquela regra que reza sobre a validade dos negócios jurídicos.

---

22. CARVALHO, *op. cit.*, 2009, p. 122.

Colhe-se o seguinte do escólio de José Juan Moreso:

> Se acostumbra a pensar que el lenguaje del Decrecho es um lenguaje cuyo tipo de discurso es el discurso prescriptivo. Un discurso cuyos componentes (las normas, entendidas de alguna de las formas anteriores) no son susceptibles de verdad ou falsedad (aunque éste es un punto polémico) y qye tienen como función influir em el comportamiento humano. Sin embargo, en el Decrecho existen múltiples elementos que (ao menos, aparentemente) no pertenecen al discurso prescriptivo: así las definiciones, las disposiciones derogatorias, etc.[23]

Historicamente o Direito positivo surge com a finalidade de contrapor o direito natural. O alto grau de subjetividade existente no direito natural passa então a ser substituído por regras preestabelecidas de forma escrita, garantindo-se, dessarte, maior certeza e objetividade ao Direito. Nesse processo de criação do sistema do direito positivo são introduzidas várias regras de estrutura e comportamento. As primeiras são ferramentas inerentes à reprodução do próprio sistema do direito. As segundas se destinam a regular o comportamento humano, seja por meio da obrigação, da proibição ou da permissão.

A propósito, a lição de Paulo de Barros Carvalho:

> O sistema do direito oferece uma particularidade digna de registro: suas normas estão dispostas numa estrutura hierarquizada, regida pela fundamentação ou derivação que se opera tanto no aspecto material quanto no formal ou processual, o que lhe imprime possibilidade dinâmica, regulando, ele próprio, sua criação e suas transformações. Examinando o sistema de baixo para cima, cada unidade normativa se encontra fundada, material e formalmente, em normas superiores. Invertendo-se o prisma de observação, verifica-se que das regras superiores derivam, material e formalmente, regras de menor hierarquia.[24]

---

23. MORESO, José Juan. Lenguaje Jurídico. GARZÓN, Ernesto; LAPORTA, Francisco J. (Org.). *El derecho y la justicia*. 2. ed. Madrid: Editorial Trotta, 2000, p. 107.

24. CARVALHO, Paulo de Barros. *Direito Tributário, linguagem e método*. 2. ed. São Paulo: Noeses, 2008, p. 214.

Adiante, vejamos um pouco mais sobre este assunto.

2.2 Ordenamento e sistema jurídico

Antes de avançar é de bom alvitre que seja analisado o Direito enquanto ordenamento ou sistema, composto por diversos textos, como maneira de conseguir compreender a exata dimensão que emana desta Ciência social. Vários doutrinadores de renome já escreveram e ainda continuam se debruçando sobre este assunto e parece que não existe ainda uma definição única para o Direito e a sua estruturação. Mas esta circunstância não pode desestimular o avanço no assunto, de modo que as pesquisas devem seguir adiante.

O Direito é um assunto que instiga as pessoas, não somente aquelas com maior preparo técnico, que se dedicam proficuamente ao seu estudo, mas também os cidadãos comuns que cotidianamente opinam sobre ele, muitas das vezes dando-lhe adjetivação de justiça e moral, o que Hans Kelsen esforçou-se ao máximo para separar na sua *Teoria Pura do Direito*. H.L.A. Hart fez uma observação que vale a pena conferir:

> Não há uma vasta literatura dedicada a responder às perguntas "O que é a química?" ou "O que é a medicina?", como ocorre com a questão "O que é o direito?". Tudo o que se pede ao estudante dessas ciências é que leia algumas linhas na primeira página de um livro-texto elementar, e as respostas que ele obtém são muito diferentes das que são dadas ao estudante de direito. Nunca se considerou esclarecedor ou importante insistir em que a medicina é "aquilo que os médicos fazem diante da doença" ou "uma previsão do que os médicos farão", ou declarar que aquilo que é normalmente reconhecido como uma parte característica e essencial da química – o estudo dos ácidos, por exemplo – na verdade não faz parte da química. Entretanto, no caso do direito, coisas aparentemente tão estranhas quanto essas não são apenas ditas, mas frequentemente debatidas com eloquência e paixão, como se fossem revelações de grandes verdades sobre o direito, há muito obscurecidas por grosseiras contrafações de sua natureza essencial.[25]

---

25. HART, H. L. A. *O conceito de direito*. São Paulo: Wmf Martins Fontes, 2013, p. 1-2.

De tão instigante e inspirador que é o Direito, ainda hoje, após incontáveis anos de estudos realizados por centenas de juristas da mais alta graduação, perguntamo-nos "o que é o Direito?" Afirmar que o Direito é moral ou justiça, ou, na concepção kantiana, de que se trata de liberdade, entre tantas outras filosofias que o procuram definir, não conflita com a assertiva de que o Direito é composto por várias regras jurídicas, as quais visam regular a vida das pessoas nas suas relações intersubjetivas.

Não existe uma preocupação do Direito com as atitudes praticadas pelo indivíduo para consigo mesmo (intrassubjetiva). O fim almejado por este objeto cultural é estabelecer normas de convivência entre os indivíduos. Percebe-se, dessarte, que a alusão que se faz ao Direito neste trabalho diz respeito àquele instrumento criado pelo homem e que compõem o chamado Direito positivado. Para que fique devidamente registrado em momento algum se pretende tratar sobre as leis naturais, mas tão somente as leis criadas pelo homem e que podem ser objeto de comprovação por meio da Ciência.

Falando sobre o Direito positivo, explica Aurora Tomazini de Carvalho:

> Com relação ao direito positivo, pensando-o dentro desta classificação, ele se caracteriza como sistema prescritivo, é um conjunto de proposições voltadas a disciplinar condutas intersubjetivas. No entanto, é de se ressaltar que ele não é o único pertencente à categoria dos prescritivos, ao lado dele figuram sistemas como os religiosos, morais, éticos, etc. (também voltados a regular condutas). A diferença específica é que suas prescrições gozam de coercitividade estatal, ou seja, dispõem do aparato do Estado para serem adimplidas.[26]

A questão da prescritividade como sendo uma característica do Direito positivo não segue votos de unanimidade na doutrina. Existem os seus defensores, como visto nas linhas

---

26. CARVALHO, Aurora Tomazini de. *Curso de Teoria Geral do Direito*: o constructivismo lógico-semântico. 3. ed. São Paulo: Noeses, 2013, p. 122.

acima, todavia, muito outros juristas discordam desta proposta, aduzindo que existem normas que nada prescrevem, a exemplo daquela que trata da maioridade civil. Como se nota, existem controvérsias sobre a definição da norma jurídica.

Colhe-se do escólio de Riccardo Guastini o seguinte:

> Por exemplo, alguns limitam o conceito de norma às regras de conduta: comandos, proibições, autorizações. Deste ponto de vista, nem toda disposição é adequada para exprimir uma norma sem sentido próprio. Exprimem normas somente os enunciados que são deônticos, e que (por isso mesmo) dizem respeito à conduta.
>
> Outros reservam o nome "norma" a regras de conduta que sejam – assim digamos – "completas", ou melhor, "acabadas"; regras, em suma, auto-suficientes, que precisam quem deve (possa, não deva), fazer o quê em que circunstâncias. Deste ponto de vista, um enunciado da forma "É obrigatório cumprir o ato A" exprime não uma norma, mas somente uma parte, um fragmento de uma norma.[27]

Mas o aprofundamento neste aspecto pode ser relegado para um momento posterior, pois neste exato instante o que preocupa é conseguir entender como que se relacionam os inúmeros textos criados pelos detentores de competência legislativa. O legislador vai colhendo do cotidiano diversos dados e informações que julga interessantes a ponto de juridicizá-los, transformando aqueles simples fatos sociais em relevantes fatos jurídicos.

As situações que são eleitas pelo legislador para regular pelas normas jurídicas pertencem ao plano político, sociológico, econômico, histórico, entre outros. Feita a escolha e iniciado o processo de produção normativa, aos poucos vai havendo uma transformação no contexto até se chegar no instante em que o plano normativo está pronto e acabado, pronto para gerar todos os seus efeitos. Daqui em diante o assunto deverá ser tratado exclusivamente pela Ciência jurídica, não cabendo mais qualquer interferência de outras searas do conhecimento humano.

---

27. GUASTINI, Riccardo. *Das fontes às normas*. Trad. Edson Bini. Apres. Heleno Taveira Tôrres. São Paulo: Quartier Latin, 2005, p. 37.

Por apego ao rigor científico é imprescindível que se faça um corte metodológico entre os assuntos que são afetos à economia, à política, à religião, e outros mais, devendo o direito ser investigado por uma ciência própria que atenda aos seus desideratos, que o trate adequadamente conforme a sua linguagem, e que consiga elucidar aos seus operadores como é que ele se apresenta em sua inteireza estrutural. É pouco dizer que o direito é formado por normas jurídicas. Afinal, o que são e onde estão essas normas?

Hoje nos deparamos com vasta produção legislativa, no qual encontramos a Constituição Federal, o Código Civil, o Código Penal, o Código Tributário Nacional, o Código de Trânsito Brasileiro, o Código de Defesa do Consumidor, a Consolidação das Leis do Trabalho. Isso sem contar as legislações adjetivas, como o Código de Processo Civil, o Código de Processo Penal, a Lei de Execuções Fiscais. Enfim, este rol é apenas exemplificativo e não se pretende esgotar neste trabalho a relação completa de todos os textos legais em vigor, mesmo porque isso demandaria esforço homérico para concretizar e fugiria ao objeto de análise.

O que se pretende entender é como toda esta gama de textos legais se relaciona, ou melhor, como eles se comunicam. É de suma relevância que haja uma demonstração de como o direito está estruturado e a sua operacionalização. Não podemos ter a sensação de que, apesar de existir um direito positivo, composto por normas jurídicas que regulam as relações interpessoais, ainda vivemos um momento de caos, onde cada texto normativo é aplicado ao caso concreto de forma isolada, não havendo intercâmbio entre as normas.

Justamente na missão de fugir da anarquia, do desregramento e da desordem que num determinado momento histórico já foi vivenciado pela sociedade, juristas de várias nacionalidades assentiram que não bastava ter um regulamento condutor das relações sociais, chamado de Direito positivo. Importante também é estruturar e dar operacionalidade aos instrumentos normativos. Assim, aparecem autores falando em ordenamento jurídico e sistema jurídico.

Sobre este assunto, interessante a leitura da obra de Gregorio Robles intitulada *O Direito como Texto*, em cuja obra o professor apresenta o ordenamento jurídico como sendo o texto resultante das decisões jurídicas tomadas pelas autoridades competentes para legislar. Trata-se de texto bruto que deve ser submetido a um processo de refino e reelaboração pelo jurista. Após a "lapidação" do ordenamento pela dogmática jurídica é construído o sistema.

Vê-se, dessarte, na concepção de Robles, as várias normas jurídicas existentes, pelo fato de serem produzidas por homens das mais variadas culturas e grau de instrução são deficitárias e precisam da intervenção da Ciência jurídica para dar-lhes o devido sentido e alcance. Sem que haja a interferência do exegeta, todo o conglomerado normativo não passa de previsões com conteúdos dispersos sem conexão, por isso denominado de ordenamento jurídico. Genuinamente, atesta o professor, haverá sistema jurídico após o trato dessas normas pelo jurista, que fará a concatenação das ideias legisladas, apresentando o direito como deve ser.

Assim está verberado por Gregorio Robles:

> O ordenamento é o texto que resulta da linguagem criativa das autoridades, que são plurais e muitas vezes isoladas umas das outras. Trata-se de um texto submetido à *motorização* e à pressa. Sua linguagem é deficiente e precisa de uma reelaboração reflexiva que converta o material diverso numa ordem definitiva. É exatamente nisto que consiste o sistema, a construção do ordenamento em *linguagem* científica. Os juristas não são *descritores* da realidade do direito, mas *construtores criativos* dela. A linguagem do direito é a linguagem dos juristas.[28]

Para este jurista os textos produzidos pelo Poder Legislativo representam o ordenamento jurídico. Somente será

---

28. ROBLES, Gregorio. *O Direito como texto*. Trad. Roberto Barbosa Alves. Barueri, SP: Manole, 2005, p. 09.

possível falar em sistema jurídico mediante a intervenção da dogmática jurídica, que tem o papel de analisar o conteúdo dos textos legislados e dar-lhes o devido sentido e alcance, seja pela pura interpretação ou da integração naqueles casos onde o ordenamento apresentar lacunas.

Curioso ressaltar que, apesar de Robles não afirmar categoricamente, sua doutrina dá a entender que o sistema jurídico, representado pelo trabalho desenvolvido pelo exegeta sobre os textos brutos produzidos pelo legislador, representa o próprio direito e que, portanto, teria caráter prescritivo. Destaca-se o seguinte excerto da sua obra:

> Daí a importância dos juristas dogmáticos, que não se limitam a *constatar a existência* das normas no ordenamento e acrescentam seu grão de areia (ou talvez algo mais), reelaborando o material bruto e *construindo* a norma aplicável.[29]

Adotando entendimento similar, no sentido de que o sistema jurídico é formado pela Ciência e não pela legislação, depreende-se do escólio de Riccardo Guastini o quanto segue:

> Pode-se dizer, então, que o sistema jurídico é o produto não da legislação – como queria o positivismo jurídico clássico, doente de formalismo – mas, antes, da ciência jurídica. O sistema jurídico, de fato, é o conjunto das normas explícitas formalmente válidas, criadas pelo legislador, menos as normas explícitas materialmente inválidas, mais as normas implícitas materialmente válidas.[30]

No seu *Incidência Jurídica: teoria e crítica*, a professora Clarice von Oertzen de Araújo faz um levantamento acerca das teorias que defendem o Direito positivo como ordenamento jurídico ou como sistema jurídico e, seguindo a mesma linha de raciocínio de Norberto Bobbio apresentada na sua obra *Teoria do Ordenamento Jurídico*, disserta que:

---

29. ROBLES, *op. cit.*, p. 08.
30. GUASTINI, *op. cit.*, p. 285.

> Considerando que o objeto de investigação do jurista seja a ordem legal, enquanto direito vigente, seguiremos a convencional terminologia que adota os termos "ordenamento jurídico" para linguagem-objeto e "sistema jurídico" para a metalinguagem elaborada pela hermenêutica jurídica.[31]

Entretanto, não obstante ecoar na doutrina vozes de renomados juristas, onde se debate sobre o Direito positivo enquanto ordenamento ou sistema, encontramos na lição do professor Paulo de Barros Carvalho ensinamento totalmente diferente. De acordo com este estudioso, o Direito positivo é visto como um sistema e não é preciso que seja submetido ao trato da Ciência jurídica para ganhar esta condição.

Os enunciados prescritivos elaborados pelo Poder Legislativo trazem consigo um mínimo de racionalidade que permite lhes conferir a qualidade de sistema jurídico. O trabalho realizado pela hermenêutica jurídica tem grandiosa contribuição para o desenvolvimento e aperfeiçoamento do Direito, todavia, antes mesmo da intervenção do jurista, as normas confeccionadas pelas autoridades imbuídas de competência já entraram para o sistema do Direito.

Carvalho defende que:

> Ora, a despeito de tomar as variações terminológicas como precioso recurso para a construção da descritividade própria do discurso científico, não vejo como se possa negar a condição de sistema a um estrato de linguagem tal como se apresenta o direito positivo. Qualquer que seja o tecido de linguagem de que tratamos, terá ele, necessariamente, aquele mínimo de racionalidade inerente às entidades lógicas, de que o ser sistema é uma das formas. Pouco importa aqui se o teor da mensagem é prescritivo, interrogativo, exclamativo ou meramente descritivo. A verdade é que o material bruto dos comandos legislados, mesmo antes de receber o tratamento hermenêutico do cientista dogmático, já se afirma como expressão linguística de um ato de fala, inserido no contexto comunicacional que se instaura entre enunciador e enunciatário. E o acerto se confirma quando

---

31. ARAÚJO, Clarice von Oertzen. *Incidência jurídica*: teoria e crítica. 1. ed. São Paulo: Noeses, 2011, p. 39.

> pensamos que o trabalho sistematizado que a doutrina elabora, em nível de sobrelinguagem, pode, perfeitamente, ser objeto de sucessivas construções hermenêuticas, porque a compreensão é inesgotável. Ali onde houver um texto haverá sempre a possibilidade de interpretá-lo, de reorganizá-lo, de repensá-lo, dando origem a novos textos de nível linguístico superior. Não me parece sensato, portanto, atribuí-lo ao direito posto, no seu conjunto, sonegando-lhe a prerrogativa de sistema. Sistema é discurso da ciência do direito, mas sistema também é o domínio finito, mas indeterminável, do direito positivo.[32]

Saca-se da doutrina de Paulo de Barros Carvalho que sua concepção de sistema abrange não somente o Direito positivo, mas também a Ciência do direito. Afirma o jurista com todas as palavras que o sistema jurídico pode ser compreendido tanto no âmbito do Direito positivo, como também na seara da Ciência jurídica. O que diferencia estes dois sistemas é apenas o corpo da linguagem. Enquanto no Direito positivo existe uma mensagem de feição prescritiva, na Ciência do direito há uma linguagem de sobrenível, ou seja, uma linguagem que fala de outra linguagem (linguagem-objeto), de cunho descritivo.

A mesma ideia é defendida por Aurora Tomazini de Carvalho:

> Quando pensamos no estudo do direito e atentamos para a diferença entre a linguagem do direito positivo, da Ciência do Direito, somos capazes de separar, segundo um denominador comum, de um lado os textos prescritivos do direito posto e de outro os textos descritivos da dogmática jurídica e de ordená-los, estabelecendo vínculos de subordinação e coordenação, de modo que eles apareçam para nós como duas realidades distintas. Estamos, pois, diante de dois sistemas: o direito positivo e a Ciência do Direito.[33]

É possível falar em sistema do Direito positivo e em sistema da Ciência do direito, de acordo com a teoria de Paulo de

---

32. CARVALHO, Paulo de Barros. *Fundamentos jurídicos da incidência*. 9. ed. São Paulo: Saraiva, 2012c, p. 76.
33. CARVALHO, *op. cit.*, 2013, p. 125.

Barros Carvalho, porque tanto o primeiro, quanto o segundo, reúnem elementos que se relacionam entre si e que permitem a esquematização de uma estrutura. No Direito positivo existem regras de estrutura e de comportamento que se articulam para a formação do sistema jurídico. Na Ciência do direito há um conjunto de interpretações que mantêm entre si proximidade por falar do mesmo objeto.

Na dicção de Aurora Tomazini de Carvalho:

> Na sua significação mais extensa, o conceito de "sistema" alude à ideia de uma totalidade construída, composta de várias partes – um conglomerado. A esta concepção conjugamos e sentido de organização, de ordem interna, para entendermos como "sistema" o conjunto de elementos que se relacionam entre si e se aglutinam perante um referencial comum. Assim, onde houver a possibilidade de reunirmos, de forma estruturada, elementos que se conectam sob um princípio unificador, está presente a noção de sistema.[34]

Arremata Fabiana Del Padre Tomé que:

> A concepção da teoria comunicacional do direito tem como premissa que o direito positivo se apresenta na forma de um sistema de comunicação. Direito é linguagem, pois é a linguagem que constitui as normas jurídicas. Essas normas jurídicas, por sua vez, nada mais são que resultados de atos de fala, expressos por palavras e inseridos no ordenamento por veículos introdutores, apresentando as três dimensões sígnicas: suporte físico, significado e significação.[35]

Diante de tudo quanto visto alhures é possível concluir que não existe um consenso na doutrina no que diz respeito à classificação do Direito enquanto um ordenamento jurídico ou um sistema jurídico. Entretanto, pelos argumentos apresentados, estamos com Paulo de Barros Carvalho.

---

34. Id. ibid., p. 97.

35. TOMÉ, Fabiana Del Padre. *A prova no direito tributário*. 3. ed. São Paulo: Noeses, 2011/2012, p 39.

2.3 Autopoiese do Direito

A teoria da autopoiese foi desenvolvida inicialmente por Humberto Maturana e Francisco Varella, para explicar os sistemas biológicos e, levando em consideração a sua operatividade, passou a ser aplicada ao estudo dos sistemas sociais por Niklas Luhmann. De acordo com esta teoria, o sistema do direito se autorrefere, isto é, busca dentro de sua estrutura todo o mecanismo necessário para a sua reprodução. Em outras palavras, são os próprios elementos integrantes do sistema jurídico que possibilitam a sua reprodução.

Por se tratar de um sistema de linguagem, o estudo da Semiótica se faz indispensável para a exata compreensão de como funciona o sistema jurídico na vertente luhmaniana. A teoria dos signos, ou simplesmente semiótica, estuda os signos em si, bem como as relações que eles mantêm reciprocamente. Sendo assim, a Semiótica pode ser entendida sob três planos bem distintos: (i) sintático; (ii) semântico e; (iii) pragmático.

A sintaxe representa a organização estrutural de como as palavras aparecem numa frase ou num discurso. A semântica está voltada para o significado de cada palavra no contexto de uma frase ou de um discurso. Por sua vez, a pragmática diz respeito aos efeitos práticos, ou seja, a maneira como as pessoas estão lidando com determinada frase ou discurso.

Relata Paulo de Barros Carvalho que o estudo dos signos no seio da sociedade teve o seu início com Ferdinand de Saussure e voltou-se mais para a linguagem verbal, uma vez que o autor era linguista.[36] Quase que simultaneamente, Charles Sanders Peirce fundava a Semiótica, que tratou dos signos nos mais variados sistemas. Continua o mestre elucidando os planos de investigação do sistema sígnico:

---

36. CARVALHO, *op. cit.*, 2008, p. 36.

> Peirce e outro americano – Chales Morris – distinguem três planos na investigação dos sistemas sígnicos: o sintático, em que se estudam as relações dos signos entre si, isto é, signo com signo; o semântico, em que o foco de indagação é o vínculo do signo (suporte físico) com a realidade que ele exprime; e o pragmático, no qual se examina a relação do signo com os utentes da linguagem (emissor e destinatário).[37]

O sistema do Direito positivo possui uma característica que lhe é única em relação a qualquer outro sistema comunicacional, representada pelo binômio lícito/ilícito. Nenhum outro sistema de linguagem se apresenta dessa forma. As normas existentes dentro do sistema do direito positivo estão modalizadas pelos vetores deônticos permitido, proibido e obrigatório, sendo que uma conduta praticada pelo indivíduo será lícita quando atender a estes comandos (P-P-O) e será ilícito quando destoar.

Portanto, na composição da estrutura do sistema jurídico teremos condutas lícitas ou ilícitas. Mas, para que estas condutas atinjam a qualidade da licitude ou da ilicitude é inevitável que os fatos estejam juridicizados, senão não pertencerão ao sistema jurídico. Por outros torneios, somente se qualifica de jurídico aquilo que adentrou ao sistema pelas vias adequadas, pela correta utilização dos veículos introdutores de normas jurídicas, sejam eles instrumentos primários ou secundários.

De acordo com Fabiana Del Padre Tomé:

> O direito é uma história sem fim, um sistema autopoiético que produz elementos para poder continuar gerando mais elementos. A codificação binária é a forma estrutural que garante exatamente isso. Exemplificando: se alguém obtém uma sentença válida, não é lícito que a execute com suas próprias mãos; se o réu for condenado e preso, é lícito alimentá-lo e dar-lhe tratamento humano. Cada operação que opte por um valor – lícito ou ilícito – abre a possibilidade de que as operações subsequentes possam ser novamente avaliadas segundo sua licitude ou ilicitude.[38]

---

37. CARVALHO, *op. cit.*, 2008, p. 36.
38. TOMÉ, *op. cit.*, p. 57-8.

A teoria da autopoiese tem a intenção de explicar como se opera exatamente esse processo de procriação do Direito. O sistema do Direito positivo está totalmente vertido em linguagem, de sorte que é a conjunção de vários signos que compõe a estrutura deste sistema. Para que o sistema possa se reproduzir é crucial que busque fora dele fatos sociais relevantes para serem normatizados. Portanto, trata-se de um sistema não completamente fechado, eis que vai além dos seus limites para se alimentar.

O assunto foi enfrentado por Aurora Tomazini de Carvalho que expôs o seguinte:

> O sistema jurídico, por exemplo, vai buscar fora dele (no seu ambiente - sociedade) a comunicação que deseja disciplinar e a traz para dentro dele como comunicação jurídica atribuindo-lhe tratamento normativo ao qualificá-la na forma lícita ou ilícita. Neste sentido, é aberto cognitivamente, pois seus programa permite o ingresso de informações de seu ambiente e fechado operacionalmente, porque tal ingresso só é possível com a tradução das informações externas no código que lhe é próprio (lícito/ilícito).[39]

A imorredoura lição de Lourival Vilanova diz que:

> O sistema jurídico é aberto aos suportes fácticos, que nele ingressam, muitas vezes, já normativamente configurados sobre os quais retroperam as regras sintáticas do próprio sistema, que os recolhem como dados-da-experiência, e os reformam ou transformam: é assim como o direito do costume se faz direito dos códigos.[40]

Dessarte, podemos afirmar que o sistema do Direito positivo é sintaticamente fechado, todavia, semanticamente e pragmaticamente não o é.

---

39. CARVALHO, *op. cit.*, 2009, p. 145-6.

40. VILANOVA, Lourival. *Causalidade e relação no Direito*. 4. ed. São Paulo: Revista dos Tribunais, 2000, p. 315.

2.4 Norma jurídica

O Direito de um modo geral suscita diversas controvérsias sobre os seus elementos e isto não é diferente quando falamos de normas jurídicas. Primeiro deve ficar claro que somente é possível se falar, seja em ordenamento ou sistema jurídico, se for admitido que em ambos a composição é exclusivamente de normas jurídicas. Não se fala em normas jurídicas fora do contexto do Direito positivo. Quaisquer normas que não estejam positivadas pertencem a outros ordenamentos ou sistemas que não o jurídico.

Defensor de que o Direito positivo é um ordenamento, o jurista Gregorio Robles sustenta o seguinte:

> O direito é ordenamento. O conceito de ordenamento ocupa lugar central no conceito da teoria do direito. Todas as suas reflexões e investigações têm como objeto ordenamento jurídico em seu conjunto, ou pelo menos uma parte ou um aspecto dele. Sem a ideia de ordenamento, é fácil perder o foco dos problemas e oferecer respostas inadequadas para eles. Toda realidade relacionada ao direito precisa estar unida a um ordenamento jurídico (ou a vários). As normas jurídicas são jurídicas exatamente porque pertencem a um determinado ordenamento jurídico.[41]

Nota-se que as normas jurídicas são todos aqueles elementos que compõem o ordenamento jurídico, na visão de Robles. Não obstante, não se pode deixar de mencionar que o professor Paulo de Barros Carvalho, forte defensor da Teoria da Linguagem e do Direito positivo enquanto um sistema jurídico, também reconhece que o Direito é composto por normas jurídicas válidas.

Nessa senda, tratando o Direito positivo como ordenamento ou como sistema jurídico, tanto num, quanto noutro, a composição é essencialmente formada por normas jurídicas válidas num dado país.[42]

---

41. ROBLES, op. cit., p. 87.
42. CARVALHO, Paulo de Barros. *Curso de Direito Tributário*. 25. ed. São Paulo: Saraiva, 2012a, p. 34.

As normas jurídicas são criadas pelo ser humano com a finalidade de regular as relações interpessoais. Destaca-se, por corolário, que o Direito não se preocupa com outras relações que não sejam aquelas afetas a duas ou mais pessoas. Em outros dizeres, as relações intrassubjetivas, aquelas praticadas pela pessoa para consigo mesma, não são relevantes para o Direito, portanto, não fazem parte do conteúdo normativo.

Entretanto, compreender o que é norma jurídica nem sempre foi tão fácil. Não é de hoje que os juristas discutem sobre o que é a norma jurídica, qual a sua composição, quais suas características e daí por diante. Observa-se desde a *Teoria Pura do Direito* de Hans Kelsen que o tratamento que ele dá para a expressão *norma jurídica* é totalmente dissonante da doutrina defendida por Ronald Dworkin e Robert Alexy.

Para Kelsen as normas são sentidos de atos de vontade dirigidos à conduta humana; para Alf Ross são diretrizes; para Hart são práticas sociais. Qualquer que seja a posição ontológica que se adote em relação às normas, certo é que existe estreita vinculação entre estas e a linguagem. Todavia, deve ser analisado se a norma jurídica é aquela representada pelos enunciados de um artigo de lei (texto) ou se a norma jurídica é aquela que decorre do processo de interpretação dos enunciados legislativos.

Na teoria kelseniana as normas jurídicas são os textos legislados na forma bruta em que se encontram. Após passar pelo crivo do operador do direito, o qual dá a devida interpretação ao comando normativo, passa-se, então, a ter proposições jurídicas. Portanto, para Kelsen, norma jurídica é sinônimo de texto e proposição jurídica é o resultado da hermenêutica.

Hans Kelsen diz que:

> A ciência jurídica, porém, pode apenas descrever o Direito; ela não pode, como o Direito produzido pela autoridade jurídica

(através de normas gerais ou individuais), prescrever seja o que for. Nenhum jurista pode negar a distinção essencial que existe entre uma lei publicada no jornal oficial e um comentário jurídico a essa lei, entre o código penal e um tratado de Direito penal. A distinção revela-se no fato de as proposições normativas formuladas pela ciência jurídica, que descrevem o Direito e que não atribuem a ninguém quaisquer deveres ou direitos, poderem ser verídicas ou inverídicas, ao passo que as normas de dever-ser, estabelecidas pela autoridade jurídica – e que atribuem deveres e direitos aos sujeitos jurídicos – não são verídicas ou inverídicas mas válidas ou inválidas, tal como também os fatos da ordem do ser não são quer verídicos, quer inverídicos, mas apenas existem ou não existem, somente as afirmações sobre esses fatos podendo ser verídicas ou inverídicas.[43]

Sob o outro enfoque, Ronald Dworkin e Robert Alexy sustentaram que os textos legislados devem ser chamados de lei e somente pela interpretação desta lei é que se terá a norma jurídica. Nesta concepção, a norma jurídica é uma construção do exegeta, que ora pode ser uma regra, outrora um princípio. Em estudo realizado sobre a ideia difundida por Dworkin, asseverou Márcio Alexandre Ribeiro de Lima que:

> Pode-se afirmar que o intérprete não só constrói, mas reconstrói sentido, tendo em vista a existência de significados incorporados ao uso linguístico e construídos na comunidade do discurso, pois interpretar é construir a partir de algo, por isso "reconstruir". Em suma, a qualificação de determinadas normas como princípios ou regras depende da colaboração constitutiva do intérprete.[44]

Enfim, o intérprete deve conhecer todo o sistema jurídico para chegar à norma jurídica.

---

43. HANS, Kelsen. *Teoria pura do Direito*. Trad. João Baptista Machado. 7. ed. São Paulo: Martins Fontes, 2006, p. 82.

44. LIMA, Márcio Alexandre Ribeiro de. *O direito como integridade em Dworkin*: uma perspectiva interpretativa dos princípios e direitos fundamentais. 2006. Dissertação (Mestrado em Direito) – Universidade Federal do Paraná, Curitiba, 2006, p. 50.

2.4.1 Regras e princípios

A teoria positivista do Direito declara que o sistema normativo deve ser compreendido como algo científico, de tal forma que somente as normas compõem o Direito. Como visto acima, na concepção do juspositivismo a norma é usada como sinonímia de lei, portanto, norma é lei, isto é, texto legislado. Não existe outra fonte para o Direito positivo senão a própria norma. Da interpretação da norma exsurge a proposição normativa, não cabendo qualquer juízo de valoração, pois o direito posto não se confunde com a moral:

> A tese de que o Direito é, segundo a sua própria essência, moral, isto é, de que somente uma ordem social moral é Direito, é rejeitada pela Teoria Pura do Direito, não apenas porque pressupõe uma Moral absoluta, mas ainda porque ela na sua efetiva aplicação pela jurisprudência dominante numa determinada comunidade jurídica, conduz a uma legitimação acrítica da ordem coercitiva estadual que constitui tal comunidade.[45]

Na obra *O Positivismo Jurídico* de Norberto Bobbio fica bem evidente o caráter avalorativo, de tendência puramente científica do positivismo jurídico, senão vejamos:

> O positivismo jurídico nasce do esforço de transformar o estudo do direito numa verdadeira e adequada ciência que tivesse as mesmas características das ciências físico-matemáticas, naturais e sociais. Ora, a característica fundamental da ciência consiste em sua avaloratividade, isto é na distinção entre juízos de fato e juízos de valor e na rigorosa exclusão destes últimos do campo científico: a ciência consiste somente em juízos de fato.[46]

Portanto, para o positivista normativo o Direito é um sistema unicamente de normas, não cabendo qualquer divagação sobre valores.

---

45. HANS, *op. cit.*, p. 78.

46. BOBBIO, Norberto. *O positivismo jurídico*: lições de filosofia do direito. Compiladas por Nello Borra. Tradução e notas Márcio Pugliesi, Edson Bini, Carlos E. Rodrigues. São Paulo: Ícone, 1995, p. 135.

Por outro prisma, Ronald Dworkin e Robert Alexy defendem que as normas podem ser divididas em duas categorias: regras e princípios. As primeiras são comandos objetivos, aplicáveis aos casos fáceis. Os princípios são mandamentos de otimização, valorativos, utilizados para a resolução de *hard cases*.

Ronald Dworkin expõe que:

> A diferença entre princípios jurídicos e regras jurídicas é de natureza lógica. Os dois conjuntos de padrões apontam para decisões particulares acerca da obrigação jurídica em circunstâncias específicas, mas distinguem-se quanto à natureza da orientação oferecem. As regras são aplicáveis à maneira do tudo-ou-nada. Dados os fatos que uma regra estipula, então ou a regra é válida, e neste caso a resposta que ela fornece deve ser aceita, ou não é válida, e neste caso em nada contribui para a decisão.[47]

Luis Virgílio Afonso da Silva sustenta que:

> Alexy divide as normas jurídicas em duas categorias, as regras e os princípios. Essa divisão não se baseia em critérios como generalidade e especialidade da norma, mas em sua estrutura e forma de aplicação. Regras expressam deveres definitivos e são aplicadas por meio da subsunção. Princípios expressa deveres prima facie, cujo conteúdo definitivo somente é fixado após sopesamento com princípios colidentes. Princípios são, portanto, normas que obrigam que algo seja realizado na maior medida possível, de acordo com as possibilidades fáticas e jurídicas; são, por conseguinte, mandamentos de otimização.[48]

Ainda, apregoa Ronald Dworkin que:

> Se duas regras entram em conflito, uma delas não pode ser válida. A decisão de saber qual delas é válida e qual deve ser abandonada ou reformulada, deve ser tomada recorrendo-se a considerações que estão além das próprias regras. Um sistema jurídico pode regular esses conflitos através de outras regras,

---

47. DWORKIN, Ronald. *Levando os direitos a sério*. São Paulo: Martins Fontes, 2002, p. 39.

48. SILVA, Luís Virgílio Afonso da. O proporcional e o razoável. *Revista dos Tribunais*, Brasília, n. 91, p. 23-50, abr. 2002.

que dão precedência à regra promulgada pela autoridade de grau superior, à regra promulgada mais recentemente, à regra mais específica ou outra coisa desse gênero.[49]

Como se vê, o Direito pode ser compreendido como um conjunto válido de normas jurídicas acaso seja adotada a teoria do positivismo jurídico. Sendo assim, para esta corrente doutrinária, não se pode falar em valoração, já que o sistema normativo deve ser enfrentado sob o prisma da cientificidade. Por outro espectro, o Direito pode ser entendido como um conjunto de normas jurídicas, todavia, estas se dividem em regras e princípios. Aí estamos diante do pós-positivismo, onde se permite a introdução da axiologia como mecanismo de interpretação e aplicação do Direito.

2.4.2 Estrutura da norma jurídica

Já dissera Paulo de Barros Carvalho que legislar é uma arte, exige do ser humano sensibilidade e habilidade suficiente para que os comandos normativos sejam bem estruturados (sintática), utilizando-se de uma linguagem acertada, com significação (semântica) e que no plano da prática (pragmática) efetivamente atinja a situação social que se pretendeu regular.

Desse modo, toda legislação que pretenda regular as relações intersubjetivas deve trazer bem discriminado qual o campo material das condutas sociais possíveis que irá disciplinar. Direito é linguagem. Portanto, exige-se do legislador a construção de uma hipótese normativa (antecedente) onde fique bem claro qual é a conduta que está sendo normatizada. Vê-se, assim, que toda legislação deve carregar na sua estrutura a descrição de um fato que, se praticado pelo cidadão, poderá ter efeitos jurídicos.

Nos termos da teoria de Paulo de Barros Carvalho:

---

49. DWORKIN, *op. cit.*, p. 43.

> Faz-se oportuno lembrar que o suposto, qualificando normativamente sucessos do mundo real-social, como todos os demais conceitos, é seletor de propriedades, operando como redutor das complexidades dos acontecimentos recolhidos valorativamente. Todos os conceitos, antes de mais nada, são contraconceitos, assim como cada fato será um contrafato e cada significação uma contra-significação. Apresentam-se como seletores de propriedades, e os antecedentes normativos, conceitos jurídicos que são, elegem aspectos determinados, promovendo cortes no fato bruto tomado como ponto de referência para as consequências normativas. E essa seletividade tem caráter eminentemente axiológico.

Não obstante a previsão de uma hipótese normativa, a norma jurídica também deve indicar qual é a consequência que redundará para aquela pessoa que tenha praticado o fato previsto no antecedente. Somente será possível a instauração de uma relação jurídica mediante a existência de um antecedente e de um consequente normativo. A norma jurídica que não descrever corretamente a conduta que pretende ver normatizada e não prescrever uma consequência adequada, padecerá de vício que pode levar a sua não aplicação.

O consequente da norma jurídica é explicado por Aurora Tomazini de Carvalho nos seguintes moldes:

> O lugar sintático do consequente normativo é ocupado por uma proposição delimitadora da relação jurídica que se instaura entre dois ou mais sujeitos assim que verificado o fato descrito na hipótese. Sua função é instituir um comando que deve ser cumprido por um sujeito em relação a outro (ex: "o contribuinte deve pagar a quantia x ao fisco"; "o réu deve cumprir a pena de reclusão de x a y anos ao Estado"). Nele encontramos a disciplina fundante do direito: a efetiva prescrição da conduta que se pretende regular. Por isso, é considerado, por muitos autores, como a parte mais importante integrante da norma jurídica.[50]

É lógico que entre o antecedente e o consequente da norma jurídica há um operador deôntico que os conecta (dever-ser).

---

50. CARVALHO, *op. cit.*, 2009, p. 301.

2.4.3 Espécies de normas jurídicas

O Direito, como advertiu Kelsen, tem como pressuposto uma norma fundamental que inaugura o sistema jurídico, a qual chamamos de Constituição Federal, Lei Maior, Carta Fundamental, enfim, sendo que antes dela somente há a vontade política e depois dela existe um fundamento de validade para todo o sistema do direito positivo. Dita lei fundamental é o núcleo central do sistema jurídico, de onde partem todas as demais legislações.

No desenvolvimento do processo de derivação legislativa, a autoridade competente retira do mundo social fragmentos de acontecimentos que julga relevantes e os transformam em condutas juridicizadas. A norma jurídica, tal como elaborada pelo legislador adentra ao sistema jurídico por algum dos veículos introdutores, todavia, enquanto algum indivíduo não praticar o fato noticiado no antecedente normativo ela ficará no plano abstrato e geral.

Assim, quando uma lei é publicada e entra em vigor não é de imediato que ela passa a estabelecer relações jurídicas entre as pessoas. Verifica-se, por exemplo, que não é a publicação de uma lei que institui o Imposto sobre Propriedade Veicular Automotor – IPVA, que faz irromper no mundo jurídico uma relação entre o Fisco e o cidadão. É necessário, antes de qualquer coisa, que este cidadão se torne proprietário de um veículo automotor. Isto é, impõe-se que o cidadão pratique o fato descrito no antecedente normativo.

Portanto, dentre as espécies de normas jurídicas localizamos as gerais e abstratas, podendo também ser individuais e abstratas, mas, de qualquer sorte, são normas que integram o sistema jurídico e que a qualquer momento podem incidir, estabelecendo uma relação jurídica entre duas ou mais pessoas. Não nos deteremos com afinco ao fenômeno da incidência.

Dissertando a respeito da norma geral ou individual e abstrata, sustenta o professor Paulo de Barros Carvalho que:

> A norma abstrata e geral adota o termo *abstrato*, em seu antecedente, no bojo do qual preceitua enunciado hipotético descritivo de um fato, e *geral*, em seu consequente, onde repousa a regulação de conduta de todos aqueles submetidos a um dado sistema jurídico. Observadas essas reflexões, o antecedente das normas abstratas e gerais representará, invariavelmente, uma previsão hipotética, relacionando as notas que o acontecimento social há de ter, para ser considerado fato jurídico.[51]

Como se vê, a norma é abstrata porque faz alusão a um fato hipotético, o qual pode ou não ocorrer no mundo fenomênico, e é geral porque atinge indistintamente todas as pessoas que estão subordinadas a certo regime jurídico, de acordo com cada território. As normas gerais e abstratas, após sua entrada em vigor, dependem da ocorrência efetiva do fato que ela descreve, para que então possa surtir os efeitos previstos. Enquanto não se verificar no mundo fenomênico a realização do fato descrito no antecedente normativo, não se poderá cogitar no desencadeamento de efeitos da norma jurídica.

Percebe-se que o direito para atingir o seu desiderato, tal como previsto pelo legislador o texto legal, fica na dependência da ocorrência no mundo social daquele fato previsto na hipótese normativa. O direito não se realiza apenas pelas normas gerais e abstratas. Longe disso, referidas normas jurídicas regulamentam as condutas humanas, todavia, prescindem da efetiva ocorrência do fato delineado no campo material do *prescritor*.

Quando é identificado no mundo real que determinado fato previsto na norma jurídica geral e abstrata operou-se, daí se torna viável a expedição da chamada norma individual e concreta. Assim, podemos denominar esta espécie de norma jurídica, tendo em vista que individualiza as relações jurídicas entre A e B, ou entre A, B e C, enfim, podemos ter diversas pessoas envolvidas, mas sempre no mínimo duas. E também concretiza o direito por meio da instauração de um liame

---

51. CARVALHO, *op. cit.*, 2008, p. 140-1.

obrigacional entre os sujeitos de direito, podendo esta obrigação ser de dar, fazer ou não fazer.

Novamente recorre-se à doutrina de Paulo de Barros Carvalho, *verbis:*

> Penso ser inevitável, porém, insistir num ponto que se me afigura vital para a compreensão do assunto: a norma geral e abstrata, para alcançar o inteiro teor da sua juridicidade, reivindica, incisivamente, a edição de norma individual e concreta. Uma ordem jurídica não se realiza de modo efetivo, motivando alterações no terreno da realidade social, sem que os comandos gerais e abstratos ganhem concreção em normas individuais.[52]

Nesta situação, o Direito somente se concretiza pela devida expedição de uma norma individual e concreta que formaliza a realização do fato previsto no campo material da regra-matriz de incidência tributária. Exemplificando, podemos dizer que se uma pessoa venha a auferir renda num determinado ano-calendário, mas não apresenta sua declaração de rendimentos ao Fisco, como também não faz o pagamento, para que a lei do imposto de renda (norma geral e abstrata) possa surtir seus efeitos, a administração fazendária, diante da omissão do sujeito passivo, terá que lavrar o auto de lançamento e aplicação de penalidade, documentando, dessarte, a norma individual e concreta.

2.4.4 Princípio da igualdade tributária

Não há dúvida de que o sistema jurídico é composto tanto por regras, quanto por princípios. Não se nega o caráter normativo dos princípios jurídicos. Entrementes, os princípios consagrados na Constituição Federal são vários e sempre têm aqueles que se identificam mais com um assunto específico regulado pelo Direito. Assim se pode falar do princípio da igualdade tributária no âmbito do cooperativismo.

---

52. CARVALHO, *op. cit.*, 2008, p. 141.

É evidente que o princípio da igualdade não é um postulado específico da tributação. Longe disso, o princípio da igualdade possui penetração em todas as searas reguladas pelo Direito. Diz-se, inclusive, que um dos fundamentos de todo o sistema jurídico é buscar o equilíbrio das relações sociais, notadamente por meio do tratamento igual entre iguais, e desigual entre desiguais.

Desta sorte, o primado em testilha é um instrumento eficiente para compreender melhor a tributação dos atos cooperativos. Dito de outro modo, verificamos, pela sua própria natureza, que o ato cooperativo difere daqueles atos negociais praticados pelas sociedades empresárias. Portanto, mesmo que as cooperativas sejam uma modalidade de sociedade que fomenta a economia, seus desígnios não se compadecem com as atividades de cunho lucrativo. Por isso mesmo, não deve haver o mesmo tratamento tributário.

Nos termos da Constituição Federal, *verbis:*

> Art. 5º Todos são iguais perante a lei, sem distinção de qualquer natureza, garantindo-se aos brasileiros e aos estrangeiros residentes no País a inviolabilidade do direito à vida, à liberdade, à igualdade, à segurança e à propriedade, nos termos seguintes:
>
> Art. 150. Sem prejuízo de outras garantias asseguradas ao contribuinte, é vedado à União, aos Estados, ao Distrito Federal e aos Municípios:
>
> II - instituir tratamento desigual entre contribuintes que se encontrem em situação equivalente, proibida qualquer distinção em razão de ocupação profissional ou função por eles exercida, independentemente da denominação jurídica dos rendimentos, títulos ou direitos;

Como se afirma, a igualdade está contemplada claramente no *caput* do artigo 5º da Carta Magna. Do mesmo modo, quando o constituinte estatuiu no inciso II do artigo 150 que não haverá tratamento desigual entre contribuintes que se encontrem em situação equivalente, está reafirmando a importância que se deve dar a este primado na seara tributária. Partindo da premissa de que as sociedades cooperativas não são iguais às demais sociedades, evidentemente não são contribuintes da mesma categoria, ou seja, não estão em pé de igualdade.

Todavia, deve-se divisar a destinação deste comando normativo de hierarquia constitucional. Afinal de contas, o dito princípio da igualdade é uma ordem destinada ao *legislador* ou ao *aplicador* da lei? Sabe-se que é penoso caminhar pelos trilhos da igualdade, sobretudo em matéria tributária, por ser o foco deste trabalho, para que se chegue a uma única resposta satisfatória sobre o seu sentido e alcance.

O próprio professor Paulo de Barros Carvalho reconhece a dificuldade desta questão:

> O conceito de igualdade, porém, não é de fácil determinação. Autores ilustres pretenderam demarcá-lo, encontrando acerbas dificuldades, pois os valores não podem ser objetivados. Em função de sua plasticidade, amolda-se diferentemente aos múltiplos campos de incidência material das regras jurídicas, o que torna penosa a indicação precisa do seu conteúdo.[53]

Mesmo diante de toda a dificuldade propalada pelas maiores autoridades da Ciência do Direito, no caso concreto, onde estamos tratando da tributação das sociedades cooperativas, algum avanço sobre a aplicação do princípio da igualdade pode ser feito.

Tomamos como ponto de partida que o princípio da igualdade tributária é um comando destinado não somente ao legislador, mas também ao aplicador do direito. Justamente por se tratar de um primado constitucional, sempre será tido como um guia na criação e aplicação das leis. Assim, se o legislador não anda bem e cria leis contrariando este postulado, o aplicador deverá estar atento para melhor interpretar o Direito. Tendo a lei respeitado o princípio da igualdade tributária, o aplicador não poderá ir contra, pois, caso assim faça, sua decisão deverá ser reformada.

---

53. CARVALHO, *op. cit.*, 2012a, p. 201.

Sobre este assunto, bem explica Luciano Amaro:

> Esse princípio implica, em primeiro lugar, que, diante da lei "x", toda e qualquer pessoa que se enquadre na hipótese legalmente descrita ficará sujeita ao mandamento legal. Não há pessoas "diferentes" que possam, sob tal pretexto, escapar do comando legal, ou ser dele excluídas. Até aí, o princípio da igualdade está dirigido ao *aplicador* da lei, significando que este não pode diferenciar as pessoas, para efeito de ora submetê-las, ora não, ao mandamento legal (assim como não se lhe faculta diversificá-las, para o fim de reconhecer-lhes, ora não, benefício outorgado pela lei). Em resumo, *todos são iguais perante a lei*.
>
> Mas há um segundo aspecto a ser analisado, no qual o princípio se dirige ao próprio *legislador* e veda que ele dê tratamento diverso para situações iguais ou equivalentes. Ou seja, *todos são iguais perante o legislador* (= todos devem ser tratados com igualdade pelo legislador).[54]

No caso da tributação das sociedades cooperativas deve-se recordar que existe previsão no artigo 146, III, c, da Constituição Federal, determinando que o legislador, por meio de lei complementar, dê adequado tratamento tributário ao ato cooperativo. Pois bem! Isto é uma decorrência do princípio da igualdade, pois o sistema jurídico brasileiro reconhece que as cooperativas são distintas das demais espécies societárias. Entretanto, teremos oportunidade de debater adiante com mais argumentos, mesmo diante da falta desta lei complementar que contemple o comando constitucional, não se pode dizer que o *aplicador* do Direito está autorizado a tratar as cooperativas igualmente às sociedades mercantis.

Com propriedade, esclarece José Afonso da Silva que o *"princípio da igualdade tributária* relaciona-se com a justiça distributiva em matéria fiscal. Diz respeito à repartição do ônus fiscal do modo mais justo possível. Fora disso a igualdade será puramente formal".[55] Continua o autor sustentando que, *verbis:*

---

54. AMARO, Luciano. *Direito Tributário Brasileiro*. 14. ed. São Paulo: Saraiva, 2008, p. 135.

55. SILVA, José Afonso da. *Curso de Direito Constitucional Positivo*. 25. ed. São Paulo: Malheiros, 2005, p. 221.

Não basta, pois, a regra da isonomia estabelecida no *caput* do art. 5º, para concluir que a igualdade perante a tributação está garantida. O constituinte teve consciência de sua insuficiência, tanto que estabeleceu que é *vedado instituir tratamento desigual entre contribuintes que se encontrem em situação equivalente, proibida qualquer distinção em razão de ocupação profissional ou função por ele exercida, independentemente da denominação jurídica dos rendimentos, títulos ou direitos* (art. 150, II).[56]

Sobre o princípio da igualdade na tributação, Roque Antonio Carrazza adverte sobre a sua aplicação, senão vejamos:

> A lei tributária deve ser igual para todos e a todos deve ser aplicada com igualdade. Melhor expondo, quem está na mesma situação jurídica deve receber o mesmo tratamento tributário. Será inconstitucional – por burla ao princípio republicano e ao da isonomia – a lei tributária que selecione pessoas, para submetê-las a regras peculiares, que não alcançam outras, ocupantes de idênticas posições jurídicas.[57]

Há de se entender que as sociedades cooperativas, por mais que se organizem dentro de uma estrutura empresarial, não estão em idêntica situação jurídica com outros contribuintes, como, p. ex., as sociedades empresárias e, por isso, não devem ser tributariamente tratadas do mesmo modo, sob pena de violação ao princípio da igualdade. As sociedades cooperativas possuem relevantes peculiaridades (mutualidade, inexistência de lucro etc.), que as diferem de outras espécies de sociedades, principalmente por colocar a pessoa à frente de tudo e não o capital.

Apesar de ainda não ser uma realidade viva, o princípio da igualdade tributária no cooperativismo está sendo soerguido dia a dia, como bem observou Renato Lopes Becho, *verbis*:

---

56. *Id. ibid.*, p. 222.
57. CARRAZZA, Roque Antonio. *Curso de Direito Constitucional Tributário*. 29. ed. São Paulo: Malheiros, 2013, p. 87-8.

A igualdade de tratamento, no que concerne às cooperativas, ainda está sendo buscada. Na seara tributária, tema de nossa predileção, o ideal ainda está muito distante, como veremos nos capítulos da terceira parte desta dissertação.[58]

Muito ainda há que se avançar nos estudos do cooperativismo no Brasil, não podendo deixar de lado a relevância que o princípio da igualdade tributária desempenha na formulação de propostas a conclusões sobre o tema.

2.4.5 Princípio da capacidade contributiva

Não obstante a importância que o princípio da igualdade desperta no seio do cooperativismo, outro primado de ordem constitucional que não pode deixar de ser averiguado é o da capacidade contributiva, materializado no artigo 145, § 1º, da Constituição Federal, *verbis:*

> Art. 145. A União, os Estados, o Distrito Federal e os Municípios poderão instituir os seguintes tributos:
>
> § 1º Sempre que possível, os impostos terão caráter pessoal e serão graduados segundo a capacidade econômica do contribuinte, facultado à administração tributária, especialmente para conferir efetividade a esses objetivos, identificar, respeitados os direitos individuais e nos termos da lei, o patrimônio, os rendimentos e as atividades econômicas do contribuinte.

Não obstante o desacerto técnico flagrantemente cometido pelo constituinte ao dizer que *sempre que possível* será respeitada a capacidade econômica dos contribuintes, pois evidentemente o Direito Positivo somente regula causas possíveis, nunca impossíveis, deve-se analisar a importância deste princípio na interpretação da tributação, por meio de impostos, das sociedades cooperativas, até mesmo, como sustentam alguns doutrinadores, como corolário do princípio da igualdade.

---

58. BECHO, Renato Lopes. *Tributação das cooperativas.* 3. ed. São Paulo: Dialética, 2005, p. 54.

Extrema a relevância da observação feita por Paulo de Barros Carvalho de que o princípio da capacidade contributiva pode ser analisado em dois momentos distintos. Num primeiro instante temos a fase pré-legislativa, onde o legislador deve eleger situações fáticas possíveis de serem tributadas que denotem signo de riqueza. Num segundo instante, a aferição da participação de cada indivíduo na concretização do evento econômico, senão vejamos:

> Desde logo cumpre fazer observação importante e que atina ao momento da determinação do que seja a *capacidade econômica do contribuinte*, prevista no § 1º do art. 145 da Carta Magna. Havemos de considerar que a expressão tem o condão de denotar dois momentos distintos no direito tributário. Realizar o princípio pré-jurídico da *capacidade contributiva absoluta ou objetiva* retrata a eleição, pela autoridade legislativa competente, de fatos que ostentem signos de riqueza. Esta é a capacidade contributiva que, de fato, realiza o princípio constitucionalmente previsto. Por outro lado, também é *capacidade contributiva*, ora empregada em acepção *relativa ou subjetiva*, a repartição da percussão tributária, de tal modo que os participantes do acontecimento contribuam de acordo com o tamanho econômico do evento. Quando empregada no segundo sentido, embora revista caracteres próprios, sua existência está intimamente ilaqueada à realização do princípio da igualdade, previsto no art. 5º, *caput*, do Texto Supremo.[59]

Por sua vez, ensina Roque Antonio Carrazza que:

> [...] é jurídico e altamente louvável que as cargas impositivas das pessoas políticas sejam repartidas entre as pessoas de acordo com as possibilidades econômicas de cada uma. Realmente, seria anti-isonômico, além de irrazoável e atentatório ao direito de propriedade e à própria garantia do mínimo existencial, que os pobres e os milionários suportassem o mesmo peso econômico, até porque aqueles não têm capacidade contributiva.[60]

---

59. CARVALHO, *op. cit.*, 2012a, p. 216.
60. CARRAZZA, *op. cit.*, 2013, p. 98.

O ato cooperativo não é um signo presuntivo de riqueza, passível de avaliação para efeito de incidência de impostos. As cooperativas não geram lucros. Apesar de evidentemente fomentarem a economia, todos os valores recebidos pelas cooperativas possuem destinação certa. Primeiro, todas as despesas são pagas e, quando há algum resultado, chamado de excedente ou sobra, os valores são apurados e divididos entre os associados de acordo com as suas participações nas operações, ou pode ficar decidido em Assembleia que os excedentes serão reinvestidos na consecução dos trabalhos das cooperativas.

Portanto, neste contexto existe uma limitação constitucional ao poder tributário, pois não se pode exigir o pagamento de impostos sobre os atos cooperativos. A própria essência desse ato, melhor dizendo, a natureza intrínseca a ele não caracteriza qualquer hipótese exacional. Com efeito, o princípio da capacidade contributiva é útil na medida em que proíbe qualquer tentativa do legislador de tornar o ato cooperativo como uma situação suficiente para a incidência tributária.

Por outro giro, devemos enxergar amplamente o primado em testilha, isto é, sua implicação no contexto geral das sociedades cooperativas, as quais, bem sabemos, não praticam somente operações internas com os seus associados. Mesmo nessas situações, não podemos afastar o princípio da capacidade contributiva, cabendo ao legislador ser comedido na instituição da carga tributária das relações mantidas pelas cooperativas com terceiros não associados. Aliás, esta prudência é uma exigência constitucional para todos os cidadãos.

Para Luciano Amaro:

> O princípio da capacidade contributiva inspira-se na ordem natural das coisas: onde não houver riqueza é inútil instituir imposto, do mesmo modo que em terra seca não adianta abrir poço à busca de água. Porém, na formulação jurídica do princípio, não se quer apenas preservar a eficácia da lei de incidência (no sentido de que esta não caia no vazio, por falta de riqueza que suporte o imposto); além disso, quer-se preservar o contribuinte, buscando evitar que uma tributação excessiva (inadequada à sua

capacidade contributiva) comprometa os seus meios de subsistência, ou o livre exercício de sua profissão, ou a livre exploração de sua empresa, ou o exercício de outros direitos fundamentais, já que tudo isso relativiza sua capacidade econômica.[61]

Desta feita, os atos cooperados não são signos presuntivos de riqueza e, por isso mesmo, não se qualificam como hipótese de incidência tributária, sendo vedado ao legislador descaracterizar a sua própria essência, com nítida intenção arrecadatória, pois aí existe uma limitação ao poder tributário. Não obstante, quanto aos demais negócios cooperativos, o legislador deve sopesar a carga tributária das cooperativas, diante de cada situação, para que não se exija algo além das suas forças.

2.4.6 Legislação do sistema cooperativo

Apesar de existirem leis anteriores fazendo referência ao cooperativismo a primeira legislação brasileira foi a n. 1.637, de 05 de janeiro de 1907, baseada na legislação belga de 1873. Em 1932 esta lei foi revogada pelo decreto n. 22.239, de 19 de dezembro, e daí vários outros atos normativos sucederam demonstrando uma clara desorganização do governo no trato do sistema cooperativo. Contudo, em março de 1933 este decreto ficou sem aplicação, com a criação da Diretoria do Sindicalismo-Cooperativista, até que foi definitivamente revogado pelo decreto-lei n. 24.627, de 10 de julho de 1974, complementando o decreto 23.611.

Por meio dos Decretos 23.611 e 24.647 buscou-se enquadrar o cooperativismo no sindicalismo. Muito criticado, o Decreto 24.647 acabou sendo revogado pelo Decreto n. 581, de 1º de agosto de 1938, que com algumas alterações restabeleceu o Decreto n. 22.239/32, que vigeu somente até 1943, quando então entrou em vigor o Decreto-lei n. 5.893, de 19 de outubro. Posteriormente, adveio o Decreto n. 8.401, de 19 de dezembro

---
61. AMARO, *op. cit.*, p. 138.

de 1945. Ainda, a Política Nacional do Cooperativismo foi tratada pelo Decreto-lei n. 59, de 21 de novembro de 1966.

Atualmente, as sociedades cooperativas estão sob os auspícios da Lei Geral n. 5.764, de 1971. O marco importante para o cooperativismo no Brasil foi a promulgação da Constituição Federal de 1988, onde ostensivamente o legislador determinou estímulo, apoio, tratamento tributário adequado, entre tantas outras peculiaridades, tornando o direito cooperativista assunto eminentemente constitucional. Daí não se pode deixar de mencionar o Código Civil, de 10 de janeiro de 2002.

Existem vários outros textos legais que tratam sobre o cooperativismo, todavia, não de âmbito geral, como as legislações acima indicadas, mas sim, dispõem sobre situações específicas para certas cooperativas, como será visto ao longo deste trabalho.

3. AS COOPERATIVAS NO SISTEMA JURÍDICO BRASILEIRO

3.1 Definição

Compulsando a doutrina, encontramos várias definições que são dadas para as cooperativas. Entretanto, cumpre registrar, muitas delas não são de cunho eminentemente jurídico, mas sim, apegam-se a fatores políticos, econômicos ou sociais. Deparamo-nos, também, com a dificuldade de construir uma única definição que possa contemplar todas as espécies de cooperativas. O grande desafio é enxergar as cooperativas pelo viés jurídico, dentro das concepções dispostas pelas legislações em vigor.

Discorre Waldirio Bulgarelli, *verbis:*

> Já se pôs em relevo que a principal dificuldade na definição da sociedade cooperativa, advém de, em sua maior parte, as conceituações terem sido formuladas pelos economistas, trazendo uma orientação defeituosa e incompleta, portanto, inaceitável do ponto de vista legal e doutrinário, pois, limitaram-se a pôr em destaque o papel exercido pela cooperação nos sistemas econômicos, como substituta dos intermediários.[62]

---

62. BULGARELLI, Waldirio. *Regime jurídico das sociedades cooperativas.* São Paulo: Pioneira, 1965, p. 91.

De acordo com o corte metodológico feito nas primeiras linhas deste trabalho, a pretensão é debater o cooperativismo sob o prisma jurídico, portanto, não podemos perder o foco. Sendo assim, faz-se necessária uma investigação do sistema jurídico vigente, para que a resposta seja dada de forma satisfatória, apesar de não haver pretensão alguma de exaurir todo o tema.

A Constituição Federal de 1988, a despeito de ter introduzido o cooperativismo em seu contexto, não apresentou qualquer definição. A única referência que se encontra no corpo do Texto Constitucional faz menção às cooperativas como sendo sociedades (artigo 146, III, c).

A Lei Geral do Cooperativismo n. 5.764/71, por seu turno, estabelece nos artigos 3º e 4º que as cooperativas são sociedades de pessoas, constituídas para prestar serviço aos seus associados, sem objetivar o lucro. O Código Civil de 2002 prescreve que "celebram contrato de sociedade as pessoas que reciprocamente se obrigam a contribuir, com bens ou serviços, para o exercício de atividade econômica e a partilha, entre si, dos resultados (art. 981), tratando-se as cooperativas de sociedades simples (art. 982, parágrafo único)".

O primeiro aspecto a ser detalhado dentro desse universo é o conceito de sociedade. Pelo que se retira da norma contida no art. 981 do Código Civil a sociedade é o resultado da avença celebrada entre duas ou mais pessoas que se comprometem entre si a organizar os fatores de produção, sendo eles: capital, insumos, mão de obra e tecnologia, visando a produção ou a circulação de bens ou serviços.

Diante dessa natureza contratual de formação, as sociedades em geral são sempre constituídas por meio de pessoas jurídicas. Diante disso, vale esclarecer a situação das pessoas jurídicas dentro do ordenamento jurídico brasileiro.

A pessoa jurídica é um ser criado para atuar no campo do Direito dotada de personalidade jurídica e capacidade própria. Não se confunde com as pessoas naturais que a idealizaram e a movimentam. Todavia, a pessoa jurídica não deve ser entendida como uma ficção, pois possui personalidade real, ou seja, ela é titular de direitos próprios.

A legislação civil pátria desenvolveu nos artigos 41 e 42 uma classificação específica para as pessoas jurídicas, dividindo-as em pessoas jurídicas de direito público interno ou externo e pessoas jurídicas de direito privado.

Para a lei serão consideradas pessoas jurídicas de Direito público interno a União, os Estados, o Distrito Federal, os Territórios, os Municípios, as autarquias e as associações públicas. Já as pessoas jurídicas de Direito público externo são os Estados estrangeiros e todas as pessoas regidas pelo direito internacional público.

De outro lado, são consideradas pessoas jurídicas de Direito privado as associações, as sociedades, as fundações, as organizações religiosas e os partidos políticos.

Há uma observação a ser feita quanto às pessoas jurídicas de direito público, as quais poderão ser regidas pelas disposições funcionais pertinentes às pessoas jurídicas de direito privado, quando forem constituídas como se estas últimas fossem, salvo se as leis que as instituírem determinarem de forma diversa.

Vê-se, portanto, que existem pessoas jurídicas que, apesar da sua constituição pública, se apresentam como pessoas jurídicas de Direito privado. São as chamadas empresas estatais, constituídas por meio de recursos públicos, ainda que minoritariamente, e reguladas pelas normas comuns das empresas. As empresas estatais são as sociedades de economia mista (empresa pública criada por lei, com recursos majoritária ou totalmente públicos, mas que dependem da participação de particulares – ex.: Banco do Brasil) e as empresas públicas (empresas criadas por lei com recursos exclusivamente públicos, mas que, por determinação constitucional, atuam como empresas privadas – ex.: Correios e Caixa Econômica Federal).

No que tange às pessoas jurídicas de Direito privado, vale destacar que as sociedades se diferenciam das associações e das fundações em razão de sua finalidade negocial, ou seja, decorre do fato de que nas sociedades há uma conciliação de vontades destinada ao exercício de atividade econômica, enquanto nas associações e fundações, apesar de existir o encontro de objetivos, não há a exploração de atividade econômica.

De tudo quanto foi visto, deve ficar claro que as sociedades (pessoas jurídicas de Direito privado ou público) não se confundem com a empresa. Somente as sociedades possuem personalidade jurídica. A empresa representa um modo de atuação das pessoas que celebram entre si o contrato de sociedade. Portanto, a empresa não é detentora de direitos, deveres ou obrigações, mas sim, a própria sociedade.

E, não se pode negar, existe grande dificuldade em definir o que é empresa.

É cediço que o ser humano possui necessidades para que possa viver. São entendidos como utilidades da existência humana: o vestuário, a alimentação, a saúde, o esporte, o lazer, a educação, entre tantos outros.

Tudo isso que mencionamos é passível de ser produzido pelo próprio homem. Sendo assim, este passou a organizar-se socialmente para produzir e negociar tais bens ou serviços no mercado. A essas pessoas que se vocacionaram à referida tarefa é dado o nome de empresário.

Os empresários são responsáveis por articular os fatores de produção de modo a produzir os bens ou serviços necessários ou úteis à vida humana, por meio das organizações econômicas. Os fatores de produção são: capital, mão de obra, insumo e tecnologia.

A atividade do empresário, em relação aos fatores de produção, é fazer o aporte de capital, o qual poderá ser próprio ou alheio, comprar os insumos, contratar mão de obra e desenvolver ou adquirir tecnologia capaz de produzir o bem ou serviço que será colocado à disposição no mercado.

Outro aspecto relevante da atividade empresária é que, não necessariamente, deve visar o lucro, ou seja, o dinheiro que o empresário consegue angariar por meio da execução de sua organização econômica. Isto porque, dessume-se que o conceito de empresa, já que não foi definido pelo Código Civil, advém da definição dada ao empresário, o qual é uma pessoa que organiza os fatores de produção para o exercício de atividade econômica, a teor do que dispõe o artigo 966 do CC.

Compulsando o Livro II, do Código Civil de 2002, o qual trata *Do Direito da Empresa,* em nenhuma passagem existe a menção ao signo *lucro*. Sendo assim, valendo-se da semiótica, em especial da semântica, a expressão empregada pelo legislador civilista *atividade econômica,* ao contrário do que sustentam alguns, não significa lucro.

Assim anotou Renato Lopes Becho:

> Não se deve confundir caráter empresarial com intuito lucrativo. Nem tudo que é lucrativo é empresarial, e alguma coisa que seja empresarial não precisa ser necessariamente lucrativa. Repisando os conceitos já trabalhados, devemos recordar que a sociedade é a pessoa de direito, a empresa é a forma de exercitar a atividade, sendo organizada e sobre uma base econômica, e lucro é um fim a ser perseguido, para algumas pessoas. Para outras, a sociedade empresarial não tem escopo lucrativo, mas social. Isto porque o lucro é a remuneração do capital, enquanto na atividade social busca-se acrescer resultado ao esforço.[63]

Para resumir a atividade do empresário, vale transcrever o conceito trazido por Fábio Ulhoa:

> Estruturar a produção ou circulação de bens ou serviços significa reunir os recursos financeiros (capital), humanos (mão de obra), materiais (insumo) e tecnológicos que viabilizem oferecê-los ao

---

63. BECHO, *op. cit.,* 2002, p. 123.

mercado consumidor com preços e qualidade competitivos. [...] Além disso, trata-se sempre de empreitada sujeita a risco. [...] Não há como evitar o risco do insucesso, inerente a qualquer atividade econômica. Por isso, boa parte da competência característica dos empresários vocacionados diz respeito à capacidade de mensurar e atenuar riscos.[64]

Como se nota, a atividade do empresário é assumir os riscos do negócio por meio da manipulação dos fatores de produção, sendo eles, o capital, a mão de obra, os insumos e a tecnologia. Tudo isso corresponde à formação da empresa. Logo, entende-se por empresa a atividade organizada realizada pelo empresário que, assumindo os riscos do negócio, utiliza capital, mão de obra, insumos e tecnologia para o fim de produzir ou fazer circular bens ou serviços necessários ou úteis à vida humana.

Com efeito, defende o professor Waldirio Bulgarelli que:

> Sob o prima doutrinário, entretanto, a sociedade cooperativa já se encontra perfeitamente conceituada e fixados os seus aspectos e características essenciais. Ela é a um tempo, empresa econômica e associação de pessoas. Empresa econômica porque a cooperativa tendo em vista a melhoria econômica dos seus associados, assenta-se sobre um complexo organizacional dos fatores de produção; associação de pessoas pois reúne um certo número de membros em torno do ideal da cooperação, para a exploração da empresa.[65]

O mesmo rumo segue o ensinamento de Rui Namorado:

> Um dos caminhos mais fecundos na procura de uma noção de cooperativa é o que a encara como síntese de associação e de empresa. A complexidade do fenômeno cooperativo fica assim inscrita no seu próprio cerne, o que porventura tornará mais fácil a comunicação entre esse fenômeno e outras áreas da realidade social.[66]

---

64. ULHOA, Fábio. *Manual de Direito Comercial*: direito de empresa. 23. ed. São Paulo: Saraiva, 2011,p. 22.

65. BULGARELLI, *op. cit.*, 1965, p. 92.

66. NAMORADO, *op. cit.*, p. 15.

Seguindo estes entendimentos, acreditamos que realmente as pessoas físicas associam-se para constituir uma sociedade cooperativa, a qual atua dentro de um modelo empresarial, ou seja, de maneira organizada, com objetivos a serem alcançados, mas que não visam lucro, todavia, desempenham atividade econômica.

3.2 Sociedade empresária x simples

Não obstante as cooperativas atuarem dentro de um modelo empresarial, isto é, organizando os fatores de produção, resta-nos saber se a classificação empreendida pelo Código Civil, que faz a separação das atividades sociais em empresárias e simples, como decorre do texto contido no art. 982 do Código Civil, foi acertada.

Vejamos:

> Art. 982. Salvo as exceções expressas, considera-se empresária a sociedade que tem por objeto o exercício de atividade própria de empresário sujeito a registro (art. 967); e, simples, as demais.
>
> Parágrafo único. Independentemente de seu objeto, considera-se empresária a sociedade por ações; e, simples, a cooperativa.

Como se vê, as pessoas jurídicas de direito privado subdividem-se em duas espécies distintas, quais sejam, as sociedades empresárias e as sociedades simples. Essa classificação funda-se no modo de exploração da atividade econômica, se empresária ou não.

Nesse sentido, melhor nos explica a doutrina de Fábio Ulhoa:

> O que irá, de verdade, caracterizar a pessoa jurídica de direito privado não estatal como sociedade simples ou empresária será o modo de explorar seu objeto. O objeto social explorado sem empresarialidade (isto é, sem profissionalmente organizar os fatores de produção) confere à sociedade o caráter de simples, enquanto a exploração empresarial do objeto social caracterizará a sociedade como empresária.

> [...]
> Por critério de identificação da sociedade empresária elegeu, pois, o direito o modo de exploração do objeto social. Esse critério material, que dá relevo à maneira de se desenvolver a atividade efetivamente exercida pela sociedade, na definição de sua natureza empresarial, é apenas excepcionado em relação às sociedades por ações. Estas serão sempre empresárias, ainda que o seu objeto não seja empresarialmente explorado (CC, art. 982, parágrafo único; LSA, art. 2º, § 1º). De outro lado, as cooperativas nunca serão empresárias, mas necessariamente sociedade simples, independentemente de qualquer outra característica que as cerque (CC, art. 982, parágrafo único). Salvo nestas hipóteses – sociedade anônima, em comandita por ações ou cooperativas –, o enquadramento de uma sociedade no regime jurídico empresarial dependerá, exclusivamente, da forma com que explora seu objeto.

Portanto, na literalidade do Código Civil de 2002, o critério diferenciador das sociedades simples ou empresária, como regra, leva em conta os critérios da *empresarialidade*, ou seja, o profissionalismo no modo de organização dos fatores de produção, salvo quando disser respeito às sociedades por ações (que são as sociedades anônimas e as sociedades em comandita por ações) e às cooperativas, pois as sociedades por ações serão sempre empresárias, enquanto as cooperativas serão sempre simples, ainda que o modo de exploração não corresponda a tais classificações.

Pois bem.

A doutrina acima diz que a diferença entre a sociedade empresária e a sociedade simples está no seu modo de exploração. Com efeito, classifica as cooperativas como sociedades simples, partindo do pressuposto de que estas não atuam de forma profissional para organizar os fatores de produção. Com toda a *vênia*, mas não nos parece correto afirmar que as cooperativas não atuam de forma organizada e com profissionalismo.

No cotidiano, cada vez mais nos deparamos com o profissionalismo dos associados, principalmente aqueles que compõem o corpo diretivo das sociedades cooperativas. Excelentes exemplos são as cooperativas de trabalho que atuam no ramo médico ou odontológico e também as cooperativas de crédito. Não se pode deixar de lado, por corolário, as cooperativas voltadas ao ramo do agronegócio e tantas outras.

Estas sociedades inegavelmente cresceram não somente em decorrência da força de vontade dos associados, do trabalho árduo por eles desempenhado, mas, sobretudo, pela forma de organizar os fatores de produção, com planejamento e muito profissionalismo.

Mas fique bem entendido que não se está defendendo que as sociedades cooperativas são empresárias. Após várias leituras feitas do Código Civil e de algumas doutrinas sobre o assunto, cada vez parece mais evidente que a classificação empreendida pelo legislador civilista deixou a desejar quanto à real situação jurídica das sociedades cooperativas.

Pelas particularidades próprias que cercam este modelo associativo, é difícil defender que as sociedades cooperativas possam ser classificadas como simples, a teor do que preconiza o parágrafo único do artigo 982 do CC. Da própria análise dos artigos 997 a 1.038, 1.093 a 1.096, todos do Código Civil e da Lei n. 5.764/71, evidentemente nos deparamos com as diferenças existentes entre as sociedades simples convencionais e as sociedades cooperativas. O importante é notar que na essência as sociedades simples possuem características distintas das cooperativas.

Em verdade, foi o Código Civil de 2002 que equiparou as sociedades cooperativas às sociedades simples. Por se tratar de equiparação, talvez o legislador civilista pudesse prescrever que as cooperativas fossem enquadradas como sociedades empresárias. Mas, o fato de a legislação colocar uma classificação no sistema jurídico, não implica que está correto. Não raras vezes o poder legiferante comete equívocos que são analisados com mais rigor pela Ciência do Direito.

Esta situação foi muito bem esboçada por Waldirio Bulgarelli:

> Em que pese as dificuldades existentes para a caracterização de qualquer novo ramo do Direito, dificuldades estas que o Direito Comercial ainda hoje arrosta, parece ser inequívoco que a sociedade cooperativa apresenta características que a tornam original perante as demais sociedades existentes, e que se estende e se prolonga até suas atividades, norteando-lhes os atos que se distinguem por isso dos *civis* e dos comerciais.[67]

Cumpre aos operadores do Direito organizar o sistema por meio da construção de significado para as regras jurídicas. É por meio da interpretação do Direito, deve ser relembrado, que chegamos à norma jurídica. Sendo assim, o sentido e o alcance dos enunciados prescritivos devem passar pelo crivo da Ciência do Direito. Esta sim está habilitada para dar as respostas esperadas pela sociedade. Portanto, mesmo que o Código Civil tenha dito que as cooperativas são sociedades simples, uma investigação científica mais apurada pode nos apontar outra resposta.

Trilhando as memoráveis lições de Pontes de Miranda, *verbis:*

> A sociedade cooperativa é sociedade em que a pessoa do sócio passa à frente do elemento econômico e as consequências da pessoalidade da participação são profundas, a ponto de torná-la espécie [autônoma] de sociedade.[68]

Dessarte, doutrinariamente podemos classificar as sociedades em três categorias distintas: a) empresárias; b) simples; e c) cooperativas.

---

67. BULGARELLI, Waldirio. *As sociedades cooperativas e a sua disciplina jurídica.* Rio de Janeiro: Renovar, 1998, p. 20 (grifo nosso – atualmente o Código Civil não designa as sociedades como *civis*, sendo elas *simples*, donde, por força do § único, do artigo 982, as cooperativas seriam uma espécie).

68. PONTES DE MIRANDA, Francisco Cavalcanti. *Tratado de Direito Privado.* Rio de Janeiro: Borsoi, 1968, p. 429.

3.3 Características das sociedades cooperativas

Vimos que efetivamente as cooperativas são sociedades de pessoas, as quais se associam entre si com finalidades recíprocas e atuam no mercado econômico com profissionalismo, organizando os fatores de produção, todavia, sem objetivar o lucro, mas sim, o resultado econômico. Todavia, não é qualquer sociedade que pode ser classificada como cooperativa. Para isso, faz-se obrigatório o preenchimento de alguns requisitos legais.

O sistema jurídico brasileiro, por intermédio de dois diplomas normativos (Lei n. 5.764/71 e Código Civil de 2002), apresenta as características que uma sociedade deve reunir para que seja enquadrada como cooperativa. Somente podemos admitir a existência deste modelo societário naqueles casos em que as características exigidas pela legislação forem fielmente cumpridas. Nos casos em que isso não ocorrer, as autoridades competentes devem dar conta da expulsão dos malfeitores que prejudicam e arranham a imagem do trabalho sério desenvolvido pelas cooperativas de boa índole.

Nesta senda, verbera Renato Lopes Becho, *verbis:*

> Manter os traços distintivos da cooperação intactos é uma exigência do sistema, porque a sociedade que se mascara como cooperativa, mas não respeita suas características peculiares, trai as normas de regência. Não preservando as distinções que possui com as demais sociedades jurídicas, não pode ser partícipe desse sistema próprio e deixa de ser cooperativa. Passa a ser uma falsa cooperativa, praticando o junto, o injurídico e o ilegal. Utiliza-se de prerrogativas que não possui, abuso do corpo social que lhe apoia, beneficia-se indevidamente de qualidades que não possui, trazendo para si vantagens imerecidas. Cresce como erva daninha, empobrece o jardim e deve ser combatida como praga.[69]

Para que uma sociedade seja enquadrada como cooperativa, desde os seus primeiros passos, devem ser observadas as

---
69. BECHO, *op. cit.*, 2002, p. 22.

regras instituídas pela Lei Geral do Cooperativismo, notadamente a previsão do artigo 4º, que prescreve:

> Art. 4º As cooperativas são sociedades de pessoas, com forma e natureza jurídica próprias, de natureza civil, não sujeitas a falência, constituídas para prestar serviços aos associados, distinguindo-se das demais sociedades pelas seguintes características:
>
> I - adesão voluntária, com número ilimitado de associados, salvo impossibilidade técnica de prestação de serviços;
>
> II - variabilidade do capital social representado por quotas-partes;
>
> III - limitação do número de quotas-partes do capital para cada associado, facultado, porém, o estabelecimento de critérios de proporcionalidade, se assim for mais adequado para o cumprimento dos objetivos sociais;
>
> IV - incessibilidade das quotas-partes do capital a terceiros, estranhos à sociedade;
>
> V - singularidade de voto, podendo as cooperativas centrais, federações e confederações de cooperativas, com exceção das que exerçam atividade de crédito, optar pelo critério da proporcionalidade;
>
> VI - quorum para o funcionamento e deliberação da Assembleia Geral baseado no número de associados e não no capital;
>
> VII - retorno das sobras líquidas do exercício, proporcionalmente às operações realizadas pelo associado, salvo deliberação em contrário da Assembleia Geral;
>
> VIII - indivisibilidade dos fundos de Reserva e de Assistência Técnica Educacional e Social;
>
> IX - neutralidade política e indiscriminação religiosa, racial e social;
>
> X - prestação de assistência aos associados, e, quando previsto nos estatutos, aos empregados da cooperativa;
>
> XI - área de admissão de associados limitada às possibilidades de reunião, controle, operações e prestação de serviços.

No mesmo sentido, o artigo 1.094 do Código Civil:

> Art. 1.094. São características da sociedade cooperativa:
>
> I - variabilidade, ou dispensa do capital social;
>
> II - concurso de sócios em número mínimo necessário a compor a administração da sociedade, sem limitação de número máximo;
>
> III - limitação do valor da soma de quotas do capital social que cada sócio poderá tomar;
>
> IV - intransferibilidade das quotas do capital a terceiros estranhos à sociedade, ainda que por herança;
>
> V - *quorum*, para a assembleia geral funcionar e deliberar, fundado no número de sócios presentes à reunião, e não no capital social representado;
>
> VI - direito de cada sócio a um só voto nas deliberações, tenha ou não capital a sociedade, e qualquer que seja o valor de sua participação;
>
> VII - distribuição dos resultados, proporcionalmente ao valor das operações efetuadas pelo sócio com a sociedade, podendo ser atribuído juro fixo ao capital realizado;
>
> VIII - indivisibilidade do fundo de reserva entre os sócios, ainda que em caso de dissolução da sociedade.

Todas essas características tornam possível a classificação jurídica das sociedades cooperativas em uma nova espécie societária, reafirmando tudo quanto dito alhures de que a classificação empreendida pelo Código Civil de 2002 merece ser revista pela Ciência do Direito, a qual tem autoridade para organizar o sistema. Portanto, pelas peculiaridades previstas no artigo 4º da Lei n. 5.764/71 e no artigo 1.094 do Código Civil de 2002, é difícil continuar sustentando que as cooperativas são sociedades simples. Com todo o respeito aos que pensam de forma diferente, entendemos que as cooperativas são uma nova espécie societária.

Portanto, as cooperativas são sociedades de pessoas que atuam de forma organizada, sem objetivo de lucro, respeitando as características que lhe são próprias, como se pode notar dos artigos transcritos acima.

3.4 Entidades *sui generis*

Existe entendimento no sentido de que as sociedades cooperativas são entidades *sui generis*. Essa ideia somente vem a reforçar tudo o que ficou dito nas linhas acima, ou seja, realmente as sociedades cooperativas não são empresárias, nem simples, consoante estabeleceu o parágrafo único do artigo 982 do Código Civil. As cooperativas, devido às suas particularidades, reúnem condições suficientes para serem enquadradas como uma espécie autônoma de sociedade.

A propósito, a classificação das sociedades cooperativas como entidade *sui generis* é defendida por Amador Paes de Almeida:

> A sociedade cooperativa é uma sociedade *sui generis*, que se distingue das demais por suas características próprias. Como o próprio nome deixa entrever, destina-se a prestar serviços aos próprios sócios, que são, a um só tempo, sócios e fregueses.[70]

O caminho trilhado na obra transcrita acima deixa evidente que as sociedades cooperativas há tempos clamam por uma classificação jurídica própria, e que não tem sido atendida pelo legislador. Mas isso não impede que a Ciência do Direito faça a construção do sentido e alcance das normas jurídicas, organizando o sistema jurídico.

Com efeito, a designação das sociedades cooperativas como sendo entidades *sui generis* reafirma tudo quando está sendo dito neste trabalho, pois demonstra, de forma inequívoca, a necessidade de se estabelecer uma classificação, mesmo que autônoma para este modelo societário, valendo-se das disposições normativas vigentes. Se o sistema jurídico nos fornece instrumentos para a classificação, não podemos deixar as cooperativas na *terra de ninguém*, chamando-as de entidades *sui generis*.

---

70. ALMEIDA, Amador Paes de. *Manual das sociedades comerciais*. 3. ed. São Paulo: Saraiva, 1982, p. 383.

Sustenta Rui Namorado, *verbis:*

> Nessa medida, optar pela qualificação das cooperativas como sociedades *sui generis* ou especiais não desarma o essencial das críticas ao recurso à forma societária como molde de integração das cooperativas no direito, correndo o risco de as conduzir a uma terra de ninguém onde a atipicidade garantida introduzirá no direito das sociedades comerciais elementos de incerteza e confusão, mas ficará longe de um direito cooperativo em verdadeira harmonia com a realidade. De qualquer modo, é em si um sintoma de que os cânones clássicos não são suficientes para a consideração jurídica das cooperativas.[71]

Realmente, falar em entidade *sui generis* é muito arriscado e demonstra uma incapacidade da Ciência do Direito em realizar a interpretação das regras jurídicas, ainda mais no caso em testilha, onde existem comandos normativos que deixam inolvidável as peculiaridades que cercam este modelo societário, os quais podem ser utilizados pelo exegeta para a construção de uma classificação própria.

O professor Renato Lopes Becho, aduz o seguinte:

> Para nós, o argumento de ser as cooperativas entidades *sui generis* está ultrapassado. Ao lado das coletividades civis e das comerciais, devemos ter as sociedades cooperativas, como gênero próprio, regidas por regras próprias, com princípios, valores e ética próprias, estudadas por um ramo academicamente autônomo do Direito, que é o Direito Cooperativo.[72]

Portanto, de tudo quanto visto, não podemos ter medo de afirmar que as sociedades cooperativas representam uma terceira espécie societária, não se confundindo com as empresárias, nem com as simples. O próprio Direito positivado dá elementos e condições para uma classificação própria das cooperativas. Se o legislador civilista não andou bem na sua classificação, o cientista do Direito não pode insistir no

---

71. NAMORADO, *op. cit.*, p. 320.
72. BECHO, *op. cit.*, 2002, p. 53.

equívoco, mas, sobretudo, deve aclarar a situação de mostrar os melhores caminhos a serem trilhados.

3.5 Sociedades auxiliares

Não obstante a classificação das sociedades cooperativas como entidades *sui generis*, encontramos ainda na doutrina outra interessante definição. De acordo com o entendimento de Reginaldo Ferreira Lima, as sociedades cooperativas são verdadeiras sociedades auxiliares, constituídas com a finalidade de prestar serviços aos seus associados, senão vejamos:

> Quanto ao fim, a natureza jurídica própria da cooperativa consiste em ser ela uma 'sociedade auxiliar', de caráter institucional, a qual, na sua condição de ente personificado, existe tão só para prestar serviços aos associados, independentemente da ideia de, como pessoa jurídica, obter vantagens para si, em detrimento do cooperado, investido da dupla qualidade: de associado e utente dos serviços cooperativos.
>
> Atribuir à cooperativa natureza civil ou comercial é uma opção, de caráter pragmático, feito pelo legislador, fato que, no entanto, não altera a natureza institucional da cooperativa como 'sociedade auxiliar'.[73]

Mais uma vez deve ser dito que não há razão para criar nomes para classificar estas espécies de sociedades, já que o próprio sistema jurídico fornece os subsídios necessários ao intérprete. Desde que fique claro que as cooperativas possuem uma natureza jurídica própria, que não se confundem com as sociedades simples, tampouco com as sociedades empresárias, e que se trata de uma terceira espécie de sociedades, por economia à imaginação simplesmente vamos denominá-las de sociedades cooperativas.

---

73. LIMA, Reginaldo Ferreira. *Direito Cooperativo Tributário*. São Paulo: Max Limonad, 1997, p. 50.

3.6 Delegação cooperativa

No Direito Comercial as sociedades mercantis operam no mercado em nome dos seus sócios por intermédio de um *mandato* ou *representação* em sentido estrito. Todos os negócios realizados por estas espécies societárias visam à obtenção do melhor preço de compra e de venda de determinados bens destinados ao comércio, sempre visando a lucratividade. Tudo isso vem à tona por intermédio das pessoas eleitas pelos sócios para falarem em nome da sociedade, chamados de *mandatários* ou *representantes*.

Assim, explica De Plácido e Silva:

> No sentido técnico do Direito Civil ou Comercial, o mandato é o *contrato*, em virtude do qual uma pessoa outorga a outra ou *dá poderes a outra* para que pratique ou execute atos e negócios jurídicos em seu nome, e esta se compromete a executá-los ou gerir os negócios autorizados, segundo as ordens e poderes conferidos.
>
> [...]
>
> O mandato, significando, precipuamente, o poder conferido por uma pessoa para que outrem faça por si e para si atos ou negócios, que deveria fazer, como se estivesse atuando pessoalmente, revela-se fundamentalmente uma *representação*.
>
> O mandatário representa juridicamente o mandante em todos os *atos jurídicos*, para cuja prática ou execução está *autorizado*.[74]

No contexto do cooperativismo, se for levar ao pé da letra a definição acima apresentada, quando o associado faz adesão à sociedade e passa a integrá-la, evidentemente que está conferindo à cooperativa plenos poderes, por intermédio do estatuto, de mandato ou representação, pois a cooperativa irá negociar a favor dos interesses do associado, nos limites do quanto está autorizado no estatuto.

---

74. SILVA, De Plácido e. *Vocabulário jurídico*. Atualizadores Nagib Slaibi Filho e Gláucia Carvalho. Rio de Janeiro: Forense, 2004, p. 881.

Entretanto, devido às peculiaridades que envolvem o cooperativismo, ao invés de se dizer que a cooperativa atua por mandato ou representação do associado, a doutrina prefere utilizar a expressão *delegação cooperativa*, senão vejamos:

> Não há, portanto, propriamente mandato ou representação no sentido estrito, mas, aquilo que denominamos delegação cooperativa que se caracteriza por uma representação especificamente operacional, tendo em vista os objetivos e as formulações do contrato societário. Se se admite no Direito Comercial, o mandato sem representação, típico do contrato de *comissão*, em que o comissário opera em seu próprio nome, porém, de acordo com as ordens e instruções do comitente, não passando afinal de um prestador de serviços, nada há de estranhável que no Direito Cooperativo, opere-se a *delegação*, pela qual a sociedade, recebendo pelo contrato social, um mandato específico, opera em seu próprio nome, porém para o associado, prestando-lhe serviços naquele perfeitamente estabelecidos, que decorrem do objetivo específico da cooperativa. Vende assim a cooperativa a produção do associado; compra assim, os bens de que os cooperados tanto precisam para sua profissão como para seu consumo – fazendo-o em seu próprio nome, porém, de acordo com as instruções destes, prestando-lhes um serviço, sem finalidade lucrativa e pagando por ele os cooperados apenas o custo.[75]

A justificativa para a utilização da expressão *delegação cooperativa* ao invés de *mandato* ou *representação* é bastante simples: para que não haja confusão entre o mandato ou representação regido pelo Direito Civil ou Comercial, com o mandato ou representação regido pelo Direito Cooperativo, conforme nos explica o próprio autor acima, *verbis*:

> A substituição da expressão *mandato* pela de *delegação*, nos parece apropriada, pois não se trata de um mandato específico, através de um contrato especialmente feito, mas, de um mandato permanente consubstanciado no contrato social, através da adesão do associado ao ingressar na cooperativa. Muito embora a delegação seja em última análise o próprio mandato, a expressão impõe-se

---

75. BULGARELLI, *op. cit.*, 1998, p. 36.

para distingui-la dos mandatos típicos do Direito Comercial e do Direito Civil, tendo em vista sobretudo a forma e o conteúdo.[76]

A utilização da expressão *delegação cooperativa* ajuda facilmente a diferenciar as modalidades de mandatos ou representação, todavia, não se pode perder de vista que o emprego desta expressão é de cunho eminentemente acadêmico, pois, como bem advertiu De Plácido e Silva "[...] o *mandato* não se revela somente o *contrato* em que se firmam os poderes de representação, pois que se manifesta como *delegação*".[77]

Portanto, o uso da expressão delegação cooperativa é útil na medida em que prontamente separa o mandato do Direito Comercial, daquele regido pelo Direito Cooperativo.

3.7 Da classificação e dos objetivos das sociedades cooperativas

Nos termos da Lei Geral do Cooperativismo n. 5.764/71 as sociedades cooperativas podem ser classificadas quanto à sua forma legal de constituição e também em razão do seu objeto social ou pela natureza jurídica das atividades que desenvolvem. Assim está exposto no artigo 6º e seguintes do texto legislativo acima mencionado.

Portanto, classificam-se as cooperativas quanto à sua forma legal de constituição nos seguintes moldes:

a) cooperativas singulares;

b) cooperativas centrais ou federações de cooperativas, e;

c) confederações de cooperativas.

Quanto ao objeto social ou a natureza jurídicas das atividades desenvolvidas, temos a seguir o exemplo de algumas cooperativas:

---

76. BULGARELLI, *op. cit.*, 1998, p. 36-7.
77. *Id. ibid.*, p. 881.

a) cooperativas de crédito;

b) cooperativas de trabalho;

c) cooperativas habitacionais;

d) cooperativas de produtores;

e) cooperativas de consumo;

f) cooperativas mistas.

Vejamos adiante com maior detença as peculiaridades que envolvem as sociedades cooperativas quanto à sua forma legal de constituição e quanto ao seu objeto social ou a natureza jurídica das atividades que desenvolve.

3.7.1 Cooperativas singulares

A primeira modalidade de cooperativa prevista no artigo 6º, I, da Lei n. 5.764/71, são as singulares. Nestas sociedades exige-se um número mínimo de pessoas físicas para a sua constituição, excepcionalmente admitindo-se pessoas jurídicas. Sua maior característica é que sua constituição tem por finalidade a prestação direta de serviços aos seus associados.

Assim está disposto nos artigos 6º, I e 7º, da Lei n. 5.764/71:

> Art. 6º As sociedades cooperativas são consideradas:
>
> I - singulares, as constituídas pelo número mínimo de 20 (vinte) pessoas físicas, sendo excepcionalmente permitida a admissão de pessoas jurídicas que tenham por objeto as mesmas ou correlatas atividades econômicas das pessoas físicas ou, ainda, aquelas sem fins lucrativos.
>
> Art. 7º As cooperativas singulares se caracterizam pela prestação direta de serviços aos associados.

Portanto, as sociedades cooperativas singulares são constituídas para atender as necessidades dos seus associados, em quaisquer áreas econômicas.

3.7.2 Cooperativas centrais ou federações de cooperativas

As cooperativas centrais ou federações de cooperativas a princípio são constituídas por um número mínimo de 03 (três) cooperativas singulares, excepcionalmente admitindo-se associados individuais, conforme for estabelecido no seu estatuto, nos termos do artigo 6º, II, da Lei n. 5.764/71:

> 6º - [...]
>
> II - cooperativas centrais ou federações de cooperativas, as constituídas de, no mínimo, 3 (três) singulares, podendo, excepcionalmente, admitir associados individuais.

A finalidade das cooperativas centrais ou federações de cooperativas é organizar os serviços econômicos ou assistenciais de interesse das suas filiadas, consoante está disposto no artigo 8º e parágrafo único, da Lei Geral das Cooperativas, *in verbis*:

> Art. 8º As cooperativas centrais e federações de cooperativas objetivam organizar, em comum e em maior escala, os serviços econômicos e assistenciais de interesse das filiadas, integrando e orientando suas atividades, bem como facilitando a utilização recíproca dos serviços.
>
> Parágrafo único. Para a prestação de serviços de interesse comum, é permitida a constituição de cooperativas centrais, às quais se associem outras cooperativas de objetivo e finalidades diversas.

Dessarte, as cooperativas singulares podem se organizar e constituir cooperativas centrais ou federações de cooperativas com o intuito de facilitar, aprimorar e baratear vários serviços que são utilizados em comum, não obstante, também melhorar a parte assistencial.

3.7.3 Confederações de cooperativas

A última classificação quanto à forma legal de constituição das sociedades cooperativas tem as confederações de cooperativas, que são compostas por no mínimo 03 (três) federações de cooperativas ou cooperativas centrais, da mesma ou de diferentes modalidades, de acordo com o que está previsto no artigo 6º, III, da Lei n. 5.764/71:

> 6º - [...]
>
> III - confederações de cooperativas, as constituídas, pelo menos, de 3 (três) federações de cooperativas ou cooperativas centrais, da mesma ou de diferentes modalidades.

Importante observar que não são todas as cooperativas centrais ou federações de cooperativas que terão interesse em constituir uma confederação. Isto porque, nesta modalidade pressupõe-se que já houve uma extrapolação dos limites das possibilidades de atuação das centrais ou federações, eis que o negócio tomou um corpo vultoso, transcendendo o âmbito de capacidade ou conveniência de atuação das centrais ou federações, consoante reza o artigo 9º, da Lei n. 5.764/71:

> Art. 9º As confederações de cooperativas têm por objetivo orientar e coordenar as atividades das filiadas, nos casos em que o vulto dos empreendimentos transcender o âmbito de capacidade ou conveniência de atuação das centrais e federações.

Portanto, as confederações de cooperativas representam os interesses de suas filiadas, quais sejam, as centrais ou federações, não havendo possibilidade de admissão de pessoas físicas, sequer excepcionalmente.

3.7.4 Cooperativas de crédito

Ainda nos dias que correm existe uma grande desinformação quanto ao tratamento jurídico das cooperativas. A situação se agrava mais quando se está diante de uma cooperativa de crédito, pois, não raras vezes, as pessoas a chamam de banco, confundindo-a com este.

É evidente que as cooperativas de crédito, apesar de serem instituições financeiras, definitivamente não são bancos, conforme ressai do artigo 5°, da Lei n. 5.764/71:

> Art. 5° As sociedades cooperativas poderão adotar por objeto qualquer gênero de serviço, operação ou atividade, assegurando-se-lhes o direito exclusivo e exigindo-se-lhes a obrigação do uso da expressão "cooperativa" em sua denominação.
>
> Parágrafo único. É vedado às cooperativas o uso da expressão "**Banco**". (grifamos).

Esta espécie de cooperativa é constituída nos moldes da Lei Geral do Cooperativismo e segue os mesmos princípios e características das demais, havendo como diferencial unicamente o seu objeto social que é o fomento do crédito para os seus associados. Em outras palavras, as pessoas se reúnem nos moldes da legislação em vigor, para ter acesso a linhas de crédito, e tudo aquilo que for apurado dentro de um determinado período como resultado positivo é restituído para o próprio associado, na medida da sua participação no fomento deste crédito.

Prevê a Lei Complementar n. 130, de 17 de abril de 2009 que:

> Art. 1º As instituições financeiras constituídas sob a forma de cooperativas de crédito submetem-se a esta Lei Complementar, bem como à legislação do Sistema Financeiro Nacional – SFN e das sociedades cooperativas.
>
> Art. 2º As cooperativas de crédito destinam-se, precipuamente, a prover, por meio da mutualidade, a prestação de serviços financeiros a seus associados, sendo-lhes assegurado o acesso aos instrumentos do mercado financeiro.

Apesar de serem instituições financeiras, as cooperativas de crédito definitivamente não são bancos e não podem ser tratadas como estes. A única coisa que lhes aproxima é o fato de lidarem com o crédito. Fora isso, não há qualquer semelhança entre o modelo de cooperativismo de crédito e os bancos.

Conforme dados do *site* da Organização das Cooperativas Brasileiras – OCB, as cooperativas de crédito quantitativamente se apresentam da seguinte forma:[78]

Números	Dados do Sistema OCB	Dados do Banco Central
Cooperativas	980	1.060
Associados	6.931.144	8.411.574
Empregos diretos	46.824	60.073
Pontos de Atendimento	5.031	5.573

Movimentação Financeira	Dados do Sistema OCB em bilhões de R$	Dados do Banco Central em bilhões de R$
Ativos	166.652.127	174.292.234
Patrimônio Líquido	30.045.886	30.837.466
Depósitos	81.286.883	82.869.213
Operações de Crédito	73.203.719	76.159.896

* Referência dos dados do Sistema OCB: 2014

* Referência dos Dados do BCB: 2015

Portanto, um importante segmento do modelo cooperativo, no qual os associados têm a possibilidade de receber por tudo aquilo que contribuem para o fomento do crédito, ao final de cada balanço, na apuração das sobras.

3.7.5 Cooperativas de trabalho

O Decreto-Lei n. 22.232, de 19 de dezembro de 1932, vigorou até a edição do Decreto-Lei n. 59, de 21 de novembro

---

78. http://www.ocb.org.br/site/ramos/credito_numeros.asp.

de 1966. Hoje, basicamente, o tema está regulado pela Lei n. 5.764/71. Todavia, vale a pena conferir o artigo 24 do revogado Decreto-Lei n. 22.232/32, que estabelecia que as cooperativas de trabalho eram constituídas mediante as seguintes determinações:

> Art. 24. São cooperativas de trabalho aquelas que, constituídas entre operários de uma determinada profissão ou oficio, ou de ofícios vários de uma mesma classe, têm como finalidade primordial melhorar os salários e as condições do trabalho pessoal de seus associados, e, dispensando a intervenção de um patrão ou empresário, se propõem contratar e executar obras, tarefas, trabalhos ou serviços, públicos ou particulares, coletivamente por todos os por grupos de alguns.

Com o advento da Constituição Federal de 1988 o sistema cooperativo passou a contar com uma proteção especial em relação ao seu objetivo social ou à natureza jurídica da atividade desenvolvida. O constituinte não fez qualquer ressalva ou restrição quanto à natureza jurídica das cooperativas, de modo que quaisquer atividades podem ser organizadas por meio desta sociedade.

O relevante a ser analisado quanto a esta modalidade de cooperativa é a tríplice relação mantida entre cooperado, cooperativa e tomador dos serviços. De pronto já é possível dizer que em nenhum caso há vínculo empregatício. Isto porque, pela própria natureza jurídica das sociedades cooperativas não existe qualquer vínculo de emprego entre estas e os seus associados. Em verdade, as cooperativas prestam serviços aos seus cooperados, os quais são seus donos.

Também não existe relação de emprego entre as cooperativas e os tomadores de serviços, por não estarem presentes os requisitos da legislação trabalhista, especialmente porque a cooperativa é uma pessoa jurídica, não havendo relação de emprego nesta condição. Por último, não há relação de emprego entre o cooperado e o tomador de serviço, pela total ausência dos pressupostos da legislação do trabalho.

Mas, como forma de precaver qualquer forma de litígio, a Lei Geral das Cooperativas, desde o seu nascedouro, já propugna que não há relação de emprego entre as cooperativas e os seus associados, nem entre estes e os tomadores de serviços.[79] Posterior à Lei n. 5.764/71, veio a Lei n. 8.949, de 09 de dezembro de 1994, que acresceu ao artigo 442 da Consolidação das Leis do Trabalho o parágrafo único, dispondo que "qualquer que seja o ramo de atividade da sociedade cooperativa, não existe vínculo empregatício entre ela e seus associados, nem entre estes e os tomadores de serviços daquela".

Nitidamente, o parágrafo único do artigo 442 da CLT reproduziu o quanto já estava consignado no artigo 90 da Lei n. 5.764/71, não trazendo nenhuma novidade para o universo jurídico. Em outros dizeres, o legislador 'choveu no molhado', sendo sua atuação totalmente despicienda quanto a esta matéria.

Não obstante à relevante importância da relação jurídica contratual mantida entre a cooperativa, o cooperado e os tomadores de serviço, existem outros aspectos inerentes à constituição desta modalidade de sociedade que não podem passar sem a devida análise. Estamos fazendo menção à Lei Ordinária n. 12.690, de 19 de julho de 2012, por meio da qual se dispôs a respeito da organização e funcionamento das cooperativas de trabalho.

Estabelece o artigo 2º, da lei em referência que:

> Art. 2º Considera-se Cooperativa de Trabalho a sociedade constituída por trabalhadores para o exercício de suas atividades laborativas ou profissionais com proveito comum, autonomia e autogestão para obterem melhor qualificação, renda, situação socioeconômica e condições gerais de trabalho.
>
> § 1º A autonomia de que trata o caput deste artigo deve ser exercida de forma coletiva e coordenada, mediante a fixação, em Assembleia Geral, das regras de funcionamento da cooperativa e da forma de execução dos trabalhos, nos termos desta Lei.

---

79. Art. 90. Qualquer que seja o tipo de cooperativa, não existe vínculo empregatício entre ela e seus associados.

§ 2º Considera-se autogestão o processo democrático no qual a Assembleia Geral define as diretrizes para o funcionamento e as operações da cooperativa, e os sócios decidem sobre a forma de execução dos trabalhos, nos termos da lei.

Ao mesmo tempo em que a legislação faz a classificação das sociedades cooperativas de trabalho, também traz inúmeras previsões a respeito do seu funcionamento, excluindo expressamente a constituição de cooperativas de trabalho nos seguintes casos:

Art. 1º [...]

Parágrafo único. Estão excluídas do âmbito desta Lei:

I - as cooperativas de assistência à saúde na forma da legislação de saúde suplementar;

II - as cooperativas que atuam no setor de transporte regulamentado pelo poder público e que detenham, por si ou por seus sócios, a qualquer título, os meios de trabalho;

III - as cooperativas de profissionais liberais cujos sócios exerçam as atividades em seus próprios estabelecimentos; e

IV - as cooperativas de médicos cujos honorários sejam pagos por procedimento.

Essas cooperativas podem ser criadas tanto para o fomento da produção, seja qual for o segmento econômico eleito pelos associados, como também, para a prestação de serviço, todavia, neste caso, sempre respeitando a previsão do parágrafo único, incisos I, II, III e IV, do artigo 1º, da Lei n. 12.690/2012, senão vejamos:

Art. 4º A Cooperativa de Trabalho pode ser:

I - de produção, quando constituída por sócios que contribuem com trabalho para a produção em comum de bens e a cooperativa detém, a qualquer título, os meios de produção; e

II - de serviço, quando constituída por sócios para a prestação de serviços especializados a terceiros, sem a presença dos pressupostos da relação de emprego.

Fato importante que chama atenção é a preocupação do legislador quanto ao mau uso destas sociedades. Sabe-se que nem sempre as pessoas desfrutam adequadamente o direito que possuem. Atento a esta situação, a legislação em vigor faz clara imputação ao desvio de finalidades das sociedades cooperativas de trabalho. Por outros torneios, as falsas cooperativas de trabalho, aquelas que visam unicamente burlar a legislação do trabalho e previdenciária, deverão ser extirpadas, até mesmo para que não prejudique as verdadeiras cooperações de trabalho.

De acordo com o artigo 5º da Lei Ordinária n. 12.690/2012: *"a cooperativa de trabalho não pode ser utilizada para intermediação de mão de obra subordinada"*.

E mais, prevê a legislação em comento que:

> Art. 17. Cabe ao Ministério do Trabalho e Emprego, no âmbito de sua competência, a fiscalização do cumprimento do disposto nesta Lei.
>
> § 1º A Cooperativa de Trabalho que intermediar mão de obra subordinada e os contratantes de seus serviços estarão sujeitos à multa de R$ 500,00 (quinhentos reais) por trabalhador prejudicado, dobrada na reincidência, a ser revertida em favor do Fundo de Amparo ao Trabalhador – FAT.
>
> § 2º Presumir-se-á intermediação de mão de obra subordinada a relação contratual estabelecida entre a empresa contratante e as Cooperativas de Trabalho que não cumprirem o disposto no § 6º do art. 7º desta Lei.
>
> § 3º As penalidades serão aplicadas pela autoridade competente do Ministério do Trabalho e Emprego, de acordo com o estabelecido no Título VII da Consolidação das Leis do Trabalho – CLT, aprovada pelo Decreto-Lei nº 5.452, de 1º de maio de 1943.
>
> Art. 18. A constituição ou utilização de Cooperativa de Trabalho para fraudar deliberadamente a legislação trabalhista, previdenciária e o disposto nesta Lei acarretará aos responsáveis as sanções penais, cíveis e administrativas cabíveis, sem prejuízo da ação judicial visando à dissolução da Cooperativa.

TRIBUTAÇÃO DAS SOCIEDADES COOPERATIVAS

Encontramos no sítio do Ministério do Trabalho e Emprego (MTE) artigo de autoria de Paul Singer contendo uma excelente apresentação a respeito das falsas e verdadeiras cooperativas de trabalho, *in verbis:*

> A cooperativa de trabalho surgiu assim como forma conveniente de substituição de trabalho assalariado regular por trabalho contratado autônomo. Algumas vezes, os trabalhadores são convidados a abrir micro-empresas para se transformar em prestadores autônomos de serviços. Outro subterfúgio muito usado é assalariar trabalhadores sem assinar-lhes a carteira de trabalho, sob o pretexto de que estão em experiência. Mas, quando se trata de mudar o status legal dum grande grupo de trabalhadores, a contratação coletiva sob a forma de cooperativa deve ser mais conveniente.
>
> Esta é uma das origens do surto de cooperativas de trabalho. Empresas criam cooperativas de trabalho, com seus estatutos e demais apanágios legais, as registram devidamente e depois mandam seus empregados se tornarem membros delas, sob pena de ficar sem trabalho. Os empregados são demitidos, muitas vezes de forma regular, e continuam a trabalhar como antes, ganhando o mesmo salário direto, mas sem o usufruto dos demais direitos trabalhistas. Estas são as falsas cooperativas também conhecidas como cooperfraudes e outros epítetos. São cooperativas apenas no nome, arapucas especialmente criadas para espoliar os trabalhadores forçados a se inscrever nelas.
>
> A outra origem das cooperativas de trabalho resulta de iniciativas de trabalhadores marginalizados, sem chance de obter emprego regular ou ainda em perigo de perder o trabalho que têm. Este é, por exemplo, o caso dos trabalhadores de empresas em crise, que se organizam em cooperativa ora para tentar recuperar a sua ex-empregadora (comprando-a com seus créditos trabalhistas e eventualmente com financiamento) ora para disputar o mercado de serviços terceirizados, tendo como arma sua proficiência profissional. Formam também cooperativas de trabalho trabalhadoras e trabalhadores muito pobres, que sobrevivem vendendo seus serviços individualmente e tentam obter melhores condições de ganho unindo-se em cooperativas de trabalho. Estas cooperativas são obviamente verdadeiras, frutos da livre vontade dos que nelas se associam, que não espoliam ninguém e são criadas como armas na luta contra a pobreza.[80]

---

80. SINGER, Paul. *Cooperativas de trabalho.* s/d. Disponível em: <http://portal.mte.

O que não podemos admitir nessas modalidades de cooperativas de trabalho é a generalização. Evidentemente, existem várias cooperativas de trabalho atuando com muita seriedade, seja na área médica, odontológica, transporte de cargas, entre tantas outras. Cabe ao Ministério do Trabalho fiscalizar e punir aqueles que se utilizam incorretamente deste modelo societário, apenas com a intenção de burlar a legislação trabalhista e previdenciária.

De acordo com a jurisprudência do Tribunal Regional do Trabalho da 1ª Região, *in verbis:*

> CONTRATAÇÃO POR COOPERATIVA. FRAUDE À RELAÇÃO DE EMPREGO. VÍNCULO RECONHECIDO. O direito constitucional brasileiro valoriza e reconhece o cooperativismo como um modo alternativo de produção de bens e serviços. Por conseguinte, as cooperativas de trabalho devem ser reconhecidas como modos singulares de produção sem objetivo de apropriação de excedentes da força de trabalho, e como mecanismo solidário de inclusão social e de união de esforços pessoais para a melhoria das condições de vida e de trabalho dos cooperados. É por tal motivo que desde há muito Godinho Delgado propôs o critério da dupla qualidade como elemento relevante para separar o joio do trigo, as verdadeiras cooperativas e as empresas que se utilizam desta forma jurídica de modo fraudulento. Afinal, sem adesão voluntária e livre, gestão democrática, participação econômica de todos os membros, autonomia e independência, intercooperação, respeito aos direitos sociais, não precarização do trabalho e participação na gestão não há verdadeira cooperativa de trabalho. A intermediação de mão de obra é incompatível com o cooperativismo de trabalho, pois, suprime a possibilidade de os cooperados laborarem com verdadeira independência e autonomia. Quando a força de trabalho é dirigida por outrem e o trabalhador submete-se – ainda que nos limites do contrato – aos preceitos, regras, diretrizes e poder de comando empresarial, há subordinação e não autonomia. Foi o que ocorreu no caso dos autos, no qual, ademais, provou-se a pessoalidade direta entre a empresa dita tomadora de serviços e trabalhadores arregimentados pela falsa cooperativa. Demonstrada a participação integrativa da atividade do trabalhador cooperado na atividade do credor de trabalho

---

gov.br/data/files/ FF8080812BCB27 90012BCF0F046C68D9/prog_cooperativatrabalho2.pdf>.

e caracterizada a fraude na contratação mediante a intermediação da mão de obra pela cooperativa (art. 9º da CLT), tem-se pela existência de efetivo vínculo de emprego, porquanto presentes os elementos instituídos nos arts. 2º e 3º da CLT.[81]

Segundo informações levantadas diretamente no *site* da Organização das Cooperativas Brasileiras (OCB Sescoop), existem hoje 877 cooperativas de trabalho, gerando 1.586 empregos diretos, contando, ainda, com 204.340 associados. Não há dúvida da importância desta modalidade de associativismo para a economia.[82]

3.7.6 Cooperativas habitacionais

Outra forma de cooperativismo é aquele destinado à habitação. De acordo com a legislação em vigor, a criação e o funcionamento de cooperativas habitacionais é totalmente permitida, havendo, inclusive, algumas delas em pleno funcionamento dentro do território brasileiro. Assim, as cooperativas habitacionais devem se atentar ao disposto na Lei n. 5.764/71 e também às previsões do Código Civil de 2002.

Essas cooperativas são constituídas com a finalidade específica de proporcionar aos seus associados a construção e aquisição de imóveis. De acordo com o levantamento feito pela Organização das Cooperativas do Brasil (OCB Sescoop), atualmente existem 226 cooperativas habitacionais, que geram 1.829 empregos diretos e contam com 99.474 associados.[83]

Para melhor visualização de como funcionam estas cooperativas na prática, vejamos o quadro apresentado pela Cooperativa Habitacional Central do Brasil (COOHABRAS):[84]

---

81. Tribunal Regional do Trabalho da 1ª Região. RECURSO ORDINÁRIO – TRT/RO - 0000161-69.2011.5.01.0002 – RTOrd. Relatora Desembargadora do Trabalho Sayonara Grillo Coutinho Leonardo da Silva. Julgado por unanimidade em 25 de novembro de 2013. 7ª Turma. Publicado no Diário da Justiça da União em 11/02/2014

82. http://www.ocb.org.br/site/ramos/trabalho_numeros.asp.

83. http://www.ocb.org.br/site/ramos/habitacional_numeros.asp.

84. http://www.coohabras.org.br/site/index.php/como-funciona.

PASSO 1	PASSO 2
1. Poupança coletiva: É um fundo feito com as contribuições dos próprios participantes que serve para a compra do terreno e o projeto de engenharia e arquitetura.	**4. Financiamento para construção:** Os Educadores Populares[85] vão orientar os participantes quanto ao melhor tipo de financiamento habitacional disponível.
2. Projeto arquitetônico: Na cooperativa você e os colegas de grupo que determinam como vai ser a sua casa. Vocês vão ajudar a fazer o desenho do projeto.	**5. Construir a preço de custo:** Cooperativa não tem lucro, é um projeto social, por isso, os imóveis são repassados aos participantes dos grupos pelo preço de produção.
3. Compra coletiva do terreno: Comprar o terreno de forma coletiva barateia o custo do lote e dá possibilidade de compra para todas as famílias participantes.	**6. Escritura da moradia:** Quando a obra estiver pronta a casa será escriturada em nome do cooperativado/a, para sua garantia e segurança plena.

Enfim, as cooperativas habitacionais devem fomentar a construção e aquisição de imóveis para os seus associados, sendo que o desvirtuamento das suas finalidades certamente descaracterizará o modelo cooperativista.

3.7.7 Cooperativas de produtores

As cooperativas de produtores aparecem em grande quantidade dentro do cenário econômico brasileiro. Dedicadas às mais variadas áreas de produção, permitem a associação de vários produtores. Compulsando a Lei n. 10.666, de 08 de maio de 2003, verificamos que o § 3º, do artigo 1º define as cooperativas de produção nos seguintes moldes:

---

85. O Educador Popular é um agente social fomentador e mobilizador do cooperativismo habitacional que motiva, organiza e assessora os Círculos de Cooperação da COOHABRAS. Para executar essa tarefa educativa, o Educador Popular é capacitado no Curso de Educador Popular ministrado pela Diretoria Pedagógica a fim de aglutinar os conhecimentos necessários para seu trabalho.
A função do Educador Popular na COOHABRAS é dar assessoria sistemática aos grupos organizados pela cooperativa, indicando-lhes as melhores práticas cooperativistas, bem como, desenvolver o diálogo sobre os temas para os quais foi capacitado em seu treinamento, junto a estes grupos.

§ 3º Considera-se cooperativa de produção aquela em que seus associados contribuem com serviços laborativos ou profissionais para a produção em comum de bens, quando a cooperativa detenha por qualquer forma os meios de produção.

Por sua vez, o artigo 29, § 2º, da Lei n. 5.764/71 estabelece a forma de constituição das cooperativas de produtores, prevendo que:

Art. 29. O ingresso nas cooperativas é livre a todos que desejarem utilizar os serviços prestados pela sociedade, desde que adiram aos propósitos sociais e preencham as condições estabelecidas no estatuto, ressalvado o disposto no artigo 4º, item I, desta Lei.

§ 2º Poderão ingressar nas cooperativas de pesca e nas constituídas por produtores rurais ou extrativistas, as pessoas jurídicas que pratiquem as mesmas atividades econômicas das pessoas físicas associadas.

E mais, estabelecem os artigos 83 e 85, da Lei Geral do Cooperativismo que:

Art. 83. A entrega da produção do associado à sua cooperativa significa a outorga a esta de plenos poderes para a sua livre disposição, inclusive para gravá-la e dá-la em garantia de operações de crédito realizadas pela sociedade, salvo se, tendo em vista os usos e costumes relativos à comercialização de determinados produtos, sendo de interesse do produtor, os estatutos dispuserem de outro modo.

Art. 85. As cooperativas agropecuárias e de pesca poderão adquirir produtos de não associados, agricultores, pecuaristas ou pescadores, para completar lotes destinados ao cumprimento de contratos ou suprir capacidade ociosa de instalações industriais das cooperativas que as possuem.

A COOHABRAS valoriza muito o trabalho destes profissionais, já que o perfil deles vai além de seu trabalho remunerado, mas necessita ter um compromisso social muito forte para contribuir na construção de um projeto cooperativista como o nosso que visa à construção de uma sociedade mais justa e solidária.

Importante anotar que as cooperativas de produção, mesmo recebendo um tratamento legal específico, não podem ser analisadas fora do contexto do cooperativismo de trabalho. As cooperativas de trabalho assumem dentro do cenário jurídico vigente um gênero, onde as cooperativas de produção podem ser classificadas como espécie. Ressai do artigo 4º, I, da Lei Ordinária n. 12.690/2012 que as cooperativas de trabalho podem ser de produção.

Neste diapasão, os produtores associados à cooperativa não podem ser diretamente subordinados à empresa adquirente da sua produção. Para que as cooperativas de produtores funcionem de forma regular anota o professor de Estenio Campelo que:

> Assim, verificada a subordinação jurídica do associado com a empresa contratante dos serviços, estará configurado o vínculo empregatício e será constatada fraude entre esta e a sociedade cooperativa, que, então, terá participado como mera intermediária de mão de obra. Dessa forma, fica caracterizada a relação empregatícia com a empresa tomadora dos serviços, valendo lembrar, entretanto, que tais situações são especialíssimas e que não se constituem pelo simples fato da prestação do serviço referir-se à atividade fim, mas sim, à presença das características de relação de emprego.[86]

No mesmo sentido, as palavras de Maria Célia de Araújo Furquim, *verbis*:

> 1. A empresa contratante, quando contrata uma cooperativa de trabalho (seja ela de produção ou serviço ou de mão de obra), está contratando, sem sombra de dúvidas, o resultado de uma prestação de serviço, não importando a pessoa por quem o serviço será prestado. A prestação do serviço prescinde do requisito *intuitu personae*, pois temos a ausência do pressuposto pessoalidade, que, em conjunto com outros fatores, leva à configuração da relação empregatícia.

---

86. CAMPELO, Estenio. *Cooperativas de trabalho:* relação de emprego. Brasília: Brasília Jurídica, 2005, p. 53.

2. A sociedade cooperativa, quando contratada, além da equipe de trabalhadores que, efetivamente, prestam o serviço especializado, se faz presente também no local de trabalho um coordenador ou gestor, também cooperado, eleito em assembleia, para orientar e dirimir qualquer dúvida por parte dos associados que estão prestando o serviço. A presença de um representante da cooperativa, escolhidos pelos próprios cooperados, descaracteriza o poder de direção; enfim, a subordinação do trabalhador para com aquele que está aproveitando a sua força de trabalho.

3. Analisando, ainda, a onerosidade, que também não está presente na relação cooperado/tomadora de serviço, pois a empresa contratante contrata uma sociedade cooperativa, o preço é tratado com relação ao resultado, sendo que os cooperados ou associados têm remuneração percebida de acordo com a produção do trabalho de cada um, e essa tratativa é efetuada pela própria cooperativa. Embora em nome dos cooperados, é com ela que é firmado o contrato de prestação de serviços.

4. No que se refere à não eventualidade, a presença desse requisito, por si só, não caracteriza a existência de vínculo empregatício. Na verdade, esse requisito, de certa maneira, tem ligação com a pessoalidade. Conforme já afirmado, a tomadora contrata o resultado, não tendo qualquer importância para ela que a prestação de serviços seja efetuada por trabalhadores distintos. Esse fato leva, em geral, a uma situação de prestação de serviços onde a continuidade, considerando-se um único trabalhador, não tem preponderância.[87]

Portanto, deve-se ficar atento à má utilização deste modelo cooperativista, consoante já debatido anteriormente, quando tratamos a respeito das cooperativas de trabalho, para que não haja violação à legislação trabalhista e previdenciária. O bom uso destas cooperativas certamente melhora as condições de vida dos produtores, os quais conseguem atuar em maior escala de produção, com menores custos e maior rentabilidade.

Atento às questões que envolvem o desvirtuamento das cooperativas de trabalho, sejam elas de produção ou prestação de serviços, os Tribunais Regionais do Trabalho e o Tribunal

---

87. FURQUIM, Maria Célia de Araújo. *A cooperativa como alternativa de trabalho*. São Paulo: LTr, 2001, p. 84.

Superior do Trabalho consolidaram entendimento no sentido de que as falsas cooperativas devem ser combatidas com o rigor necessário, principalmente para que aquelas que atuam dentro dos ditames da legislação não sejam discriminadas ou prejudicadas.

Confira-se:

> AGRAVO DE INSTRUMENTO. RECURSO DE REVISTA - DESCABIMENTO. 1. COOPERATIVA. FRAUDE. RECONHECIMENTO DE RELAÇÃO DE EMPREGO DIRETAMENTE COM O TOMADOR DE SERVIÇOS. Não viola a literalidade do parágrafo único do art. 442 da CLT a decisão regional que, com esteio na prova dos autos (art. 131 do CPC), reconhece relação de emprego entre pretenso associado e tomador de serviço da cooperativa, assim criada com intuito de burlar a legislação trabalhista, quando efetivamente preenchidos os requisitos essenciais ao negócio jurídico (arts. 2º, 3º e 9º da CLT). Agravo de instrumento conhecido e desprovido (663008120095040101 66300-81.2009.5.04.0101, Relator: Alberto Luiz Bresciani de Fontan Pereira. Data de Julgamento: 30/04/2012, 3ª Turma, Data de Publicação: DEJT 04/05/2012).
>
> RECURSO DE REVISTA. VÍNCULO EMPREGATÍCIO - RECONHECIMENTO. O Tribunal Regional, soberano na análise do conjunto fático-probatório, de inviável reexame nesta esfera recursal, nos termos da Súmula nº 126 desta Corte, constatou emergir dos autos a ocorrência de verdadeiro trabalho subordinado, sob a máscara de cooperativismo. A autora recebia ordens da tomadora de serviços, cumpria horário de trabalho, recebia salário, não se vislumbrando, assim, qualquer autonomia. Presentes a pessoalidade, habitualidade, onerosidade e a subordinação jurídica, há de se reconhecer o vínculo de emprego entre as partes. Assim, concluiu que a contratação por intermédio da cooperativa era fraudatória, já que a reclamante possuía, na realidade, vínculo empregatício direto com a reclamada, dando a exata subsunção dos fatos ao conceito contido nos artigos 2º e 3º da Consolidação das Leis do Trabalho. Convém ressaltar, ainda, que a disposição do artigo 442, parágrafo único, da Consolidação das Leis do Trabalho não resiste à constatação da fraude na contratação por cooperativas e do preenchimento do vínculo empregatício com a tomadora de serviços, ante a aplicação do princípio da primazia da realidade. Recurso de revista não conhecido (1233 1233/2001-094-15-00.8, Relator: Renato de Lacerda Paiva. Data de Julgamento: 04/11/2009, 2ª Turma. Data de Publicação: 11/12/2009).

Por fim, de acordo com a OCB – Sescoop, até a presente data existem no Brasil 268 cooperativas de produção, com 1.932 empregos diretos e 12.534 associados. Portanto, essas cooperativas devem ficar atentas ao fiel cumprimento das normas jurídicas que regem o cooperativismo, sob pena de serem desenquadradas pelas autoridades competentes, além da responsabilidade pessoal dos seus diretores.[88]

3.7.8 Cooperativas de consumo

Tão importante quanto todas as demais cooperativas, as que se destinam ao consumo estão ganhando cada vez mais espaço no mercado. Por meio desta modalidade de associativismo, as pessoas se unem com a finalidade de ter acesso a produtos de consumo, seja de qual natureza for, mediante a eliminação de intermediários, o que acarreta a redução dos preços.

As cooperativas de consumo podem ser constituídas para comercializar alimentos, remédios, combustíveis, eletrodomésticos, entre tantos outros bens disponíveis no mercado de consumo, não havendo qualquer limitação legislativa sobre a qualidade, característica ou quantidade de produtos que podem ser vendidos. Evidentemente que a sua prioridade é vender para os seus associados, todavia, não existe impedimento legal para a venda de produtos de consumo para terceiros não associados.

A doutrina de Walmor Franke nos ensina que:

> Essa identidade de interesses entre cooperado-cliente e empreendimento cooperativo manifesta-se, à evidência, nas cooperativas de consumo, cuja atividade se desenvolve, tipicamente, no sentido de obter para o associado uma economia de despesa, mediante o fornecimento de bens e utilidades ao menor preço, com a supressão do momento de lucro usufruído pela intermediação comercial.[89]

---

88. http://www.ocb.org.br/site/ramos/producao_numeros.asp.

89. FRANKE, Walmor. *Direito das sociedades cooperativas (Direito Cooperativo).*

Encontramos na vasta jurisprudência do Superior Tribunal de Justiça decisões específicas para as cooperativas de consumo, confirmando a possibilidade de negociação com associados e terceiros não associados, senão vejamos:

> TRIBUTÁRIO – COOPERATIVA – ATO COOPERATIVO – CONTRIBUIÇÃO SOCIAL SOBRE O LUCRO – ISENÇÃO. 1. A cooperativa, pela Lei 5.764/71, tem isenção de tributos quanto aos atos cooperativos, entendendo-se como tais os praticados com vista à sua finalidade. 2. Cooperativa que tem como objetivo a "defesa econômico-social de seus associados por meio de ajuda mútua", podendo adquirir de produtor ou outras cooperativas gêneros alimentícios, vestuários e outros artigos de uso pessoal para vendê-los por menores preços – ou no máximo pelo valor de mercado - a seus associados. 3. Venda de produtos ou mercadorias pela cooperativa a seus associados que, na hipótese específica, se caracteriza como ato cooperativo, estando isento da cobrança da contribuição social sobre o lucro. 4. Recurso especial provido. Vistos, relatados e discutidos os autos em que são partes as acima indicadas, acordam os Ministros da Segunda Turma do Superior Tribunal de Justiça "A Turma, por unanimidade, deu provimento ao recurso, nos termos do voto da Sra. Ministra-Relatora." Os Srs. Ministros João Otávio de Noronha, Castro Meira e Francisco Peçanha Martins votaram com a Sra. Ministra Relatora. Ausente, justificadamente, o Sr. Ministro Franciulli Netto.[90]

> PROCESSUAL CIVIL E TRIBUTÁRIO. COOPERATIVA DE CONSUMO. OPERAÇÃO DE VENDA DE BENS A TERCEIROS NÃO COOPERADOS. ATO MERCANTIL. CSLL. INCIDÊNCIA. 1. O ato cooperativo típico, nos termos do art. 79, parágrafo único, da Lei 5.764/1971, não implica operação de mercado nem contrato de compra e venda de produto ou mercadoria, o que afasta a incidência do PIS e da COFINS sobre o resultado de tal atividade. 2. A operação de venda de bens a terceiros por sociedade cooperativa de consumo se reveste de natureza mercantilista. O resultado positivo advindo dessa atividade, por

---

São Paulo: Saraiva/Editora da Universidade de São Paulo, 1973, p. 16.

90. Superior Tribunal de Justiça. Recurso Especial n. 591418/MG (RECURSO ESPECIAL 2003/0169944-7). Relatora Ministra ELIANA CALMON. Órgão julgador T2 - SEGUNDA TURMA. Data do julgamento 20/09/2005. Data da publicação DJ 10/10/2005 p. 291 e RDDT vol. 123 p. 203. Registre-se, por necessário, que apesar da ementa tratar o ato cooperativo como hipótese de isenção tributária, com toda a *vênia*, discordamos. O ato cooperativo, como explanado, é uma hipótese de não incidência tributária.

conseguinte, submete-se à incidência da CSLL. Precedentes do STJ. 4. Agravo Regimental parcialmente provido. Vistos, relatados e discutidos os autos em que são partes as acima indicadas, acordam os Ministros da Segunda Turma do Superior Tribunal de Justiça: "A Turma, por unanimidade, deu parcial provimento ao agravo regimental, nos termos do voto do(a) Sr(a). Ministro(a)-Relator(a)." Os Srs. Ministros Mauro Campbell Marques, Eliana Calmon, Castro Meira e Humberto Martins votaram com o Sr. Ministro Relator.[91]

Neste ínterim, não se pode perder de vista que inobstante não haver impedimento legal para que as cooperativas de consumo realizem negócios com terceiros não associados, por força do quanto está previsto no artigo 86 da Lei n. 5.764/71, ainda, há previsão no artigo 87, do mesmo diploma normativo, disciplinando a forma de contabilização dos valores porventura recebidos por estas sociedades, decorrentes de operações praticadas com pessoas estranhas ao seu quadro societário, *verbis:*

> Art. 86. As cooperativas poderão fornecer bens e serviços a não associados, desde que tal faculdade atenda aos objetivos sociais e estejam de conformidade com a presente lei.
>
> Art. 87. Os resultados das operações das cooperativas com não associados, mencionados nos artigos 85 e 86, serão levados à conta do "Fundo de Assistência Técnica, Educacional e Social" e serão contabilizados em separado, de molde a permitir cálculo para incidência de tributos.

A propósito, quando qualquer cooperativa realiza negócios com não cooperados, na literalidade da legislação vigente não está praticando ato cooperativo, porque está ultrapassando os limites do seu objeto social. A cooperativa de consumo, devemos frisar, é constituída para facilitar o acesso dos seus associados aos bens de uso, mediante custos menores. A venda de mercadorias para terceiros está totalmente fora da sua

---

91. Superior Tribunal de Justiça. AgRg no RECURSO ESPECIAL Nº 653.489 - RS (2004/0058309-8). Relator MINISTRO HERMAN BENJAMIN. Julgado em 15 de setembro de 2009. Órgão julgador T2 - SEGUNDA TURMA. Data da publicação no DJe 24/09/2009.

finalidade primordial, por isso, a tributação deve ser analisada sob outro prisma.

Talvez em razão disso tenha sido editada a Lei Ordinária n. 9.532/97, prevendo no artigo 69 que:

> Art. 69. As sociedades cooperativas de consumo, que tenham por objeto a compra e fornecimento de bens aos consumidores, sujeitam-se às mesmas normas de incidência dos impostos e contribuições de competência da União, aplicáveis às demais pessoas jurídicas. (grifo nosso).

Mas atenção!

Nesse caso a palavra 'consumidores' deve ser bem compreendida. Isto porque, os associados, ao mesmo tempo em que são donos das cooperativas, também são os seus 'consumidores'. Assim, parece a toda evidência que a intenção do legislador no artigo 69 não foi determinar a incidência de impostos e contribuições de competência da União, aplicáveis às demais espécies societárias, quando o negócio jurídico for realizado sob os auspícios do ato cooperativo.

Se bem que a Secretaria da Receita Federal tentou emplacar esta ideia ao dispor no parágrafo único do artigo 7º, da Instrução Normativa n. 390, de 30 de janeiro de 2004 o quanto segue:

> Art. 7º As sociedades cooperativas de consumo, que tenham por objeto a compra e o fornecimento de bens aos consumidores, sujeitam-se às mesmas normas de incidência da CSLL aplicáveis às demais pessoas jurídicas.
>
> Parágrafo único. O termo "consumidores", referido no caput, abrange tanto os não cooperados, quanto os cooperados das sociedades cooperativas de consumo.[92]

---

92. BRASIL. Ministério da Fazenda. Secretaria da Receita Federal. *Instrução Normativa SRF nº 390*, de 30 de janeiro de 2004. Disponível em: http://www.receita.fazenda.gov.br/LEGISLACAO/Ins/2004/ in3902004.htm.

Certamente a Receita Federal andou mal e acabou malferindo o sistema jurídico cooperativo, o que merece os devidos reparos.

Por derradeiro, segundo as informações da OCB – Sescoop atualmente existem 124 cooperativas de consumo, as quais geram 13.919 empregos diretos, contando com 2.958.814 associados. É expressivo o número de adesões às cooperativas de consumo, o que demonstra a sua força no mercado.[93]

3.7.9 Cooperativas mistas

Há, ainda, a possibilidade da constituição de cooperativas mistas, conforme prevê o artigo 10, § 2°, da Lei n. 5.764/71:

> Art. 10. As cooperativas se classificam também de acordo com o objeto ou pela natureza das atividades desenvolvidas por elas ou por seus associados.
>
> § 2° Serão consideradas mistas as cooperativas que apresentarem mais de um objeto de atividades.

Portanto, pode haver a união de cooperativas de segmentos diferentes. Quando isso ocorrer, basta que o leitor se atente às explicações feitas anteriormente para cada modelo de cooperativa. Assim, uma cooperativa mista poderá ser de produção e de consumo.

3.7.10 Outras cooperativas

Não obstante as espécies de cooperativas vistas acima (produtores, consumo, mistas, crédito, trabalho, habitacionais), a legislação vigente não veda a constituição de outras cooperativas. Depreende-se da Constituição Federal uma atenção especial às sociedades cooperativas, não havendo qualquer forma de restrição à sua formação. Não se olvide

---

93. http://www.ocb.org.br/site/ramos/consumo_numeros.asp.

que o Texto Maior é o fundamento de validade de todas as normas jurídicas existentes no sistema jurídico brasileiro, não havendo qualquer possibilidade do legislador infraconstitucional mitigar ou reduzir o campo de constituição das sociedades cooperativas.

Justamente por isso, o § 1º do artigo 10 da Lei n. 5.764/71, ao dispor que, inobstante as modalidades de cooperativas já consagradas no seio da nossa sociedade, é possível a criação de outras espécies e que cabe ao respectivo órgão controlador apreciar e caracterizar outras que venham a se apresentar, não foi recepcionado pela Constituição Federal de 1988. Obtempera-se neste particular que a interpretação sistemática conduz ao melhor direito, não se olvidando a posição de superioridade da CF/88 sobre a Lei n. 5.764/71.

Assim é a redação do artigo 10, § 1º, da Lei n. 5.764/71:

> Art. 10. As cooperativas se classificam também de acordo com o objeto ou pela natureza das atividades desenvolvidas por elas ou por seus associados.
>
> § 1º Além das modalidades de cooperativas já consagradas, caberá ao respectivo órgão controlador apreciar e caracterizar outras que se apresentem.

Por força do artigo 5º, XVIII, da Constituição Federal, a "criação de associações e, na forma da lei, a de cooperativas independem de autorização, sendo vedada a interferência estatal em seu funcionamento". O § 1º do artigo 10 em comento deve ser interpretado com ressalva. Se o próprio constituinte vedou a expedição de autorização e a interferência estatal em seu funcionamento, determinando, ainda, que deverá haver apoio e estímulo às sociedades cooperativas, não pode um órgão controlador, de forma discricionária deferir ou indeferir a constituição de uma cooperativa.

Para se compreender bem a redação do § 1º do art. 10 da Lei n. 5.764/71, devemos recordar que historicamente o Brasil vivenciou a tomada do poder pelos militares.

Este movimento iniciado em 1° de abril de 1964 afastou o então Presidente da República João Goulart, assumindo provisoriamente o Presidente de Câmara dos Deputados, Ranieri Mazzilli e, em definitivo, o Marechal Castelo Branco. Tal regime perdurou até o ano de 1985, ano que ocorreu a eleição indireta do civil Tancredo Neves para a Presidência da República. Todavia, foi no ano de 1967 que o regime militar ganhou uma *linha dura* por meio da nomeação do Ex-ministro da Guerra, o Marechal Arthur Costa e Silva. Neste momento começa a vigorar a Constituição Federal de 1967.

Na gestão de Costa e Silva foi posto em vigor o Ato Institucional n. 05, que trouxe uma gama expressiva de restrições aos direitos de liberdade. A partir deste momento, o Presidente da República poderia decretar o recesso do Congresso Nacional, das Assembleias Legislativas e das Câmaras de Vereadores, mesmo fora do estado de sítio, ficando autorizado a legislar em todas as matérias e exercer atribuições encampadas na Constituição Federal.

Confira-se a redação do art. 2ª, do famigerado AI-5:

> Art. 2° O Presidente da República poderá decretar o recesso do Congresso Nacional, das Assembleias Legislativas e das Câmaras de Vereadores, por Ato Complementar, em estado de sitio ou fora dele, só voltando os mesmos a funcionar quando convocados pelo Presidente da República.
>
> § 1° Decretado o recesso parlamentar, o Poder Executivo correspondente fica autorizado a legislar em todas as matérias e exercer as atribuições previstas nas Constituições ou na Lei Orgânica dos Municípios.
>
> § 2° Durante o período de recesso, os Senadores, os Deputados federais, estaduais e os Vereadores só perceberão a parte fixa de seus subsídios.
>
> § 3° Em caso de recesso da Câmara Municipal, a fiscalização financeira e orçamentária dos Municípios que não possuam Tribunal de Contas, será exercida pelo do respectivo Estado, estendendo sua ação às funções de auditoria, julgamento das contas dos administradores e demais responsáveis por bens e valores públicos.

O poder que foi atribuído ao Presidente da República por meio do AI-5 demonstrou claramente que o positivismo jurídico levado aos seus últimos termos pode ser um ato tão maléfico quanto a inexistência de normas jurídicas que regulam a conduta dos cidadãos. Permitir que o Chefe do Executivo determine o recesso das Casas Legislativas, imbuindo-se na competência legislativa de todas as matérias previstas na Carta Magna, simplesmente demonstra a ofensa à democracia e o desprezo pelos valores mais caros propalados pela sociedade brasileira.

Autodenominada de *revolução*, a ditadura militar conferiu ao Presidente da República o poder de suspender os direitos políticos de quaisquer cidadãos e ainda cassar mandatos eletivos, conforme se extrai do artigo 4º, do AI-5:

> Art. 4º No interesse de preservar a Revolução, o Presidente da República, ouvido o Conselho de Segurança Nacional, e sem as limitações previstas na Constituição, poderá suspender os direitos políticos de quaisquer cidadãos pelo prazo de 10 anos e cassar mandatos eletivos federais, estaduais e municipais.
>
> Parágrafo único. Aos membros dos Legislativos federal, estaduais e municipais, que tiverem seus mandatos cassados, não serão dados substitutos, determinando-se o quorum parlamentar em função dos lugares efetivamente preenchidos.

O Ato Institucional n. 05 positivou diversos poderes ao Presidente da República, os quais malferiram os direitos e garantias fundamentais dos cidadãos, a democracia e a estabilidade das relações sociais.

O AI-5 representou para o Brasil o cume do positivismo jurídico. Os valores fundamentais da sociedade brasileira foram desprezados e o que valia era somente os interesses da *revolução*. Chegou-se ao extremo de suspender a garantia constitucional do *habeas corpus* para situações em que os próprios militares diziam o que era crime político, contra a segurança nacional, a ordem econômica e a economia popular, conforme a redação do artigo 10 e 11 do referido diploma normativo.

Foi justamente neste ambiente de regime militar que foi editada a Lei Geral do Cooperativismo n. 5.764/71, onde os negócios praticados pelos cidadãos dependiam de prévia autorização dos órgãos controladores, sob pena de censura. O Governo Central consolidou em suas mãos o destino da sociedade de um modo geral, permitindo a associação de pessoas somente nos casos em que havia uma anterior análise dos objetivos desta reunião de pessoas. É evidente que naquela época havia controle para as pessoas se reunirem em grupos. Por isso mesmo, a legislação exigia prévia autorização dos órgãos estatais.

Com a promulgação da Constituição Federal de 1988 a situação mudou, principalmente no que diz respeito ao restabelecimento da democracia e do exercício pleno das liberdades individuais e coletivas. Com efeito, não podemos deixar de lado a interpretação histórica, como mecanismo de compreensão da vigente Lei n. 5.764/71.

Ensina Waldirio Bulgarelli que:

> Conforme já foi visto, com a Constituição Federal de 1988, pode--se dizer que se iniciou um novo período no ciclo legislativo do regime jurídico das sociedades cooperativas até então presas e submetidas às imposições estatais decorrentes do regime autoritário. Vários artigos da Constituição referem-se às cooperativas no sentido não só de reconhecê-las, de livrá-las das peias estatais como também apoiá-las. [94]

Com a Constituição Federal de 1988, a interferência do Poder Público somente passou a ser permitida para aquelas atividades que necessariamente dependiam de autorização de funcionamento (p. ex. instituições financeiras, empresas de seguro), conforme dispunha o artigo 192, que hoje está totalmente revogado por força da Emenda Constitucional n. 40, de 29 de maio de 2003.

---

94. BULGARELLI, *op. cit.*, 1998, p. 05.

Atualmente não se verifica qualquer fundamento de validade na Constituição Federal que justifique a interferência do Poder Público, mormente nas sociedades cooperativas, a não ser se houver a nítida tentativa de constituição de uma sociedade cooperativa que atente contra os princípios consagrados pelo sistema jurídico brasileiro e também as regras válidas que regem a matéria.

A regra geral é que as sociedades cooperativas podem livremente ser constituídas e não estão sob os auspícios da interferência estatal, a não ser nas hipóteses de exceção que o próprio constituinte venha a estabelecer. Isto não é nenhuma novidade no seio da Constituição Federal de 1988, pois, é cediço, em algumas matérias o constituinte originário autorizou determinadas coisas e restringiu outras. Vê-se que isso acontece com as competências tributárias dos entes políticos, os quais podem livremente dispor sobre os tributos que lhes foram conferidos, exceto nos casos de imunidade, por se tratar de uma incompetência.

Assim também é a interpretação quanto às autorizações e interferências do Poder Público no funcionamento das cooperativas. Para as situações em que o constituinte nada disse, pressupõe a aplicação irrestrita do artigo 5º, XVIII, ou seja, definitivamente não há a necessidade de autorização para funcionamento da sociedade cooperativa, como também, não pode o Estado ficar interferindo nas suas atividades.

A redação do artigo 174 da CF/88 que dispõe que o Estado exercerá, na forma da lei, as funções de fiscalização, incentivo e planejamento, sendo este determinante para o setor público e indicativo para o setor privado. Permitir a interferência estatal nas sociedades cooperativas é fazer tábula rasa do comando normativo dimanado pelo artigo 5º, XVIII e artigo 174, § 2º, ambos da CF/88.

Interferir no funcionamento é diferente de fiscalizar o funcionamento. A fiscalização decorre do poder de polícia inerente ao próprio Poder Público, sendo que todas as atividades estão submetidas a isso. A qualquer momento o Poder Público pode exigir do cidadão, de forma motivada, informações que julga necessárias para manter a ordem das coisas e o cumprimento da legislação. Entretanto, não pode o Poder Público deliberar acerca do funcionamento ou não das sociedades cooperativas.

3.8 Ato cooperativo

O Direito surge do fato. A partir de um determinado fato é estabelecida uma relação jurídica, mas devemos nos ater à circunstância de que nem todo fato gera Direito. Existem fatos irrelevantes para o Direito, pois se situam no campo dos acontecimentos naturais, sem qualquer repercussão jurídica. Ademais, como visto oportunamente, também existem aqueles fatos que apesar de terem condições de adentrarem na órbita do Direito, por não serem transcrito numa linguagem competente, acabam não produzindo qualquer efeito jurídico.

Nos termos da teoria da linguagem, os fatos sociais somente repercutem no Direito quando efetivamente são anunciados por meio dos signos, por uma pessoa reconhecida pelo próprio sistema para cumprir tal tarefa.

Acordamos todas as manhãs, vemos o sol brilhar ou a chuva cair, vestimo-nos, alimentamo-nos, vamos ao trabalho, retornamos para casa, dormimos. Todos estes fatos são estranhos ao Direito. Ao contrário, a partir do instante que o fato por nós praticado apresenta repercussão no Direito, passamos a denominá-lo de fato jurídico.

A doutrina de Caio Mario da Silva Pereira nos ensina que:

> [...] o fato jurídico se biparte em dois fatores constitutivos: de um lado, um 'fato', ou seja, uma eventualidade de qualquer espécie, que se erige em causa atuante sobre o direito subjetivo, quer gerando-o, quer modificando-o, quer extinguindo-o; de outro lado, uma 'declaração do ordenamento jurídico', atributiva de efeito àquele acontecimento. Sem esta última, o fato não gera o direito subjetivo; sem o acontecimento. Sem esta última, o fato não gera

direito subjetivo; sem isso acontecimento, a declaração da lei permanece em estado de mera potencialidade. A conjugação de ambos, eventualidade e preceito legal, é que compõe o fato jurídico.[95]

Depreende-se da lição acima que o fato jurídico depende de um evento e de uma declaração da lei, todavia, fazendo apenas um adendo ao escólio do grande mestre civilista, ainda se faz necessária a incursão da pessoa detentora de legitimidade para traduzir os eventos numa linguagem aceita pelo Direito. Após esse trabalho de inserção dos fatos sociais, do nosso cotidiano, no sistema do Direito, por meio de uma pessoa devidamente habilitada pela própria ordem jurídica, tem-se, então, o chamado fato jurídico.

Não obstante a concretização da relação jurídica depender da existência de um fato jurídico, nota-se que o ser humano elege os meios pelos quais as suas obrigações se concretizarão, isto é, o chamado negócio jurídico. O revogado Código Civil de 1916 não fazia menção em seus capítulos ao termo 'negócio jurídico'. Esta terminologia veio a ser utilizada pelo Novo Código Civil, para designar todo e qualquer ato jurídico lícito praticado pelos sujeitos de direito.

Para Orlando Gomes:

> É através dos negócios jurídicos que os particulares autorregulam seus interesses estatuindo as regras a que voluntariamente quiseram subordinar o próprio comportamento. Domina atualmente o pensamento de que o negócio jurídico exprime o poder de autodeterminação dos sujeitos de direito, notadamente no campo das relações das patrimoniais. Encarado esse poder na sua junção de autodisciplina das próprias pessoas interessadas na constituição, modificação ou extinção de uma relação jurídica, apresenta-se como expressão da autonomia privada. Saliente-se a correlação entre negócio jurídico e autonomia privada é o poder de autodeterminação, o negócio jurídico é o instrumento através do qual o poder de autodeterminação se concretiza.[96]

---

95. PEREIRA, Caio Mário da Silva. *Instituições de Direito Civil*. 21. ed. São Paulo: Forense, 2006, p. 458-459.

96. GOMES, Orlando. *Contratos*. 7. ed. São Paulo: Forense, 1979, p. 297.

No âmbito do Direito Cooperativista, a Lei n. 5.764/71 definiu o ato jurídico cooperativo como sendo:

> Art. 79. Denominam-se atos cooperativos os praticados entre as cooperativas e seus associados, entre estes e aquelas e pelas cooperativas entre si quando associados, para a consecução dos objetivos sociais.
>
> Parágrafo único. O ato cooperativo não implica operação de mercado, nem contrato de compra e venda de produto ou mercadoria.

Vejamos o que diz Waldirio Bulgarelli:

> Há que se distinguir na atividade operacional das cooperativas, dois tipos de relações gerais, básicos para a compreensão da verdadeira natureza dessas relações. Assim é que decorrente de sua estrutura societária, pode-se isolar aqueles atos internos, praticados com seus associados e aqueles praticados com terceiros. Aos primeiros, configurados um círculo fechado, tem-se atribuído a denominação de atos cooperativos.[97]

O legislador brasileiro, quando editou a Lei n. 5.764/71, fez a opção da reciprocidade na definição do ato cooperativo, isto é, somente se considera tal enquanto houver uma relação jurídica entre a cooperativa e o associado, entre aquela e outras cooperativas associadas, e vice-versa, tendo por finalidade a consecução dos objetivos sociais da sociedade cooperativa. Todos aqueles atos que não forem praticados nestas condições não serão tidos por cooperativos, e certamente sofrerão tratamento jurídico diferente.

3.8.1 Unilateralidade e bilateralidade

Diferente da legislação de alguns países, como, por exemplo, da Argentina, no Brasil o ato cooperativo sofreu clara restrição na sua definição legal, ao dispor que este deve ser uma relação jurídica mantida exclusivamente entre a cooperativa

---

97. BULGARELLI, op. cit., 1967, p. 95.

e o associado, entre aquela e outras cooperativas associadas, e vice-versa, para a consecução dos seus fins sociais.

Da forma como está prescrito no artigo 79 da Lei n. 5.764/71, o ato cooperativo é uma operação interna, calcado na bilateralidade entre a sociedade cooperativa e o associado, entre aquela e outras cooperativas associadas, e vice-versa, almejando a consecução dos objetivos sociais.

Anota Renato Lopes Becho que:

> Não será ato cooperativo, em nossa opinião, se a cooperativa agrária comprar para a diretoria um automóvel em uma concessionária de propriedade de um seu associado, ou se um associado comprar um automóvel usado da mesma cooperativa, ou ainda, se esta o adquirir de outra cooperativa agrária, mesmo se associadas, por fugir o negócio dos seus objetivos sociais.[98]

Não há dúvida de que a opção do legislador brasileiro foi restringir o ato cooperativo a uma operação exclusivamente interna, praticada entre pessoas vinculadas ao mesmo objeto social da sociedade cooperativa, na condição de associado ou cooperativa associada. Propugnam alguns que hoje a realidade brasileira é esta e não há como discutir, a não ser que haja uma modificação na redação do artigo 79 da Lei n. 5.764/71.

Não obstante a inexistência de uma lei complementar, tal como anunciado pelo artigo 146, III, c, da Constituição Federal, que terá por finalidade dar um adequado tratamento tributário ao ato cooperativo, vê-se que há um grande obstáculo ao crescimento das sociedades cooperativas pela falta de uma definição mais abrangente sobre o ato cooperativo.

No Brasil, as sociedades cooperativas enfrentam para se desenvolver não somente pela falta do *adequado tratamento tributário* – assunto a ser tratado adiante –, mas também, pela restrição na definição legal do ato cooperativo, onde se fez a escolha da bilateralidade. Em países outros, onde o ato

---

98. BECHO, *op. cit.*, 2005, p. 176.

cooperativo é definido de modo diferente, fulcrado na unilateralidade, as sociedades cooperativas são mais desenvolvidas e cumprem melhor o seu papel social.

Ouçamos o que verbera Becho:

> A legislação cooperativista brasileira é pela bilateralidade do ato cooperativo. Já a lei argentina é pela unilateralidade. Isso se depreende pelos textos já referidos. A Lei Brasileira n. 5.764/71, ao conceituar o ato cooperativo no art. 79, como vimos, só reconhece como tal os atos 'praticados entre as cooperativas e seus associados, entre estes e aqueles e pelas cooperativas entre si', desde que associadas e, ainda, quando visarem exclusivamente seus objetivos sociais. Desse modo, não deu abertura o texto legal para a unilateralidade como fez a Lei argentina n. 20.337/73, que, em seu art. 4º, define esses atos como os 'realizados entre as cooperativas e seus associados e por aquelas entre si em cumprimento do objeto social e à consecução dos fins institucionais'.[99]

Continua o professor:

> Até aqui, não temos divergência para com a lei brasileira, reconhecida como fonte para a da nação vizinha. Porém, no complemento desta é que está a divergência: 'Também o são, a respeito das cooperativas, os atos jurídicos que com idêntica finalidade realizarem com outras pessoas', tal redação, pela interpretação literal – que sabemos ser a menos precisa, menos técnica e totalmente sujeita aos erros comuns do labor legislativo –, vem a permitir o ato unilateral. Dessa feita, uma aplicação financeira feita por uma cooperativa em um banco comercial, não cooperativo, será ato cooperativo para aquela e ato de comércio para este. Aquela estará sujeito ao Direito Cooperativo e suas peculiaridades. Este estará sujeito ao Direto Bancário (ou Comercial) e suas vicissitudes.[100]

Aparentemente não existe na Constituição Federal vigente uma definição do que seja ato cooperativo, todavia, nem por isso o legislador infraconstitucional pode dispor da forma como bem entender sobre o assunto. Tema semelhante é a

---

99. BECHO, *op. cit.*, 2005, p. 178.
100. *Id. ibid.*, p. 178-179.

definição de tributo. O constituinte também não se dedicou a dispor sobre o que é tributo. Isso ficou a cargo do Código Tributário Nacional, que no artigo 3º dá a exata definição. Mas como saber se o ato cooperativo e o tributo estão bem definidos pela legislação infraconstitucional?

Valemo-nos da interpretação sistemática. Apesar de não existir expressamente uma menção do que seja tributo e do que seja ato cooperativo, a hermenêutica jurídica nos aponta que há um conceito implícito desses institutos impregnado na Lei Maior. Se assim não fosse, o legislador infraconstitucional poderia dizer o que bem entendesse sobre a definição de tributo e de ato cooperativo e ninguém poderia contestar.

Mas a situação não é bem assim. A Carta Magna, mesmo quando não expõe uma definição, continua sendo o fundamento de validade de todo o ordenamento jurídico e do processo de derivação legislativa, mesmo aquele que visa definir institutos jurídicos passa pelo controle da constitucionalidade e adequação sistêmica.

Com efeito, podemos dizer que a definição de tributo empreendida no Código Tributário Nacional, em seu artigo 3º, está em consonância com o conceito de tributo existente na Constituição Federal, pois o referido enunciado prescritivo traduz corretamente a intenção do constituinte ao dispor sobre a tributação e suas espécies.

Não há dúvida de que ao dispor que o tributo é uma prestação pecuniária, compulsória, pago em moeda ou cujo valor nela se possa exprimir, não se constituindo sanção de ato ilícito, instituído por lei e cobrado mediante atividade administrativa plenamente vinculada, o legislador infralegal conseguiu eleger os aspectos mais relevantes do sistema constitucional tributário e formulou uma definição.

Esta é a lição de Renato Lopes Becho:

> O legislador constitucional não se ateve na elaboração de uma definição de tributo, e nem deveria. Entretanto, sustentamos, na

companhia de Geraldo Ataliba (1996, p. 35-37), que há um conceito implícito de tributo na Carta da República. Na verdade o que nos parece mais correto é afirmar que o intérprete, o cientista do direito, deve partir das normas constitucionais, das prescrições constitucionais, para insculpir seu conceito de tributo. Não podemos apontar esse conceito a partir de um artigo específico, mas o entendimento constitucional para o que seja tributo existe, tanto que, à luz dele, podemos dizer o que é tributo e o que não é tributo para a Constituição Federal de 1988. Melhor dizendo, não devemos esperar que haja definições na Constituição da República, aí incluída a de tributo. Entretanto, quando aparece no Texto Constitucional o vocábulo 'tributo', o intérprete passa a construir o seu entendimento para o que seja seu significado. Assim, é mais correto explicar que o conceito de tributo é retirado a partir do Texto Constitucional.[101]

Todavia, o mesmo não se pode dizer da atual definição de ato cooperativo. Não se consegue entender como é que ainda existe uma vinculação aos exatos termos do artigo 79 da Lei n. 5.764/71, prescritor de que o ato cooperativo é exclusivamente bilateral. Não podemos perder de vista o exemplo dado acima quanto ao conceito constitucional de tributo e a definição legal empreendida pelo CTN. Será que para o ato cooperativo também não podemos seguir este mesmo rumo para, quem sabe, melhorarmos a sua definição, sem que isso implique tentativa de modificação da lei, já que este não é o papel da Ciência do Direito?

A partir dos estudos que foram feitos, verifica-se que a Constituição Federal de 1988 trouxe uma nova realidade para o cooperativismo. Pela primeira vez, o assunto foi tratado no ápice do sistema jurídico. Até então, o que tínhamos no Brasil eram apenas legislações infraconstitucionais que disciplinavam o assunto.

Entrementes, com o advento da Carta Magna de 1988 o cooperativismo passou a ter um tratamento jurídico mais relevante, de tal modo que todas as demais legislações que

---

[101]. BECHO, Renato Lopes. *Lições de Direito Tributário*: teoria geral e constitucional. São Paulo: Saraiva, 2011, p. 100-101.

regem o assunto deverão estar em consonância com os novos preceitos constitucionais.

Enquanto não havia disposições expressas na Constituição Federal Brasileira acerca do cooperativismo, com certeza era muito mais difícil, não impossível, confrontar a definição de ato cooperativo, prevista no artigo 79, da Lei n. 5.764/71. Mas esta situação mudou. Há várias passagens na Carta Magna que tratam sobre o cooperativismo, cabendo ao exegeta compreender o espírito do sistema constitucional cooperativista para dar respostas mais adequadas à nova realidade jurídica.

As disposições constitucionais que tratam do cooperativismo formam um arcabouço jurídico de regras e princípios que devem ser sopesados na interpretação do ato cooperativo.

A grande preocupação que se deve ter, como já apontado, é não se valer da Ciência Jurídica para tentar criar Direito. Como é cediço, o papel desempenhado pelo cientista do Direito não é modificar a legislação, e nem pode fazer isso, pois o sistema jurídico apenas permite que o Poder Legislativo mude as leis em vigor. O estudioso do Direito deve harmonizar a linguagem prescritiva do Direito, a qual muitas vezes é apresentada para a sociedade de forma totalmente desconexa, sem sentido.

O Poder Legislativo por ser composto por pessoas das mais diversas culturas e das mais variadas classes da sociedade, nem sempre consegue enunciar com exatidão as condutas a serem observadas pelos indivíduos. A linguagem do legislador, apesar de ser técnica, não possui o rigor científico próprio da Dogmática Jurídica. Por isso que se diz que a Ciência do Direito possui relevante papel na conformação dos enunciados prescritivos.

Com muita propriedade, diz Paulo de Barros Carvalho que:

> Se de um lado cabe deplorar produção legislativa tão desordenada, por outro sobressai, com enorme intensidade, a relevância do labor científico do jurista, que surge neste momento como a única pessoa credenciada a construir o conteúdo e alcance da matéria legislada.
>
> Mas, enquanto é lícito afirma-se que o legislador se exprime numa linguagem livre, natural, pontilhada, aqui e ali, de símbolos científicos, o mesmo já não se passa com o discurso do cientista do Direito. Sua linguagem, sobre ser técnica, é científica, na medida em que as proposições descritivas que emite vêm carregadas de harmonia dos sistemas presididos pela lógica clássica, com as unidades do conjunto arrumadas e escalonadas segundo critérios que observam, estritamente, os princípios da identidade, da não contradição e do meio excluído, que são três imposições formais do pensamento, no que concerne às proposições apofânticas.[102]

A Ciência não pode se calar e deixar de apontar a melhor definição dos institutos de Direito, já que a visão do exegeta deve ser ampla e irrestrita, o que muitas vezes não é captado pelo legislador. Assim, o que se pretende fazer não é modificar ou sugerir uma modificação da redação do artigo 79, da Lei n. 5.764/71. O que se busca é apenas realizar uma interpretação sistemática do ato cooperativo, por meio da apreensão das regras e dos valores consagrados pela Carta Magna.

Conforme há tempos sustentado por Paulo de Barros Carvalho:

> Tenhamos presente que a norma jurídica é uma estrutura categorial, construída, epistemologicamente, pelo intérprete, a partir das significações que a leitura dos documentos do direito positivo desperta em seu espírito. É por isso que, quase sempre não 'coincidem' com os sentidos imediatos dos enunciados prescritivos em que o legislador distribui a matéria pelo corpo físico da lei. Provém daí que, na maioria das vezes, a leitura de um único artigo será insuficiente para a compreensão da regra jurídica. E quando isso acontece o exegeta se vê na contingência de consultar outros preceitos do mesmo diploma e, até, a sair dele, fazendo incursões pelo sistema.[103]

---

102. CARVALHO, *op. cit.*, 2012a, p. 38.
103. CARVALHO, *op. cit.*, 2012c, p. 109.

Portanto, a interpretação literal do artigo 79 da Lei n. 5.764/71 não é suficiente para compreendemos o que seja ato cooperativo, levando em conta que a nova ordem constitucional elevou o tratamento jurídico desse tema ao ápice do sistema normativo brasileiro, trazendo nova visão para este modelo societário.

Não é de hoje que se diz que a interpretação isolada, gramatical, literal não é a mais confiável, devendo sempre o exegeta buscar no sistema, como um todo, as respostas para a harmonização do Direito. Justamente isso que se está propondo neste trabalho, a verificação no sistema, começando pela Constituição Federal, indo para os textos brutos de lei que falam do cooperativismo, e a partir daí construir da norma jurídica que melhor defina o ato cooperativo.

Saca-se da Constituição Federal o quanto segue:

> Art. 5º Todos são iguais perante a lei, sem distinção de qualquer natureza, garantindo-se aos brasileiros e aos estrangeiros residentes no País a inviolabilidade do direito à vida, à liberdade, à igualdade, à segurança e à propriedade, nos termos seguintes:
>
> XVIII - a criação de associações e, na forma da lei, a de cooperativas independem de autorização, sendo vedada a interferência estatal em seu funcionamento.
>
> Art. 21. Compete à União:
>
> XXV - estabelecer as áreas e as condições para o exercício da atividade de garimpagem, em forma associativa.
>
> Art. 174. Como agente normativo e regulador da atividade econômica, o Estado exercerá, na forma da lei, as funções de fiscalização, incentivo e planejamento, sendo este determinante para o setor público e indicativo para o setor privado.
>
> § 2º A lei apoiará e estimulará o cooperativismo e outras formas de associativismo.
>
> § 3º O Estado favorecerá a organização da atividade garimpeira em cooperativas, levando em conta a proteção do meio ambiente e a promoção econômico-social dos garimpeiros.
>
> § 4º As cooperativas a que se refere o parágrafo anterior terão prioridade na autorização ou concessão para pesquisa e lavra

dos recursos e jazidas de minerais garimpáveis, nas áreas onde estejam atuando, e naquelas fixadas de acordo com o art. 21, XXV, na forma da lei.

Art. 187. A política agrícola será planejada e executada na forma da lei, com a participação efetiva do setor de produção, envolvendo produtores e trabalhadores rurais, bem como dos setores de comercialização, de armazenamento e de transportes, levando em conta, especialmente:

VI - o cooperativismo.

Art. 192. O sistema financeiro nacional, estruturado de forma a promover o desenvolvimento equilibrado do País e a servir aos interesses da coletividade, em todas as partes que o compõem, abrangendo as cooperativas de crédito, será regulado por leis complementares que disporão, inclusive, sobre a participação do capital estrangeiro nas instituições que o integram.

Art. 199. A assistência à saúde é livre à iniciativa privada.

§ 1º As instituições privadas poderão participar de forma complementar do sistema único de saúde, segundo diretrizes deste, mediante contrato de direito público ou convênio, tendo preferência as entidades filantrópicas e as **sem fins lucrativos**.[104]

§ 2º É vedada a destinação de recursos públicos para auxílios ou subvenções às instituições privadas com fins lucrativos.

§ 3º É vedada a participação direta ou indireta de empresas ou capitais estrangeiros na assistência à saúde no País, salvo nos casos previstos em lei.

As cláusulas constitucionais que versam sobre a temática em debate, além de não poderem ser interpretadas de forma isolada, devem ter uma análise mais finalística, pois a constitucionalização do cooperativismo representou uma mudança de paradigma para a sociedade brasileira, onde não mais a matéria deve ser tratada sobre os auspícios da individualidade, ganhando notório relevo social.

A propósito, vejamos o escólio de Renato Lopes Becho:

---

104. Neste artigo, apesar do constituinte não ter expressamente se referido ao cooperativismo, não há dúvida de que se aplica às cooperativas de trabalho da área da saúde, pois estas são sociedades sem fins lucrativos.

> Cremos que, para bem entender o significado da atenção recebida pelas cooperativas pelo legislador constituinte originário, é mister situarmos um traço marcante na Constituição Federal de 1988: uma transição da preocupação individual para o coletivo. Assim, queremos crer que o cooperativismo, na Constituição Federal de 1988, é uma manifestação da mesma filosofia que serviu de propulsão para outras transformações, como a instituição do Mandado de Segurança Coletivo, do reconhecimento e proteção dos direitos difusos e coletivos em geral e outros mecanismos dessa linha.[105]

E acrescenta o professor:

> O cooperativismo, visto por meio dessa premissa, é uma oportunidade de avanço das preocupações individuais para as coletivas e uma busca de soluções que acompanhem esse caminho, muito mais preocupada com o social do que com o individual.[106]

Feitas todas essas considerações, não é possível que a definição legal de ato cooperativo, tal como insculpido no artigo 79, da Lei n. 5.764/71, represente todos os anseios do conceito de cooperativismo empreendido na Constituição Federal de 1988. Pode ser que antes do advento da Carta Magna vigente a definição de ato cooperativo atendia a expectativa da comunidade jurídica, todavia, com a *constitucionalização* do assunto, muita coisa mudou, devendo ser revisto o entendimento sobre o ato cooperativo.

Continuar defendendo que o ato cooperativo é exclusivamente bilateral, praticado apenas entre as cooperativas e os seus associados, entre aquelas e outras cooperativas associadas, e vice-versa, para o atingimento dos objetivos sociais, não atende os preceitos constitucionais. A redação do artigo 79 da Lei n. 5.764/71, interpretado isoladamente, de forma literal, sequer respeita a melhor técnica de hermenêutica, a qual impõe a sistematização do Direito.

---

105. BECHO, *op. cit.*, 2005, p. 125-126.

106. *Id. ibid.*, p. 126.

Dizer que o ato cooperativo é exclusivamente bilateral não atende os valores encetados na Carta Magna de 1988, sendo esta definição literal uma verdadeira falta de apoio, de estímulo, e tudo o mais que o constituinte originário não desejou para as sociedades cooperativas. Num primeiro momento, a ideia ora apresentada poderá parecer inapropriada, mas com o passar do tempo poder-se-á constatar a relevância que a Constituição Federal produz na definição do ato cooperativo e que a redação do artigo 79, da Lei n. 5.764/71 precisa de uma análise mais apurada.

O Supremo Tribunal Federal já deu demonstração de que o assunto precisa realmente ser analisado com acuidade, quando da decretação da repercussão geral no Recuso Extraordinário n. 672.215 RG/CE, o Exmo. Sr. Ministro Relator Joaquim Barbosa assim esboçou o tema:

> Em diversas passagens, a Constituição protege e fomenta a atividade cooperativa (cf., e.g., a liberdade de associação – art. 5º, XVIII; necessidade de adequado tratamento tributário, definido em lei complementar – art. 146, c; estímulo regulatório ao cooperativismo e ao associativismo – art. 174, § 2º; importância do cooperativismo na política agrícola – art. 187, VI; expressa previsão das cooperativas de crédito – art. 192).
>
> Essa relevância da atividade afasta do legislador infraconstitucional a liberdade irrestrita para definir conceitos-chave do cooperativismo, de modo que a respectiva tributação deverá seguir o sentido constitucionalmente coerente para "ato cooperativo", "receita da atividade cooperativa" e "cooperados".[107]

De mais a mais, não se pode totalmente descartar a hipótese de existir uma definição constitucional de ato cooperativo. Vimos nas linhas acima que na Constituição Federal certamente há um conceito de ato cooperativo. Entretanto, analisando cuidadosamente o artigo 146, III, c, da Constituição Federal, nota-se a seguinte expressão: "ato cooperativo

---

107. Supremo Tribunal Federal. Recurso Extraordinário n. 672.215 RG/CE. Ministro Joaquim Barbosa. Data do julgamento 29/03/2012. Data da publicação DJE 30/04/2012. Plenário.

praticado pelas sociedades cooperativas", o que nos faz pensar que o constituinte já pode ter definido o ato cooperativo como sendo aquele que exige apenas que o negócio jurídico tenha em um dos lados a participação de uma sociedade cooperativa.

Portanto, acompanhado a legislação de outros países, que adotam a unilateralidade do ato cooperativo, pode ser que a definição de ato cooperativo já esteja aí pronta e acabada. O constituinte não exigiu que o ato cooperativo fosse praticado com associados ou entre cooperativas, com a finalidade de atingir o seu objeto social. Apenas afirmou que o ato cooperativo será praticado pelas sociedades cooperativas.

Mas este assunto não será abordado com maior profundidade neste trabalho, podendo ser explorado em outra ocasião. O intuito é apenas levar o leitor a uma reflexão que poderá resultar numa completa mudança de paradigma para a compreensão do ato cooperativo.

3.8.2 Ato cooperativo estrito senso e lato senso

Como se pode constatar, o artigo 79 da Lei Geral do Cooperativismo trata o ato cooperativo como sendo unicamente aquele praticado de forma bilateral, ou seja, existe a necessidade de participação ao mesmo tempo do associado e da cooperativa, ou desta com outras cooperativas associadas entre si, buscando o cumprimento do seu contrato social. O que não estiver dentro deste contexto, aos olhos da legislação mencionada, não será ato típico, portanto, receberá tratamento jurídico diverso.

Em outros dizeres, o ordenamento jurídico somente estaria admitindo o ato cooperativo estrito senso, isto é, aqueles negócios internos da sociedade cooperativa. Todavia, não há a menor dúvida de que as cooperativas não realizam somente negócios jurídicos internos (com os associados), mas também atuam no mercado, praticando negócios com outras pessoas (físicas ou jurídicas). Pela redação do artigo 79 da Lei

n. 5.764/71, estes negócios praticados com não associados não estão cobertos pelo ato cooperativo.

Vale destacar neste ínterim que muitas vezes para a consecução dos negócios internos, também chamados de negócios-fim, a cooperativa depende dos negócios externos ou negócios-meio, *i. e.*, aqueles praticados com não associados.

Melhor elucidando, dentro do universo do cooperativismo, os negócios jurídicos podem ser classificados nas seguintes categorias:

a) negócios-fim;

b) negócios-meio;

c) negócios-auxiliares, e;

d) negócios secundários ou supérfluos.

Explica Renato Lopes Becho:

> Por negócios internos ou negócios-fim temos aquelas operações para as quais a cooperativa foi criada. São a consecução de seus objetivos sociais. Os negócios externos ou negócios-meio são aqueles necessários para a consecução dos negócios internos ou negócios-fim. Não são as práticas principais, entretanto são imprescindíveis para que essas se realizem.[108]

Exemplifica Walmor Franke, dizendo que:

> Assim, nas cooperativas de produtores, o negócio interno, isto é, a entrega dos produtos pelo cooperado para serem vendidos pela cooperativa (*in natura* ou após transformados) necessita, para a sua total execução, de outro negócio, o negócio-meio, consistente na venda do produto pela cooperativa no mercado, com reversão do respectivo preço, *minus* despesas, ao sócio.
>
> Nas cooperativas de consumo, o negócio interno, isto é, o fornecimento de bens ou utilidades ao associado, somente é possível

---

108. BECHO, *op. cit.*, 2002, p. 159.

> se, anteriormente, a cooperativa adquiriu tais utilidades ou bens no mercado, mediante outro negócio, o negócio-meio.
>
> Embora se trate de negócios distintos, verifica-se, porém, que há nas cooperativas uma íntima conexão entre o negócio-fim e o negócio-meio.
>
> Esta conexão entre as duas espécies de negócios jurídicos decorre precisamente da natureza orgânica da sociedade cooperativa, assinalada pela moderna doutrina.[109]

E mais:

> Em consonância com a natureza dúplice da sociedade cooperativa, os negócios jurídicos em que ela é figurante têm, em regra, caráter bipartido.
>
> O negócio-interno ou negócio-*fim* está vinculado a um negócio externo, negócio de mercado ou negócio-*meio*. Este último condiciona a plena satisfação do primeiro, quando não a própria possibilidade de existência (como, por exemplo, nas cooperativas de consumo, em que o negócio-*fim*, ou seja, o fornecimento de artigos domésticos aos associados, não é possível sem que antes esses artigos tenham sido *comprados* no mercado).
>
> Nas cooperativas de consumo, como se viu, o negócio-meio é a compra de artigos domésticos; o negócio-fim é o fornecimento dos artigos aos sócios.
>
> Nas cooperativas agrícolas, o recebimento de produtos de associados, para o efeito de sua comercialização, é o negócio-fim; a venda desses produtos, em estado de natureza ou industrializados, é o negócio-meio.[110]

Podemos ainda acrescer a estas lições o caso das cooperativas de crédito. A liberação de um crédito a favor do associado evidentemente se trata de um negócio interno ou negócio-fim. Na medida em que o associado paga o empréstimo feito, o dinheiro retorna ao caixa da cooperativa e a finalidade da sociedade vai sendo cumprida. Até aí não há qualquer dúvida.

---

109. FRANKE, *op. cit.*, p. 24.

110. *Id. ibid.*, p. 26-7.

Assim, quando um associado toma emprestado algum valor da cooperativa para a aquisição de um veículo, este negócio jurídico é classificado como interno, atingindo os objetivos sociais da cooperativa. Mas, quando o associado deixa de adimplir as parcelas do empréstimo e se faz necessário o ajuizamento de uma medida judicial para reaver o bem móvel, o juiz determina a busca e apreensão com a entrega do veículo à cooperativa.

Nesta situação, a cooperativa fará a venda do veículo, para que possa recuperar o dinheiro emprestado ao cooperado. Desse modo, este veículo poderá ser vendido tanto para um cooperado, quanto para um não cooperado. Por se tratar de uma cooperativa de crédito o seu objeto societário é viabilizar crédito aos associados e não a venda de veículos automotores. Portanto, fazendo a venda para associado ou não associado, não estará praticando um negócio-fim.

Entrementes, nem por isso podemos deixar de qualificar a compra e venda do veículo como ato cooperativo, pois, este não é somente aquilo praticado em sentido estrito, nos moldes do artigo 79, da Lei Geral do Cooperativismo, mas também, todos aqueles negócios-meio praticados pelas cooperativas e que são vitais para a existência dos negócios-fim.

Dessarte, os atos cooperativos podem ser estrito senso ou lato senso.

A venda do veículo pela cooperativa de crédito é primordial para a realização do negócio-fim, pois faz-se necessário recompor o seu patrimônio principal que é o dinheiro. O mesmo pode acontecer em qualquer outro procedimento judicial em que se vise o recebimento do crédito e ocorra a penhora de algum patrimônio do associado. A adjudicação desse patrimônio e a venda pela cooperativa, por se tratar de negócio-meio, não desnatura o ato cooperativo.[111]

---

111. Em sentido contrário Vergílio Frederico Perius: "Os negócios-meio, decorrentes de intermediação mercantil ou eventualmente de contratos de natureza civil, não se constituem em atos cooperativos. Como atos mercantis ou civis, sujeitam-se

Não obstante, as cooperativas podem praticar negócios-auxiliares e negócios-secundários ou supérfluos.[112]

É cediço que, para a execução dos objetivos sociais das cooperativas, estas sociedades precisam se valer de negócios operacionais, como a locação de um imóvel, a contratação de mão de obra e fornecedores, compra de material de escritório e de limpeza. Em determinadas circunstâncias, a cooperativa tem que vender um patrimônio que já se tornou dispensável ou substituí-lo por um novo.

Enfim, muitos negócios podem ser realizados pelas sociedades cooperativas, porém, não são considerados como atos cooperativos, estrito senso ou lato senso, pois são de segunda ordem, denominados de negócios auxiliares ou secundários/supérfluos. Neste sentido caminha a doutrina de Walmor Franke:

> As próprias cooperativas que adotam, no seu funcionamento, o *princípio de exclusivismo*, operando unicamente com associados, necessitam praticar, além dos negócios internos (negócios-fim) e negócios de mercado (negócios-meio), outros negócios jurídicos, que não se confundem com aqueles, a saber:
>
> a) Negócios auxiliares, que são 'todos os negócios que, em dado caso, precisam ser realizados por motivos especiais e imperiosos no interesse da persecução do objeto da sociedade, os quais, por conseguinte, se tornam necessários à execução dos negócios-fim.'
>
> Incluem-se nos negócios auxiliares a locação de imóveis para uso da cooperativa, a aquisição de material para escritório, a compra de combustível para máquinas agrícolas de uso comum, o fornecimento de caixas e cestos por uma cooperativa de fruticultores para uso dos sócios no acondicionamento de sua produção etc.

à plena tributação, como prevê o art. 111 da Lei n. 5.764/71. O mesmo não ocorre com os negócios-fim, para os quais há tratamento fiscal diferenciado, por serem atos cooperativos." *Cooperativismo e lei*. São Leopoldo: Unisinos, 2001, p. 86.

112. Walmor Franke se refere aos negócios-secundários ou supérfluos como *negócios acessórios*. Seguindo o mesmo entendimento de Renato Lopes Becho (Elementos de Direito Cooperativo, p. 163), a expressão *negócios-acessórios* causa confusão com os *negócios-meio*, pois, estes últimos são os verdadeiros negócios-acessórios dos negócios-fim.

b) Negócios *acessórios*,[113] 'os quais não se encontram em relação imediata com o fim da sociedade. Verificam-se, eventualmente, na esfera operacional da empresa e, conquanto se trate de negócios acessórios, não se equiparam a uma fonte autônoma de receitas (por exemplo, a venda de uma máquina imprestável ou tornada obsoleta etc.)'.[114]

De tudo quanto visto, a nova ordem constitucional não mais admite a literalidade do artigo 79 da Lei n. 5.764/71, de tal sorte que, inobstante os negócios-fim praticados pelas sociedades cooperativas, em respeito aos seus objetivos sociais, não se pode deixar de considerar os negócios-meio como essenciais à consecução das finalidades da cooperativa, de forma que estes também devem ser considerados atos cooperativos (lato senso).

Somente não podemos admitir como ato cooperativo os negócios auxiliares e os negócios secundários ou supérfluos, pois estes não visam à concretização imediata dos objetivos societários da cooperativa. São negócios de segunda ordem, realizáveis pelas cooperativas, entretanto, sem ligação direta com o seu objeto social.

Esta ideia foi captada pelo legislador na apresentação inicial do Projeto de Lei do Senado n. 03, de 2007, de autoria do Senador Osmar Dias, onde foi sugerida a alteração do artigo 79, da Lei n. 5.764/71, nos termos que seguem:

> O Capítulo XII regula o sistema operacional das cooperativas. Define, para tanto, o ato cooperativo, ao qual a Constituição prevê tratamento tributário adequado, como "aquele praticado entre a cooperativa e seu sócio ou entre cooperativas associadas, na realização de trabalhos, serviços ou operações que constituam o objeto social". Equipara ao ato cooperativo "os negócios auxiliares ou meios, indispensáveis à consecução dos objetivos sociais". Cria a possibilidade de cooperação entre cooperativas

---

113. Atentar para a nota de rodapé acima, pois não concordamos com o uso da expressão *negócios-acessórios*. A definição dada pelo autor está de acordo, apenas o uso desta expressão que julgamos não ser adequada.

114. Friedrich Klein *apud*, FRANKE, *op. cit.*, p. 27-8.

e outras pessoas, naturais ou jurídicas, mediante o estabelecimento de contratos de parceria. Prevê, ainda, um mecanismo de capitalização das cooperativas mediante emissão de Certificados de Aporte de Capital, adquiríveis por não sócios. Estabelece, finalmente, as condições nas quais a cooperativa poderá operar com não sócios, bem como os procedimentos para a cobertura das despesas, das perdas e prejuízos, assim como a destinação das sobras.[115]

Apesar de o Projeto de Lei ter comparado negócios-meio com negócios auxiliares, o que não concordamos, conforme exposto alhures, não podemos deixar de registrar que a intenção foi boa. Porém, esta parte do Projeto de Lei acabou recebendo um parecer da Comissão no sentido de que o assunto deveria ser debatido em outro momento, mais especificamente na condução dos trabalhos do Projeto de Lei Complementar n. 271/2005, que trataremos adiante.

3.8.3 Ato intercooperativo

A Lei n. 5.764/71, por meio do seu artigo 79, prevê a possibilidade do ato intercooperativo, sendo aquele praticado entre sociedades cooperativas associadas entre si. Entretanto, um ponto que chama a atenção é justamente a parte final deste enunciado prescritivo que fala da associação de cooperativas. Afinal de contas, o que é e como deve ser feita esta associação para que seja considerado como modalidade de ato intercooperativo?

Será que necessariamente as cooperativas devem ser detentoras de capital social umas nas outras para que suas atividades sejam enquadradas como ato intercooperativo ou basta que todas elas estejam interligadas por meio de uma organização ou sindicato de cooperativas?

---

115. BRASIL. Senado Federal. *Parecer s/nº*, 2014. Disponível em: <www.senado.gov.br/atividade/ Materia/ getDocumento.asp?t=67893>.

Muita coisa deve ser esclarecida quanto a este tópico, para que não sobeje qualquer dúvida ou contradição.

Como se sabe, no regime jurídico das cooperativas uma pessoa, seja física ou jurídica, torna-se detentora de direitos e deveres a partir do instante em que adquire cota social, ou seja, participação na sociedade cooperativa. O cooperado é aquele que detém cota social, também é chamado de associado ou dono.

A Lei n. 5.764/71 admite a associação entre cooperativas (art. 6º, I). Umas podem adquirir capital social das outras e podem operar conjuntamente, realizando negócios jurídicos. Entretanto, sabe-se que no universo do cooperativismo algumas sociedades realizam negócios jurídicos com outras, sem que para isso sejam detentoras, umas das outras, de capital social. Não existe nesta hipótese propriamente uma associação, no sentido de ser dono, integrante do quadro de cotistas da sociedade.

Neste ponto, convém abrir um parêntesis para fazer a seguinte consideração: o artigo 79 da Lei 5.764/71 trata da relação mantida entre cooperativa e cooperados e entre cooperativas associadas entre si como se fosse tudo ato cooperativo. Todavia, pelo rigor que nos impõe a Ciência Jurídica, a classificação é demais importante para explicar os fenômenos jurídicos. Assim, o peso da Semiótica nos chama a atenção para o fato de que na redação do artigo 79 existem dois institutos jurídicos e que devem ser apresentados de forma separada.

O primeiro, como já exposto nas linhas que ficaram acima, trata-se do ato cooperativo, onde uma pessoa física ou jurídica adquire quotas-parte de uma sociedade cooperativa qualquer, tornando-se associado, ou seja, sócio detentor de direito e deveres. Este ato cooperativo, não somente é estrito senso, mas também pode ser lato senso, a ponto de desconsiderar a bilateralidade para focar na consecução dos objetivos sociais da cooperativa. Exemplo disso já foi apresentado, não convindo repetir, para não ser cansativo.

Por outra banda, no seio da redação do artigo 79 também existe outro ato disciplinado que não é propriamente cooperativo, apesar deste enunciado prescritivo assim dar a entender. A este outro ato preferimos denominar de intercooperativo, em razão das peculiaridades que o envolvem e também para que não haja confusão a qual ato estamos propriamente nos referindo no decorrer do trabalho.

Desse modo, a análise sintática e semântica da redação do artigo 79 demonstra que ali estão insculpidos atos de naturezas jurídicas diferentes e, portanto, assim devem ser compreendidos e tratados pela Ciência do Direito. De um lado, temos o ato cooperativo e, de outro lado, o ato intercooperativo, cada qual com seus traços marcantes.

O nó górdio da questão é compreender qual a intenção da legislação ao dispor que o ato intercooperativo dependerá de associação. Novamente nos deparamos com a ideia inicial deste trabalho, quanto à importância dos estudos da semiótica para o Direito. O signo *associação* teria sido empregado pelo legislador com qual sentido e alcance?

No contexto do cooperativismo a palavra associação nos remete à ideia inicial de participação de uma cooperativa no quadro societário da outra. Em outras palavras, para que uma cooperativa pratique atos intercooperativos, seria-lhe exigido a detenção de cotas sociais devidamente integralizadas, o que lhe daria todos os direitos e deveres inerentes a um cooperado, nos termos da Lei Geral do Cooperativismo.

O fato de uma cooperativa associar-se a outra por meio da integralização de capital social é totalmente permitido pelo sistema jurídico vigente. Assim, uma cooperativa de trabalho poderá associar-se a uma cooperativa de crédito para fazer toda a sua movimentação financeira. Entretanto, devemos gizar, quando uma cooperativa adquire quotas-partes de outra, a relação mantida entre ambas é puramente de ato cooperativo, pois uma passa a ser associada (dona) da outra.

O ato intercooperativo não é esta associação acima mencionada. Melhor esclarecendo, para que haja o ato intercooperativo não é exigido que uma cooperativa seja sócia de outra, pois, isto em verdade nada mais representa do que puro ato cooperativo. Ato cooperativo não se confunde com ato intercooperativo. São situações jurídicas totalmente distintas.

Para que exista o ato intercooperativo, a teor do que dispõe o artigo 79 da Lei n. 5.764/71, as cooperativas devem ser associadas entre si para a consecução dos seus objetivos sociais. Isto pode acontecer quando cooperativas de um mesmo segmento ou não se reúnem por meio de centrais/federações, ou quando estas últimas se associam por intermédio de confederações.

Saca-se do artigo 6º, da Lei n. 5.764/71 que:

> Art. 6º As sociedades cooperativas são consideradas:
>
> I - singulares, as constituídas pelo número mínimo de 20 (vinte) pessoas físicas, sendo excepcionalmente permitida a admissão de pessoas jurídicas que tenham por objeto as mesmas ou correlatas atividades econômicas das pessoas físicas ou, ainda, aquelas sem fins lucrativos;
>
> II - cooperativas centrais ou federações de cooperativas, as constituídas de, no mínimo, 3 (três) singulares, podendo, excepcionalmente, admitir associados individuais;
>
> III - confederações de cooperativas, as constituídas, pelo menos, de 3 (três) federações de cooperativas ou cooperativas centrais, da mesma ou de diferentes modalidades.

Quando as cooperativas singulares de um mesmo segmento econômico ou não se associam entre si, acabam formando uma central ou federação de cooperativas. Estas centrais ou federações, da mesma ou de diferentes modalidades, também podem se associar e formar uma confederação. A própria redação final do inciso II do artigo 6º, acima transcrito, corretamente usa a palavra *associados*, deixando sem sombra de dúvida que as cooperativas podem se associar umas às outras.

Um pouco adiante, o artigo 8º dispõe que:

> Art. 8º As cooperativas centrais e federações de cooperativas objetivam organizar, em comum e em maior escala, os serviços econômicos e assistenciais de interesse das filiadas, integrando e orientando suas atividades, bem como facilitando a utilização recíproca dos serviços.
>
> Parágrafo único. Para a prestação de serviços de interesse comum, é permitida a constituição de cooperativas centrais, às quais se associem outras cooperativas de objetivo e finalidades diversas.

Não obstante, a interpretação conjunta do inciso III do artigo 6º com o artigo 9º deixa patente que as confederações são constituídas pela associação de centrais ou federações, não sendo obrigatório que estas se enquadrem na mesma modalidade econômica, sendo perfeitamente possível a divergência de segmentos, consoante segue abaixo:

> Art. 6º - [...]
>
> III - confederações de cooperativas, as constituídas, pelo menos, de 3 (três) federações de cooperativas ou cooperativas centrais, **da mesma ou de diferentes modalidades.**[116]
>
> Art. 9º As confederações de cooperativas têm por objetivo orientar e coordenar as atividades das filiadas, nos casos em que o vulto dos empreendimentos transcender o âmbito de capacidade ou conveniência de atuação das centrais e federações.

A associação de cooperativas para a realização de ato intercooperativo não se impõe diante de um mesmo segmento econômico. Como visto, é perfeitamente possível que cooperativas de modalidades econômicas diferentes se associem entre si para a consecução dos seus objetivos sociais.

De mais a mais, verbera Reginaldo Ferreira Lima que:

> Quando a lei menciona "cooperativas associadas entre si" não exige que seja uma associação perene que venha abranger todos

---

116. Grifo nosso.

os negócios sociais de mais de uma cooperativa. A associação pode se materializar em um ou outro contrato, bastando que haja melhores condições, em face dela, para se atingir as finalidades específicas da contratação.[117]

Nesta concepção, a *associação* de cooperativas para a consecução dos seus objetivos sociais – ato intercooperativo – não se restringe apenas à formação de centrais de cooperativas ou confederações. Uma cooperativa singular pode firmar um contrato de associação com outra singular, visando atingir determinados negócios jurídicos que lhes são inerentes. Nesse diapasão podemos ter uma cooperativa de crédito firmando contrato de associação com outra(s), para garantir a prestação dos serviços de depósitos intercooperativos, depósito de cheques, saques em caixas eletrônicos, entre tantas outras operações que são próprias destas cooperativas.

Verifica-se, de toda sorte, que o ato intercooperativo pode ocorrer não somente por meio da reunião de diversas cooperativas por meio de centrais ou confederações, mas também, por contratos firmados diretamente entre as próprias cooperativas singulares, que tenham por finalidade atingir os seus objetos societários.

3.8.4 Ato não cooperativo

O ato não cooperativo é todo aquele praticado fora do padrão estabelecido pela legislação em vigor. Entretanto, dentro da linha de raciocínio defendida neste trabalho, o ato cooperativo é muito mais abrangente do que a definição estatuída no artigo 79 da Lei n. 5.764/71. É difícil continuar defendendo a literalidade deste enunciado prescritivo, ao passo que a Constituição Federal de 1988, posterior à Lei Geral do Cooperativismo, passou a tratar do assunto e de forma mais generosa.

---

117. LIMA, Reginaldo Ferreira. *Direito Cooperativo Tributário*. São Paulo: Max Limonad, 1997, p. 55.

A exegese constitucional nos permite afirmar que o ato cooperativo extrapola a simples relação bilateral mantida entre o associado e a cooperativa. Para que se compreenda o que é ato não cooperativo, outro caminho não existe senão demarcar o que é ato cooperativo, o que foi já foi feito.

Diante de tudo quanto estudado, o ato não cooperativo pode ser:

a) aquele praticado por outras sociedades (sociedades empresárias ou sociedades simples);

b) aquele praticado pelas sociedades cooperativas com os seus associados, todavia, fora dos seus objetivos sociais;

c) aquele praticado pelas sociedades cooperativas com não associados e fora dos seus objetivos sociais.

3.9 Atividade econômica x lucro

Inegavelmente, o exercício de uma determinada atividade econômica não tem como condição imprescindível a lucratividade. É o caso das cooperativas, as quais, pela imposição da legislação vigente, não podem auferir lucro. O fato de existir dentro de um segmento econômico a circulação de riqueza não implica logicamente que as finalidades perquiridas são de caráter lucrativo.

É claro que as cooperativas visam uma melhor condição financeira para os seus associados, seja pela facilitação na captação de serviços ou produtos disponíveis no mercado, entre tantas outras situações, porém, não se pode confundir a figura da sociedade cooperativa com o seu sócio (associado). Todos os valores movimentados dentro de uma cooperativa são revertidos para o seu crescimento ou partilhados os resultados positivos entre os associados, conforme ficar decidido em Assembleia.

Estabelece o artigo 3º da Lei n. 5.764/71 que "celebram contrato de sociedade cooperativa as pessoas que reciprocamente se obrigam a contribuir com bens ou serviços para o exercício de uma atividade econômica, de proveito comum, sem objetivo de lucro".

Nos termos da jurisprudência do Superior Tribunal de Justiça não resta qualquer dúvida de que as sociedades cooperativas, apesar de circularem dinheiro, não possuem lucratividade, senão vejamos:

> AGRAVO REGIMENTAL EM RECURSO ESPECIAL – TRIBUTÁRIO – SOCIEDADES COOPERATIVAS – SOBRAS LÍQUIDAS, APURADAS AO FINAL DO EXERCÍCIO SOCIAL – CONTRIBUIÇÃO PREVIDENCIÁRIA RURAL – NÃO INCIDÊNCIA – PRECEDENTES DA SEGUNDA TURMA. Não se ignora a existência de precedentes da Primeira Turma do STJ (REsps 365.849/PR, Rel. Min. José Delgado, DJU 18.03.2002 e 191.424/RS, Relator Min. Garcia Vieira, DJU 15.03.1999), contrários à posição adotada na decisão ora agravada, que concluíram pela possibilidade de cobrança da contribuição previdenciária rural sobre as quantias devolvidas pela cooperativa aos cooperados a título de "sobras" líquidas apuradas ao final do exercício social. A egrégia Segunda Turma, no entanto, em dois julgados da relatoria deste magistrado, quais sejam, os REsp 192.524/RS, 11.03.2002 e 260.282/RS, DJU 17.09.2001, decidiu de modo diverso, que as sobras líquidas não integram a base de cálculo da contribuição previdenciária rural, por não estarem englobadas na base de cálculo da referida exação. Sendo certo que, na relação entre a sociedade cooperativa e seus cooperados, não há intuito lucrativo, prevê a Lei n. 5.764/71 que, ao término do exercício social, deverá a cooperativa verificar o resultado obtido na relação entre as receitas auferidas e as despesas efetuadas. Se verificado um resultado positivo, que os cooperados suportaram excesso no custeio das despesas, prevê o artigo 44, inciso II, da lei supra referida, que as cooperativas, em assembleia geral ordinária, deverão deliberar, dentre outras questões, acerca da "destinação das sobras apuradas ou rateio das perdas decorrentes da insuficiência das contribuições para cobertura das despesas da sociedade, deduzindo-se, no primeiro caso, as parcelas para os fundos obrigatórios". Da sistemática operacional que ocorre na sociedade cooperativa, denota-se que esta, ao receber o produto do associado, verifica o preço corrente e estima, também, as despesas que o cooperado estará sujeito a suportar, em vista da

circunstância de tornar o produto mais atrativo para a comercialização, como, por exemplo, a secagem e o empacotamento. Nesse momento são emitidas 02 (duas) notas fiscais, uma pelo produtor, em vista do produto entregue – com o valor corrente, descontadas as mencionadas despesas –, e outra pela cooperativa, decorrente da entrada, em confirmação ao recebimento do produto. Observa-se que preço de mercado ou corrente está ligado à comercialização, enquanto que as despesas, para efetivar a venda, estão atreladas à prática de ato cooperativo, razão por que se não confundem. Em vista dessa relação, não resta configurada uma adequação típica autorizadora da cobrança da contribuição previdenciária das sobras líquidas, pois o diploma normativo prevê que a única fase em que ocorre a hipótese de incidência se dá com "base no valor creditado ou pago aos associados pelo recebimento dos seus produtos, observados na fixação desse valor os preços correntes de venda pelo produtor" (art. 77, III, do Decreto 83.081/79). Agravo regimental improvido.[118]

Afirma Renato Lopes Becho que:

> Não devemos confundir atividade econômica, que manipula ou gera dinheiro (ou bens com valor de troca por dinheiro) com atividade lucrativa. Uma escola técnica, por exemplo, que estimula a venda dos produtos feitos por seus alunos, pode ser reconhecida como atividade econômica sem fins lucrativos. Assim é com as cooperativas.[119]

Nos idos de 1965, o mesmo já dizia Waldirio Bulgarelli:

> Apesar de a nossa legislação, sobretudo o dec. 22.239 de 1932, empregar uma terminologia incompatível com a doutrina cooperativa, referindo-se várias vezes a *lucros* e não a sobras, como seria correto, e acenando em várias de suas disposições, com a possibilidade de as cooperativas distribuírem dividendos proporcionalmente ao capital, é fora de dúvida que as sociedades cooperativas não visam qualquer lucro na sua atividade. É da

---

118. Superior Tribunal de Justiça. AgRg no REsp 244334 / RS AGRAVO REGIMENTAL NO RECURSO ESPECIAL 2000/0000055-8; Ministro FRANCIULLI NETTO; Órgão Julgador T2 - SEGUNDA TURMA; Data do julgamento 23/03/2004; Data da publicação DJ 31/05/2004 p. 254.

119. BECHO, Renato Lopes. *Tributação das cooperativas*. 3. ed. São Paulo: Dialética, 2005, p. 149.

essência da cooperação essa ausência de fins lucrativos, pois o sistema cooperativo surgiu como um movimento de revolta contra o 'animus' de lucro, tentando a obtenção do 'justo preço'. Tanto assim que os resultados positivos, eventualmente, obtidos em decorrência de suas atividades, são distribuídos aos associados em proporção às suas operações com a sociedade, a título de *devolução* do que a cooperativa considera ter cobrado a mais nas suas operações com os associados.[120]

Como já visto anteriormente, a legislação, a doutrina e a jurisprudência tratam as sociedades cooperativas como atividade econômica, todavia, sem o objetivo de lucro e, assim deve ser, pois se uma determinada cooperativa estiver auferindo lucro, perderá esta característica essencial, a ponto de se tornar uma outra espécie societária.

3.9.1 Excedentes ou sobras

Depois do quanto ficou esclarecido acima, não resta qualquer dúvida de que atividade econômica não se confunde com lucratividade. Apesar de, no passado, o Decreto n. 22.239 de 1932, empregar indevidamente o signo *lucro*, esta irregularidade já está corrigida pelas legislações atuais, tratando-se as sociedades cooperativas de atividades de ordem econômica que não visam qualquer lucratividade, entretanto, buscam resultados financeiros positivos.

Estes resultados financeiros tecnicamente são denominados de sobras ou excedentes. Não se pode negar que as cooperativas atuam no mercado de forma organizada e visam um benefício econômico para os seus associados, que se materializa não somente pela facilitação do acesso ao mercado de bens ou serviços, mas, sobretudo, pelos excedentes ou sobras advindos da cooperação.

A propósito, uma das características das cooperativas é justamente retornar as sobras líquidas aos seus associados, na

---

120. BULGARELLI, *op. cit.*, 1965, p. 107-8.

medida das operações por eles realizadas, a não ser quando é decidido de modo diferente pela Assembleia Geral, que resolve reinvestir todo o dinheiro no crescimento da cooperativa.

Assim dispõe o artigo 4º, da Lei Geral do Cooperativismo:

> Art. 4º As cooperativas são sociedades de pessoas, com forma e natureza jurídica próprias, de natureza civil, não sujeitas a falência, constituídas para prestar serviços aos associados, distinguindo-se das demais sociedades pelas seguintes características:
>
> VII - retorno das sobras líquidas do exercício, proporcionalmente às operações realizadas pelo associado, salvo deliberação em contrário da Assembleia Geral.

Ainda, temos outras previsões na Lei n. 5.764/71 que regulamentam as sobras:

> Art. 21. O estatuto da cooperativa, além de atender ao disposto no artigo 4º, deverá indicar:
>
> IV - a forma de devolução das sobras registradas aos associados, ou do rateio das perdas apuradas por insuficiência de contribuição para cobertura das despesas da sociedade.
>
> Art. 28. As cooperativas são obrigadas a constituir:
>
> I - Fundo de Reserva destinado a reparar perdas e atender ao desenvolvimento de suas atividades, constituído com 10% (dez por cento), pelo menos, das sobras líquidas do exercício;
>
> II - Fundo de Assistência Técnica, Educacional e Social, destinado a prestação de assistência aos associados, seus familiares e, quando previsto nos estatutos, aos empregados da cooperativa, constituído de 5% (cinco por cento), pelo menos, das sobras líquidas apuradas no exercício.
>
> Art. 44. A Assembleia Geral Ordinária, que se realizará anualmente nos 3 (três) primeiros meses após o término do exercício social, deliberará sobre os seguintes assuntos que deverão constar da ordem do dia:
>
> I - prestação de contas dos órgãos de administração acompanhada de parecer do Conselho Fiscal, compreendendo:
>
> c) demonstrativo das sobras apuradas ou das perdas decorrentes da insuficiência das contribuições para cobertura das despesas da sociedade e o parecer do Conselho Fiscal.

II - destinação das <u>sobras</u> apuradas ou rateio das perdas decorrentes da insuficiência das contribuições para cobertura das despesas da sociedade, deduzindo-se, no primeiro caso as parcelas para os Fundos Obrigatórios.

Definitivamente, as sociedades cooperativas atuam no mercado circulando riqueza, todavia, de caráter não lucrativo, meramente como atividade econômica. Portanto, o resultado positivo das operações desempenhadas por elas tecnicamente não se enquadra como lucro, mas sim, como sobras ou excedentes, os quais podem ser rateados entre os associados na medida das suas participações.

3.9.2 Prejuízos ou perdas

Do mesmo modo que as cooperativas podem obter resultados positivos num determinado período de apuração, também podem sofrer resultados negativos, denominados de prejuízos ou perdas, os quais serão apurados e levados ao conhecimento dos associados para rateio, que se dará nos moldes da Lei n. 5.764/71, senão vejamos:

> Art. 21. O estatuto da cooperativa, além de atender ao disposto no artigo 4º, deverá indicar:
>
> IV - a forma de devolução das sobras registradas aos associados, ou do rateio das perdas apuradas por insuficiência de contribuição para cobertura das despesas da sociedade;
>
> Art. 44. A Assembleia Geral Ordinária, que se realizará anualmente nos 3 (três) primeiros meses após o término do exercício social, deliberará sobre os seguintes assuntos que deverão constar da ordem do dia:
>
> I - prestação de contas dos órgãos de administração acompanhada de parecer do Conselho Fiscal, compreendendo:
>
> a) relatório da gestão;
>
> b) balanço;
>
> c) demonstrativo das sobras apuradas ou das perdas decorrentes da insuficiência das contribuições para cobertura das despesas da sociedade e o parecer do Conselho Fiscal.

II - destinação das sobras apuradas ou rateio das perdas decorrentes da insuficiência das contribuições para cobertura das despesas da sociedade, deduzindo-se, no primeiro caso as parcelas para os Fundos Obrigatórios;

Art. 28. As cooperativas são obrigadas a constituir:

I - Fundo de Reserva destinado a reparar perdas e atender ao desenvolvimento de suas atividades, constituído com 10% (dez por cento), pelo menos, das sobras líquidas do exercício;

Art. 80. As despesas da sociedade serão cobertas pelos associados mediante rateio na proporção direta da fruição de serviços.

Parágrafo único. A cooperativa poderá, para melhor atender à equanimidade de cobertura das despesas da sociedade, estabelecer:

II - rateio, em razão diretamente proporcional, entre os associados que tenham usufruído dos serviços durante o ano, das sobras líquidas ou dos prejuízos verificados no balanço do exercício, excluídas as despesas gerais já atendidas na forma do item anterior.

Art. 89. Os prejuízos verificados no decorrer do exercício serão cobertos com recursos provenientes do Fundo de Reserva e, se insuficiente este, mediante rateio, entre os associados, na razão direta dos serviços usufruídos, ressalvada a opção prevista no parágrafo único do artigo 80.

Dessarte, os cooperados concorrem não somente com resultados positivos, mas também no rateio dos prejuízos identificados no período de apuração, no caso em que as receitas da cooperativa forem inferiores às despesas.

3.10 Livre concorrência e o cooperativismo

Depreende do Texto Maior que um dos princípios da ordem econômica é a livre concorrência. O Poder Público tem a obrigação, segundo o constituinte, de deixar o mercado fluir, desde que seja respeitada a valorização do trabalho humano, por meio da livre iniciativa. Isso não implica em total falta de intervenção da administração pública na ordem econômica. A Carta Magna, ao mesmo tempo em que garante a livre concorrência, coloca limite para que se evite o abuso de poder, senão vejamos:

> Art. 170. A ordem econômica, fundada na valorização do trabalho humano e na livre iniciativa, tem por fim assegurar a todos existência digna, conforme os ditames da justiça social, observados os seguintes princípios:
> IV - livre concorrência.
> Art. 173 – [...]
> § 4º A lei reprimirá o abuso do poder econômico que vise à dominação dos mercados, à eliminação da concorrência e ao aumento arbitrário dos lucros.

Tal como foi dito nos primórdios, as palavras possuem alta carga de vaguidade e ambiguidade o que muitas vezes dificulta a interpretação pelo operador do Direito. Nisso podemos incluir a restrição prevista pelo § 4º do artigo 173, acima transcrito, quando diz que a lei deverá reprimir o abuso de poder econômico. Afinal de contas, existe um dado objetivo para se aferir quando estará havendo abuso ou não? Este é um ponto que tentaremos buscar maiores informações, mas antes, precisamos identificar a legislação que disciplina o assunto e quais pessoas estão a ela submetidas.

Neste desafio, nos deparamos com a Lei Ordinária n. 12.529, de 30 de novembro de 2011, a qual, dentro outros assuntos, dispõe sobre a prevenção e repressão às infrações contra a ordem econômica. Referida legislação açambarca uma enorme gama de pessoas que estão totalmente sob os seus auspícios, senão vejamos o quanto diz o artigo 31, *verbis:*

> Art. 31. Esta Lei aplica-se às pessoas físicas ou jurídicas de direito público ou privado, bem como a quaisquer associações de entidades ou pessoas, constituídas de fato ou de direito, ainda que temporariamente, com ou sem personalidade jurídica, mesmo que exerçam atividade sob regime de monopólio legal.

Pelo simples fato de as sociedades cooperativas serem enquadradas como pessoas jurídicas de direito privado ou como associações de pessoas, elas estão submetidas à ordem econômica e, portanto, devem cumprir determinadas regras para que não sejam qualificadas como infratoras. Estas infrações somente serão caracterizadas à luz do disposto no artigo 36, da Lei Ordinária n. 12.529/2011.

No contexto do cooperativismo a leitura que se tem sobre este tema pode ser por duas vias totalmente distintas. A primeira diz respeito à relação contratual mantida entre os associados e a cooperativa. Existem casos, por força do quanto está previsto no artigo 29, § 4º, da Lei n. 5.764/71, que a cooperativa exige do seu cooperado um pacto de exclusividade. Assim, o associado somente poderia atuar dentro dos limites da própria cooperativa, sendo-lhe totalmente vedado exercer o seu ofício externamente, isto é, particular.

Façamos a conferência da legislação em comento:

> Art. 29. O ingresso nas cooperativas é livre a todos que desejarem utilizar os serviços prestados pela sociedade, desde que adiram aos propósitos sociais e preencham as condições estabelecidas no estatuto, ressalvado o disposto no artigo 4º, item I, desta Lei.
>
> § 4º Não poderão ingressar no quadro das cooperativas os agentes de comércio e empresários que operem no mesmo campo econômico da sociedade.

Esta cláusula de exclusividade já foi questionada na via judicial, havendo inúmeros julgados que em prestígio ao princípio da livre iniciativa e da livre concorrência têm declarado a sua invalidade, como se vê abaixo:

> AGRAVO REGIMENTAL NO RECURSO ESPECIAL. COOPERATIVA DE TRABALHO MÉDICO. CLÁUSULA DE EXCLUSIVIDADE (UNIMILITÂNCIA). INVALIDADE. 1. A Corte Especial já decidiu que "é inválida a cláusula inserta em estatuto de cooperativa de trabalho médico que impõe exclusividade aos médicos cooperados" (EREsp n. 191.080/SP, Relator Ministro HAMILTON CARVALHIDO, CORTE ESPECIAL, julgado em 16/12/2009, Dje 8/4/2010). 2. Nesse julgamento, a Corte Especial também esclareceu que "mesmo antes da edição da Lei nº 9.656/98, é inválida a cláusula inserta em estatuto de cooperativa de trabalho médico que impõe exclusividade aos médicos

cooperados, seja por força da dignidade da pessoa humana e seu direito à saúde, seja por força da garantia à livre concorrência, à defesa do consumidor, aos valores sociais do trabalho e à livre iniciativa". 3. Ademais, é sabido que "não compete a este e. STJ se manifestar explicitamente sobre dispositivos constitucionais, ainda que para fins de prequestionamento" (EDcl no AgRg nos EDcl no ARE no ARE no RE no AREsp n. 1.681/PE, Relator Ministro FELIX FISCHER, CORTE ESPECIAL, julgado em 23/4/2012, DJe 9/5/2012). 4. Agravo regimental desprovido.[121]

Aliás, nesse sentido existe a Lei Ordinária n. 9.656, de 03 de junho de 1988 que veda para os profissionais da área da saúde a associação em caráter de exclusividade com alguma cooperativa atuante na mesma área, *verbis:*

> Art. 18. A aceitação, por parte de qualquer prestador de serviço ou profissional de saúde, da condição de contratado, credenciado ou cooperado de uma operadora de produtos de que tratam o inciso I e o § 1º do art. 1º desta Lei, implicará as seguintes obrigações e direitos:
>
> III - a manutenção de relacionamento de contratação, credenciamento ou referenciamento com número ilimitado de operadoras, sendo expressamente vedado às operadoras, independente de sua natureza jurídica constitutiva, impor contratos de exclusividade ou de restrição à atividade profissional.

Esta questão serve apenas para ilustrar como tem sido aplicado o princípio da livre concorrência no cooperativismo. O que realmente parece nos interessar nesse momento é averiguar se o modelo de atuação das sociedades cooperativas respeita a livre concorrência, garantida constitucionalmente, em relação às demais modalidades de sociedades, sejam simples ou empresárias.

A atuação das cooperativas no mercado decorre de autorização legal. Sendo assim, desde a sua constituição até o

---

121. Superior Tribunal de Justiça. AgRg no REsp 1193261/RS AGRAVO REGIMENTAL NO RECURSO ESPECIAL 2010/0084208-6. Ministro ANTONIO CARLOS FERREIRA.Órgão julgador T4 - QUARTA TURMA. Data do julgamento 25/09/2012. Publicado em DJe 28/09/2012.

efetivo exercício dos negócios jurídicos, seja com associados ou com terceiros não associados, advém de expresso consentimento legal. Nesse diapasão não se pode alegar que as sociedades cooperativas ofendem a livre concorrência, muitos menos elegendo o argumento de que existe uma tributação mais benéfica.

Estas sociedades, pela sua própria natureza, são diferentes das demais. Por isso mesmo, qualquer tratamento jurídico que a elas fosse dispensado não poderia ser equiparado aos modelos societários convencionais que colocam o capital e o lucro à frente da pessoa. A inversão de valores proposta pelas cooperativas coloca o ser humano à frente do dinheiro, por isso a mutualidade é um ponto marcante neste segmento. Em outras palavras, todo o trabalho desenvolvido busca a melhoria das condições da coletividade e não do indivíduo.

Pudemos notar nas linhas que ficaram para trás que não existe uma igualdade entre as cooperativas e as outras espécies societárias. Sob este ponto de vista, o fato de o ato cooperativo não ser uma hipótese de incidência tributária e o adequado tratamento propugnado no artigo 146, III, c, da Carga Magna estar endereçado à sociedade de um modo geral, cabendo ao legislador complementar imprimir uma política fiscal que seja apropriada para as cooperativas, não se vê qualquer ofensa ao princípio da livre concorrência.

Até mesmo porque, vale recordar, somente haverá violação aos preceitos da ordem econômica quando a pessoa jurídica extrapolar a sua autonomia, manifestadamente afrontando o artigo 36 da Lei Ordinária n. 12.529/2011. Receber da legislação o reconhecimento de que o ato cooperativo não é uma hipótese de incidência tributária e que o legislador complementar poderá adotar políticas fiscais próprias ao modelo cooperativista não dá ensejo à alegação de violação à livre concorrência.

Todavia, não podemos descartar que no exercício diário das suas atividades as cooperativas possam praticar atos, assim como quaisquer outras sociedades, que atentam contra a livre concorrência. Isso acontecerá, voltamos a repetir, quando ficar evidenciado que uma ou algumas das hipóteses do artigo 36 da Lei n. 12.529/2011 foram caracterizadas.

Deve ficar claro, então, que o simples fato de as cooperativas possuírem um regime jurídico diferente das demais sociedades não importa em desrespeito à livre concorrência. A violação à ordem econômica e, por via de consequência, da livre concorrência, se dará nos exatos termos da legislação em vigor, isto é, quando as práticas da sociedade cooperativa no mercado se subsumirem à previsão do artigo 36, da Lei n. 12.529/2011.

Interessante trazer à baila um caso julgado pelo Superior Tribunal de Justiça, no qual uma cooperativa médica estava sendo acusada da prática de violação à livre concorrência por manter uma farmácia destinada unicamente à venda de produtos para os seus associados. Entendeu aquela Corte que o objetivo almejado pela cooperativa era simplesmente fornecer medicamentos a preços reduzidos para os seus donos e usuários conveniados, portanto, não haveria que se falar em qualquer ofensa à livre concorrência, senão vejamos:

> PROCESSUAL CIVIL E ADMINISTRATIVO. AUSÊNCIA DE OMISSÃO, CONTRADIÇÃO OU FALTA DE MOTIVAÇÃO NO ACÓRDÃO A QUO. FARMÁCIA VINCULADA A PLANO DE SAÚDE. COOPERATIVA SEM FINS LUCRATIVOS. CONCORRÊNCIA DESLEAL. NÃO OCORRÊNCIA. REGISTRO NO CONSELHO REGIONAL. DECRETO N° 20.931/1932. POSSIBILIDADE. VASTIDÃO DE PRECEDENTES. 1. Recurso especial contra acórdão que entendeu ilegal a inscrição de cooperativa médica nos quadros do Conselho recorrido, quando o médico que exerça clínica fizer parte de empresa que explore a indústria farmacêutica ou seu comércio. 2. Decisão a quo clara e nítida, sem omissões, obscuridades, contradições ou ausência de motivação. O não acatamento das teses do recurso não implica cerceamento de defesa. Ao juiz cabe apreciar a questão de acordo com o que entender atinente à lide. Não está obrigado a julgá-la conforme o pleiteado pelas partes, mas sim com seu livre convencimento (CPC, art. 131), usando fatos, provas, jurisprudência, aspectos atinentes ao tema e legislação que entender aplicáveis ao caso. Não obstante a oposição de embargos declaratórios,

não são eles mero expediente para forçar o ingresso na instância especial, se não há vício para suprir. Não há ofensa ao art. 535 do CPC quando a matéria é abordada no aresto a quo. 3. A manutenção de farmácia por cooperativa médica não encontra proibição no art. 16, "g", do Decreto n° 20.931/1932, ainda mais se a instituição atende, tão-somente, a seus cooperados e usuários conveniados, com a venda de medicamentos a preço de custo. 4. Inexiste concorrência desleal com farmácias em geral e farmacêuticos se uma cooperativa médica, sem fins lucrativos, presta assistência aos segurados de seu plano de saúde, quando respeitados os Códigos de Ética Médica e de Defesa do Consumidor. 5. Precedentes desta Corte: REsp n° 875885/SP, Relª Minª Eliana Calmon, DJ de 20.04.2007; REsp n° 862339/SP, Rel. Min. Humberto Martins, DJ de 02.10.2006; REsp n° 640916/MG, Rel. Min. Castro Meira, DJ de 25.08.2006; REsp n° 438227/PR, Rel. Min. João Otávio de Noronha, DJ de 02.08.2006; REsp n° 640594/GO, Rel. Min. Teori Albino Zavascki, DJ de 27.03.2006; REsp n° 641657/SC, Rel. Min. Francisco Falcão, DJ de 27.03.2006; REsp n° 709006/TO, Rel. Min. Luiz Fux, DJ de 13.02.2006; REsp n° 608667/RS, Rel. Min. Francisco Falcão, DJ de 25.04.2005; REsp n° 610634/GO, Rel. Min. Luiz Fux, DJ de 25.10.2004; REsp n° 611318/GO, deste Relator, DJ de 26/04/2004. 6. Recurso provido.[122]

O que se conclui é que as cooperativas estão sim sujeitas ao princípio da livre concorrência, porém, somente restará caracterizada a infração nos moldes da legislação em vigor. A simples prática de atos cooperados, baseados sempre na consecução dos seus objetivos sociais, não dá ensejo à alegação de violação da ordem econômica.

---

122. Superior Tribunal de Justiça. REsp 935065/PR RECURSO ESPECIAL 2007/0059077-4. Ministro JOSÉ DELGADO. Órgão julgador T1 - PRIMEIRA TURMA. Data do julgamento 18/09/2007. Publicado em DJ 15/10/2007 p. 250.

4. ADEQUADO TRATAMENTO TRIBUTÁRIO DAS COOPERATIVAS

Caminhamos até aqui com o propósito de analisar um pouco melhor, com o rigor que a Ciência do Direito impõe, o sentido e o alcance da expressão *ato cooperativo*. De tudo quanto visto, podemos afirmar que esta expressão comporta dois significados: a) ato cooperativo propriamente dito, o qual pode ser estrito senso ou lato senso, e; b) ato intercooperativo.

O artigo 146, III, c, da Constituição Federal manda que o legislador complementar dê adequado tratamento tributário ao ato cooperativo praticado pelas sociedades cooperativas, *verbis*:

> Art. 146. Cabe à lei complementar:
>
> III - estabelecer normas gerais em matéria de legislação tributária, especialmente sobre:
>
> c) adequado tratamento tributário ao ato cooperativo praticado pelas sociedades cooperativas.

É cediço que não houve até o momento a aprovação de qualquer lei complementar que venha a regulamentar o adequado tratamento tributário ao ato cooperativo. Ainda está em tramitação o Projeto de Lei Complementar – PLP n. 271/2005 (Apensos PLP 62/2007, 198/2007 e 386/2008). O desconhecimento do cooperativismo, aliado à falta de uma legislação tributária, prejudica o devido enquadramento tributário das sociedades cooperativas.

Leciona Waldirio Bulgarelli que:

> [...] As causas dessa situação, evidentemente, decorrem de uma mais geral, que é sem dúvida a do imperfeito enquadramento desse tipo de sociedade nos sistemas fiscais vigorantes, decorrentes quer da ignorância e do desconhecimento sobre suas verdadeiras características, quer de uma política fiscal orientada num sentido totalizante, portanto, sem admitir exceções válidas ou destinada a atender aos reclamos dos outros tipos de empresas.[123]

Nas linhas que seguem, o desafio será compreender dentro do sistema jurídico vigente qual o adequado tratamento tributário que deve ser dado pela legislação complementar.

4.1 Adequado tratamento tributário e ato cooperativo

Oportunamente foi vista a relevância que os estudos da Semiótica têm produzido no campo da Ciência Jurídica. A linguagem como vetor essencial para a construção do Direito passa pelo crivo da sintática, da semântica e também da pragmática. Conhecer o Direito perpassa pela análise do vernáculo em toda a sua dimensão, seja a estrutura de uma frase, o sentido das palavras, a aplicação prática das normas jurídicas.

Quando nos deparamos com ao artigo 146, III, c, da Constituição Federal, logo ficamos com um sentimento duvidoso, de qual realmente teria sido a intenção do constituinte ao dispor que o ato cooperativo deve ter um adequado tratamento tributário.

Para se entender o que isso representa dentro do contexto jurídico, ou seja, o que é *adequado* em matéria tributária

---

123. BULGARELLI, Waldirio. *Regime tributário das cooperativas*. São Paulo: Saraiva, 1974, p. 5.

para as sociedades cooperativas, deve ser feita propositalmente uma desestruturação da formação textual empreendida pelo constituinte, como forma de se visualizar a amplitude do tema.

Para tanto, devemos separar a expressão *adequado tratamento tributário* da outra que diz *ato cooperativo praticado pelas sociedades cooperativas* (art. 146, III, c, CF).

A norma contida no enunciado prescritivo em observação determina que o adequado tratamento tributário deverá ser disciplinado por meio de norma geral de direito tributário, por meio de lei complementar. Por outra banda, o ato cooperativo praticado pelas sociedades cooperativas não precisa necessariamente ser disposto por lei complementar, mas sim, pode ser por lei ordinária.

Uma vez que a Ciência do Direito já harmonizou a interpretação do que seja ato cooperativo, levando em consideração o conceito exposto na Constituição Federal e a disposição da Lei n. 5.764/71, fica pendente a edição da lei complementar que venha realmente dar um adequado tratamento tributário a estas sociedades que são de extrema importância para o desenvolvimento da economia e distribuição de riqueza.

Por outras palavras, a princípio não precisaria a lei complementar se ocupar da definição do que seja ato cooperativo, mas, se o adequar aos reclamos da doutrina, melhor ainda ficará, para encerrar por vez com qualquer dúvida acerca da dimensão do seu conteúdo. De qualquer sorte, ainda deve o legislador complementar se preocupar em efetivamente dar um tratamento tributário adequado.

A estrutura textual do artigo 146, III, c, da Constituição Federal merece ser destrinchada para melhor entendimento sobre o assunto. Portanto, uma coisa é dar sentido e alcance à expressão *adequado tratamento tributário*, diferentemente é entender o que seja *ato cooperativo*. Este já foi estudado, não havendo dúvida de que são atos praticados pelas sociedades cooperativas com associados ou não, ou entre cooperativas associadas, sempre buscando atingir com a máxima eficiência os seus objetivos sociais.

O desafio é compreender o *adequado tratamento tributário*.

Certamente o constituinte não foi feliz ao prescrever que o ato cooperativo deve ter um tratamento *adequado*. Esta palavra – *adequado* – possui altíssima carga de imprecisão, vaguidade e atormenta os doutrinadores que se dedicam ao estudo deste assunto, havendo estudiosos como Manoel Gonçalves Ferreira Filho, que chegaram a sustentar o seguinte quanto à previsão do artigo 146 da Constituição Federal:

> Na verdade, as matérias referidas nas alíneas *a* e *b* já constavam do direito anterior (Emenda n. 1/69, art. 18, § 1º). Novidade, pois, é a referência ao ato cooperativo. Entretanto, nos termos em que está posta essa referência, pouco significativo é o texto constitucional. Realmente, ao prometer 'adequado' tratamento ao ato cooperativo, o constituinte nada concedeu [...].[124]

Contrapondo a doutrina em referência, os estudos feitos por Vittorio Cassone revelaram o seguinte:

> Quanto ao art. 146, III/c, pergunta-se-ia que adequação será essa, já que por adequado deve-se entender 'de conformidade', 'ajustado', 'exata correspondência' – com o Sistema Tributário Nacional, é claro!
>
> Contudo, considerando que nenhum dispositivo constitucional é inútil, nos parece que o Constituinte quis indicar ao legislador complementar para que o 'ato cooperativo' tenha de algum modo tratamento benéfico, único entendimento que reputamos cabível. Mas não há forma de viabilizar tal tratamento, se a lei complementar permanecer omissa.[125]

Fazendo menção a este entendimento, verbera Renato Lopes Becho, *verbis:*

---

124. FERREIRA FILHO, Manoel Gonçalves. *Comentários à Constituição Brasileira*. São Paulo: Saraiva, 1994, p. 96.

125. CASSONE, Vittorio. *Sistema tributário nacional na nova Constituição*. São Paulo: Atlas, 1989, p. 33.

> Aplaudimos o comentário, principalmente no que se refere ao tratamento benéfico, que também pensamos estar embutido no texto de nossa *Magna Carta*. Quanto ao mais, não é apenas ao Sistema Tributário Nacional que se deve adequar a tributação das cooperativas, mas também, e principalmente, a legislação tributária deve-se adequar, para essas associações, às suas peculiaridades, que, distinguindo-as das sociedades lucrativas, comerciais, mercantis, precisam de uma tributação diferenciada, *pelo princípio da igualdade*.
>
> A lei tributária precisa adequar-se, então, ao sistema jurídico-cooperativo.[126]

Não é fácil compreender o sentido e o alcance da expressão *adequado tratamento tributário*, principalmente porque o Direito somente regula o adequado e nunca o inadequado. Portanto, num primeiro momento convence a análise feita por Manoel Ferreira Gonçalves Filho, de que o *adequado* nada diz. Mas, quando nos debruçamos sobre o contexto do cooperativismo na Constituição Federal de 1988, percebemos a existência de outros dispositivos legais que tratam sobre esta matéria e que ajudam a interpretar a vontade o constituinte em dar adequado tratamento tributário.

Estamos nos referindo principalmente à redação do artigo 174, § 2º, da CF/88 o qual diz que "a lei apoiará e estimulará o cooperativismo e outras formas de associativismo".

Portanto, o adequado tratamento tributário deverá ser algo no sentido de apoiar a estimular o cooperativismo. Utilizar-se das mesmas políticas fiscais aplicáveis às sociedades empresárias em geral certamente não estará alcançando a pretensão do constituinte.

Outrossim, aproveitaremos o ensejo para também explorar o que exatamente representa para o Direito a previsão do parágrafo único do artigo 79 da Lei n. 5.764/71, quando estatui que o ato cooperativo não *implica operação de mercado, nem contrato de compra e venda de produto ou mercadoria*.

---

126. BECHO, *op. cit.*, 2005, p. 198.

4.1.1 Imunidade

Muito ainda se discute nos dias que correm acerca do sentido e do alcance da norma que dimana do artigo 146, III, c, da Constituição Federal, pois, certamente, o constituinte originário não conseguiu claramente transmitir no texto legislado a sua pretensão. Cabe, então, à hermenêutica jurídica, por meio de uma interpretação sistemática, compreender a norma e dar as respostas aguardadas pelas sociedades cooperativas.

Afinal de contas, a previsão do enunciado prescritivo em epígrafe, quando fala sobre o *adequado tratamento*, diz respeito a uma regra imunizante?

O sistema constitucional tributário vigente foi elaborado com riqueza de detalhes, onde o constituinte fez questão de esmiuçar diversos assuntos pertinentes à estrutura da tributação brasileira. Assim, as competências tributárias foram devidamente repartidas entre todos os entes da federação, os tributos foram todos adnumerados, de tal sorte que hoje não é possível a instituição de uma exação que não tenha expressa previsão no texto constitucional. Do mesmo modo, o constituinte, para determinadas pessoas, bens ou serviços, vedou a exigência de certos impostos, taxas ou contribuições sociais.

Este fenômeno jurídico é conhecido como imunidade tributária. Isto é, a própria Constituição Federal, interferindo diretamente nas regras de competência tributária dos entes políticos, retira-lhes parte da sua aptidão legislativa, em nome de alguns valores prestigiados pelo nosso ordenamento jurídico. Pautando-se sempre pelas lições do professor Paulo de Barros Carvalho, a imunidade tributária pode ser conceituada como uma regra de incompetência tributária, onde o ente político, apesar de ter recebido autorização da Carta Magna para criar os seus tributos, por outro lado também recebeu uma ordem de não atuação em certo campo exacional.

Ouçamo-lo:

> É imperioso que o núcleo deôntico do comando constitucional denuncie uma proibição inequívoca, dirigida aos legisladores infraconstitucionais e tolhendo-os no que tange à emissão de regras jurídicas instituidoras de tributos. O isolamento do núcleo de cada proposição normativa pressupõe o emprego do processo de formalização, pelo qual se caminha em busca das estruturas lógicas. E quando nos deparamos com a associação dos modais (VO) – proibido obrigar – teremos achado a afirmação ostensiva e peremptória de incompetência, justamente o contrário daquelas outras (PO) – permitido obrigar – que atribuem poderes para legislar. Daí falar-se em normas que estabelecem a incompetência.[127]

Na mesma toada segue Roque Antonio Carrazza:

> A imunidade tributária é um fenômeno de natureza constitucional. As normas constitucionais que, direta ou indiretamente, tratam do assunto fixam, por assim dizer, a incompetência das entidades tributantes para onerar, com exações, certas pessoas, seja em função de sua natureza jurídica, seja porque coligadas a determinados fatos, bens ou situações.[128]

A Constituição Federal não declara abertamente que certas pessoas, bens ou serviços serão imunes a alguma exação. Na verdade, ocorre que, pela interpretação constitucional das regras de competência tributária, depreende-se que o legislador ao dizer que a União, os Estados, os Municípios e o Distrito Federal não poderiam instituir e cobrar alguns tributos, acabou por estabelecer uma desoneração de observância obrigatória por todos os entes políticos.

Não há dúvida de que as imunidades compõem o campo de delimitação das competências tributárias, restringindo a atuação do legislador infraconstitucional, conforme explica Tácio Lacerda Gama, para quem as "imunidades

---

127. CARVALHO, op. cit., 2012a, p. 237-8.
128. CARRAZZA, op. cit., 2013, p. 814-5.

tributárias são proposições que compõem a norma de competência tributária restringindo um ou mais aspectos da sua materialidade".[129]

Nessa senda, a previsão contida no artigo 146, III, c, da Constituição Federal, que determina o adequado tratamento tributário ao ato cooperativo, efetivamente não se amolda ao conceito de imunidade, visto nas linhas acima. Por mais que a proposta inicial da Constituição Federal fosse garantir a imunidade, isso acabou não se concretizando, pois houve vedação, como nos conta Renato Lopes Becho, *verbis:*

> Especificamente sobre as cooperativas, em que pesem certas tentativas durante a Assembleia Nacional Constituinte que resultou no Texto de 1988 de as declarar imunes, conforme mencionado, o fato é que essas sociedades não foram contempladas pelo legislador constituinte originário com essa escolha. Em vão conseguiremos identificar na Constituição Federal uma norma de que imunize as cooperativas das exações tributárias de quaisquer ordens.[130]

Uma interpretação sistemática por mais forçosa que seja não dá ensanchas à assertiva de que o adequado tratamento tributário diga respeito a uma imunidade do ato cooperativo ou dos negócios em geral praticados pelas sociedades cooperativas. Como muito bem colocado no escólio transcrito logo acima, todas as vezes que o constituinte pretendeu desonerar a tributação foi expresso ao indicar tal condição, não deixando a cargo dos operadores do direito a missão de desmistificar a existência da imunidade.

Assim, inclusive, há muito tempo caminha o entendimento do Supremo Tribunal Federal, *verbis:*

> ICMS. Cooperativas de consumo. – Falta de prequestionamento da questão concernente ao artigo 5º, "caput", da Constituição

---

129. GAMA, Tácio Lacerda. *Competência tributária*: fundamentos para uma teoria da nulidade. 2. ed. São Paulo: Noeses, 2011, p. 253.

130. BECHO, *op. cit.*, 2005, p. 215.

Federal (súmulas 282 e 356). – A alegada ofensa ao artigo 150, I, da Carta Magna é indireta ou reflexa, não dando margem, assim, ao cabimento do recurso extraordinário. - Inexiste, no caso, ofensa ao artigo 146, III, "c", da Constituição, porquanto esse dispositivo constitucional não concedeu às cooperativas imunidade tributária, razão por que, enquanto não for promulgada a lei complementar a que ele alude, não se pode pretender que, com base na legislação local mencionada no aresto recorrido, não possa o Estado-membro, que tem competência concorrente em se tratando de direito tributário (artigo 24, I e § 3º, da Carta Magna), dar às Cooperativas o tratamento que julgar adequado, até porque tratamento adequado não significa necessariamente tratamento privilegiado. Recurso extraordinário não conhecido.[131]

Para se chegar à conclusão sobre a tributação das sociedades cooperativas é útil o uso dos estudos da Semiótica, mormente para se compreender que adequado tratamento tributário é uma situação jurídica diferente de ato cooperativo. Se os operadores do direito não forem capazes de compreender a estrutura sintática e semântica da redação do artigo 146, III, c, da Carta Magna, sempre haverá muita confusão sobre a matéria em apreço.

Não há na Carta Magna qualquer previsão de imunidade tributária para as sociedades cooperativas, como também não existe imunidade para o ato cooperativo, pois este não é o fim instituído pela expressão adequado tratamento tributário. Definitivamente, o adequado tratamento tributário não se revela como uma regra de imunidade. Todavia, não podemos negar o quanto a doutrina tem dificuldade para compreender o que isto é.

Por sua vez, a previsão do parágrafo único, art. 79, Lei n. 5.764/71, de que o ato cooperativo não "implica operação de mercado, nem contrato de compra e venda de produto ou mercadoria", seria uma imunidade?

---

131. Supremo Tribunal Federal. RECURSO EXTRAORDINÁRIO n. RE 141800 / SP - SÃO PAULO. Relator(a): Min. MOREIRA ALVES. Órgão Julgador: Primeira Turma. Julgamento: 01/04/1997. Publicação DJ de 03-10-1997 PP-49239 EMENT VOL-01885-02 PP-00379.

Mantendo a coerência do raciocínio desenvolvido nas linhas acima, absolutamente refutável a ideia de que a determinação do parágrafo único do artigo 79 da Lei Geral do Cooperativismo, faça alusão ao ato cooperativo como uma regra de imunidade. Isto porque, vale recordar, as imunidades estão presentes no altiplano no sistema jurídico brasileiro, e o ato cooperativo é definido por legislação infraconstitucional.

4.1.2 Isenção

Ao contrário do que foi visto acima, quando tratamos a respeito da imunidade tributária, a isenção não está consagrada no topo do nosso ordenamento jurídico, isto é, na Carta Magna. Os entes políticos receberam do poder constituinte originário a aptidão para plenamente legislar em matéria tributária quanto àqueles tributos que lhe foram outorgados e, dentro deste contexto, que se enquadra a isenção.

Sendo assim, a isenção não é uma regra de observância obrigatória, tal como é a imunidade. Antes de qualquer coisa, a isenção se revela como uma faculdade do legislador ordinário, o qual pode dar e retirar esta desoneração da carga tributária dos sujeitos passivos da relação obrigacional. O próprio Código Tributário Nacional se antecipa e diz que a isenção não constitui direito adquirido (art. 179, § 2º), ou seja, realmente os entes políticos têm liberdade para concedê-la e revogá-la, respeitando-se, evidentemente, algumas exceções legais.

Somente se pode afirmar que a isenção tributária está prevista implicitamente na Constituição Federal se a correlação estiver sendo feita com a estrutura das competências impositivas. Quem tem competência para dar, também pode tirar. Assim, a isenção somente se trataria de um tema constitucional se for por via reflexa, isto é, pela interpretação do campo das competências tributárias. Não sendo neste sentido, a isenção pertence ao plano infraconstitucional, onde cada entre político adota a postura que lhe convier para a concessão ou revogação, seja de qualquer tributo que lhe estiver afeto.

O conceito de isenção nunca foi assunto de fácil conclusão. A doutrina tradicional de Rubens Gomes de Souza e Amílcar de Araújo Falcão afirma que se trata de uma *dispensa legal do pagamento do tributo*. Por seu turno, o professor Souto Maior Borges, calcado nas lições de Alfredo Augusto Becker, sustentou que a isenção é uma *hipótese de não incidência tributária, legalmente qualificada*.[132] Não se caminhará no debate das divergências doutrinárias sobre o conceito de isenção, pois não é o objeto pretendido no momento.

Lastreado no escólio de Paulo de Barros Carvalho, parte-se do conceito de que a isenção é uma regra de estrutura, onde um enunciado prescritivo (isentivo) atua sobre outro enunciado prescritivo (incidência), de maneira que este último fica inibido de desencadear parte dos seus efeitos jurídicos. A norma jurídica de isenção atinge diretamente parte da estrutura da regra-matriz de incidência tributária, seja pela hipótese normativa, seja pelo consequente, de maneira a neutralizar o desencadeamento da tributação sobre determinados fatos, sujeitos passivos etc.

Esclarecedora é a lição de Paulo de Barros Carvalho, *verbis:*

> As normas de isenção pertencem à classe das regras de estrutura, que intrometem modificações no âmbito da regra-matriz de incidência tributária. Guardando sua autonomia normativa, a norma de isenção atua sobre a regra-matriz de incidência tributária, investindo contra um ou mais critérios de sua estrutura, mutilando-os, parcialmente. Com efeito, trata-se de encontro de duas normas jurídicas que tem por resultado a inibição da incidência da hipótese tributária sobre os eventos abstratamente qualificados pelo preceito isentivo, ou tolhe sua consequência, comprometendo-lhe os efeitos prescritivos da conduta. Se o fato é isento, sobre ele não se opera a incidência e, portanto, não há que se falar em fato jurídico tributário, tampouco em obrigação tributária. E se a isenção se der pelo consequente, a ocorrência fática encontrar-se-á inibida juridicamente, já que sua eficácia não poderá irradiar-se.[133]

---

132. CARRAZZA, *op. cit.*, 2013, p. 989-990.
133. CARVALHO, *op. cit.*, 2008, p. 521.

Decididamente, a Carta Magna não cria tributos, mas apenas estabelece as competências tributárias, estabelecendo quais são os tributos que estão suscetíveis de serem dispostos pelos entes políticos. Estes, no exercício da derivação legislativa, devem observar o arquétipo constitucional de cada espécie tributária, para que regularmente discipline cada exação, determinando a incidência tributária, como também, a desoneração, por meio da isenção.

Feitas estas considerações, a primeira impressão que se tem é que o artigo 146, III, c, da Constituição Federal não trata de uma isenção, quando fala sobre o *adequado tratamento tributário*. Primeiro, porque as isenções não pertencem ao campo normativo constitucional, a não ser por via reflexa, como visto alhures. Segundo, porque se a regra instituída no preceito normativo em observação estabelecesse uma desoneração tributária, a questão deveria ser tratada no plano das imunidades, o que não é, conforme já foi estudado.

Diz Renato Lopes Becho que:

> O adequado, de início, também não é veículo de isenção tributária. Essa, como vimos, é a redução de algum dos critérios da regra-matriz tributária, realizada por legislação infraconstitucional. Não há sentido em a Constituição prever hipoteticamente uma isenção para as sociedades cooperativas. Se o tivesse feito, seria uma imunidade. Cada ente tributante, em querendo, determinará a isenção para a cooperativa ou para o ato cooperativo como melhor lhe aprouver.[134]

Entretanto, o entendimento de Celso Bastos é de que o artigo 146, III, c, da Constituição Federal outorga isenção tributária às cooperativas, senão vejamos:

> Por adequado tratamento deve-se entender a outorga de isenções tributárias para os casos em que a cooperativa atua dentro dos seus objetivos, levando-se em conta que é o propósito constitucional o apoio ao cooperativismo. Tomando-se em

---

134. BECHO, *op. cit.*, 2005, p. 216.

consideração que na atividade especulativa [sic!] não há espírito de lucratividade, conjugado com o mandamento que ordena conferir um tratamento adequado, tributariamente falando, ao ato cooperativo, tudo isso parece conduzir à inevitável conclusão de que a outorga de isenções em benefício destas entidades é a forma que melhor preenche o desiderato constitucional.[135]

Compulsando as doutrinas específicas de Direito Tributário, também encontramos em alguns doutrinadores a defesa de que existe no seio da Carta Magna a outorga de isenções tributárias, senão vejamos o que diz Roque Antonio Carrazza, *verbis*:

> As isenções tributárias também podem ser concedidas por meio de lei complementar, nos termos do art. 156, § 3º, II, d CF. Este é, atualmente, o único caso em que nosso ordenamento jurídico admite *isenções heterônomas*, isto é, isenções concedidas por pessoa diversa daquela que tem competência constitucional para instituir o tributo. Relembramos que, de regra, as isenções são *autônomas*, conforme se infere da só leitura do artigo 151, III, da Carta Magna ('é vedado à União instituir isenções de tributos da competência dos Estados, do Distrito Federal ou dos Municípios').
>
> De acordo com o supramencionado art. 156, § 3º, II, da Carta Magna, a União, por meio de lei complementar, pode conceder isenções de ISS sobre serviços prestados a destinatários no exterior.[136]

No mesmo sentido, sustenta Francisco Gilney Bezerra de Carvalho Ferreira:

> A Carta Magna, assim, abriu possibilidade de que lei complementar federal viesse estabelecer isenção de ISS incidente sobre serviços para o exterior. Trata-se mesmo de hipótese de isenção heterônoma. O art. 2º, I, da LC nº 116/03 trata sobre a referida

---

135. BASTOS, Celso; MARTINS, Ives Gandra da Silva. *Comentários à Constituição do Brasil*. São Paulo: Saraiva, 1989, p. 122. Com toda a *vênia*, discorda-se do autor unicamente quanto à ideia de que a isenção se opera sobre o ato cooperativo. Como será analisado adiante, no tópico da não incidência, admitir este raciocínio seria "chover no molhado".

136. CARRAZZA, *op. cit.*, 2013, p. 1008.

isenção. Ressalte-se, contudo, que nesse caso, a rigor, não seria uma espécie de isenção heterônoma propriamente dita, como uma invasão de um ente federativo na competência do outro, de forma afrontosa à forma federativa, até porque essa possibilidade foi estabelecida pela Constituição Federal, quer dizer, a lei complementar nada mais fez do que regulamentar o disposto.[137]

Importante anotar que no artigo 156, § 3º, II, da Constituição Federal, com todo o respeito aos doutrinadores acima referidos, não existe propriamente uma concessão de isenção. Caso o próprio constituinte houvesse desonerado a incidência do ISS sobre os serviços prestados a destinatário no exterior, estaríamos diante de inegável imunidade tributária. Ocorre que o legislador superior apenas autorizou que a lei complementar, de competência do Congresso Nacional, discipline a não cobrança de ISS sobre os referidos negócios.

Vejamos a colocação feita por Roque Antonio Carrazza sobre este ponto:

> As isenções tributárias podem ser concedidas: a) por lei ordinária; b) <u>por lei complementar</u>; c) por tratado internacional, devidamente aprovado, ratificado e promulgado; e d) por decreto legislativo estadual ou do Distrito Federal, em matéria de ICMS. (grifo nosso).[138]

Existe, então, uma autorização constitucional para que o legislador complementar disponha sobre a outorga de isenção do imposto sobre serviços prestados a destinatários no exterior. E foi o que de fato aconteceu. A Lei Complementar n. 116/03, pelo artigo 2º, inciso I, impôs que "as exportações de serviços para o exterior do País" estão isentas do ISSQN. A iniciativa do Congresso Nacional em outorgar a isenção tributária decorre de uma permissão constitucional. Acaso não

---

137. FERREIRA, Francisco Gilney Bezerra de Carvalho. Do instituto das isenções heterônomas. *Jus Navigandi*, Teresina, ano 17, n. 3248, 23 maio 2012. Disponível em: <http://jus.com.br/artigos/21833>. Acesso em: 19 nov. 2014. Leia mais: http://jus.com.br/artigos/21833/do-instituto-das-isencoes-heteronomas#ixzz3JYv1kAnv.

138. CARRAZZA, *op. cit.*, 2013, p. 1001.

houvesse esta autorização, daí sim, poderíamos dizer que o caso seria de isenção heterônoma, o que é vedado pelo sistema constitucional tributário.

Quando a Constituição Federal atua na demarcação das competências tributárias, tal qual no caso do ISSQN, em razão dos serviços prestados a destinatários no exterior, prevendo a possibilidade da edição de uma lei complementar outorgando isenção ao contribuinte, certamente o caso não é de isenção, pois na CF/88 somente nos deparamos com regras de imunidade.

Também não é caso de isenção heterônoma, pois para a configuração desta precisaria a União, enquanto ente federal, atuar no campo impositivo dos demais entes políticos, sem qualquer permissão do constituinte, com a finalidade de restringir suas competências tributárias.

Não é o que ocorre no caso do artigo 156, § 3º, II, da Carta Magna. Este enunciado prescritivo deve ser interpretado conjuntamente com o artigo 146, da CF/88, que dispõe sobre as normas gerais de direito tributário. De tudo quando visto acima, podemos dizer que existe no seio da Constituição Federal uma autorização para que a lei complementar, de competência do Congresso Nacional, conceda isenções na prestação de serviços com destinatário localizados no exterior.

O que se pretende demonstrar com este argumento é que se há abertura na Carta Magna autorizando o legislador complementar a outorgar isenções, no caso do artigo 156, § 3º, II, não podem os Municípios alegar violação à suas competências tributárias, pois, repita-se, por corolário, foi o próprio constituinte que assim o determinou. É cediço que as competências tributárias estão desenhadas na Carta Magna, não sendo absoluta a atuação dos entes políticos, seja por força das imunidades ou pela autorização de concessão de isenção por meio de lei complementar.

O caso é elucidado por Fernando Augusto Ferrante Poças, *verbis:*

> Poder-se-ia argumentar que os dispositivos inseridos pela Emenda Constitucional n. 37/02 não seriam compatíveis com a disposição contida no artigo 151, inciso III, da Constituição Federal, o qual determina ser vedado à União instituir isenções de tributos que sejam de competência dos Estados ou dos Municípios.
>
> Nosso entendimento, porém, não é nesse sentido, uma vez que o comando previsto no artigo 151, inciso III, da CF/88 destina-se à União como órgão federativo de ordem jurídica parcial.
>
> Já as disposições contidas no artigo 156, parágrafo 3°, incisos II e III, da CF/88 permitem à lei complementar, como instrumento normativo da ordem jurídica nacional, prever a exclusão do ISS sobre as exportações de serviços, bem como regular a forma pela qual os benefícios serão concedidos nessa matéria.[139]

Voltando, então, ao ponto que realmente nos interessa neste momento, talvez o mais correto seja qualificar a expressão *adequado tratamento tributário* como uma autorização do constituinte ao legislador complementar para conceder isenção. Todavia, esta isenção não será do ato cooperativo, mas sim, destina-se à sociedade cooperativa, a qual não pratica somente atos de cooperação, senão está autorizada a realizar outros negócios jurídicos.

Esta isenção a ser disposta por lei complementar, na condição de norma geral de direito tributário, não implica afronta à repartição de competências tributárias, pois, tal como ocorre no artigo 156, 3°, II, da Carta Magna, foi o próprio constituinte quem autorizou. Mas, também, esta isenção não pode ser do *ato cooperativo*, pois, como será visto adiante com maior detença, o ato cooperativo é uma hipótese de não incidência tributária. Em outras palavras, dar isenção à situação que não incide tributo é "chover no molhado".

Com efeito, valendo-se da interpretação sistemática e da teleologia, o artigo 146, III, c, deve ser analisado com o artigo 174, § 2°, ambos da Carta Magna, além dos princípios constitucionais. Tendo em vista que a pretensão do constituinte foi dar

---

139. POÇAS, Fernando Augusto Ferrante. *Imposto sobre serviços*: de acordo com a Lei Complementar n. 116/03. São Paulo: Quartier Latin, 2004, p. 50.

apoio e estímulo ao cooperativismo, dar *adequado tratamento tributário* a algo que não faz irromper no mundo fenomênico um fato suscetível de tributação, que é o ato cooperativo, somente se pode concluir que este *adequado tratamento* é uma autorização ao legislador complementar para outorgar isenções às sociedades cooperativas.

Vale insistir no assunto. Se ato cooperativo não é uma hipótese de incidência tributária é totalmente inócuo dar *adequado tratamento* a uma situação que nunca faz nascer obrigação tributária. Voltamos a repetir que não existe nada sem sentido na Carta Magna. Tudo tem um fim específico, bastando que o intérprete extraia ao máximo a intenção do Texto Maior. Não sendo lógico dar *adequado tratamento* a uma situação de não incidência, a alternativa é partir para outras análises.

Somente parece ter coerência dar *adequado tratamento tributário* a situações que possam realmente fazer nascer um vínculo jurídico-tributário. Assim, levando em consideração que as sociedades cooperativas realizam diversos negócios, não somente atos cooperativos, o legislador complementar está autorizado a conceder isenções sobre diversas situações, como, por exemplo, sobre o seu patrimônio, os negócios realizados com não associados, entre inúmeras outras situações vivenciadas por estas sociedades no seu dia a dia.

O artigo 146, III, c, manda dar *adequado tratamento tributário*. Por seu turno, o artigo 174, § 2º, impõe o apoio e estímulo ao cooperativismo. Esta palavra – cooperativismo – abrange não somente a prática de atos cooperativos. Sobretudo, diz respeito a todo o movimento engendrado por certos grupos de pessoas à consecução do bem comum, ou seja, a formação de sociedades cooperativas e a prática de atos cooperativos. O cooperativismo representa o todo, enquanto ato cooperativo é uma parcela da sua acepção.

Colhe-se da Nova Enciclopédia Barsa que:

> Cooperativismo é a doutrina que preconiza a colaboração e a associação de pessoas ou grupos com os mesmos interesses, a fim de obter vantagens comuns em suas atividades econômicas. O associativismo cooperativista tem por fundamento o progresso social da cooperação e do auxílio mútuo segundo o qual aqueles que se encontram na mesma situação desvantajosa de competição conseguem, pela soma de esforços, garantir a sobrevivência. Como fato econômico, o cooperativismo atua no sentido de reduzir os custos de produção, obter melhores condições de prazo e preço, edificar instalações de uso comum, enfim, interferir no sistema em vigor à procura de alternativas a seus métodos e soluções.[140]

Para De Plácido e Silva, *verbis:*

> Cooperativismo. Derivado do mesmo modo que *cooperativa,* do latim, *cooperare,* é aplicado para designar o sistema econômico que se funda nas *cooperativas,* em virtude do qual se estabelecem os princípios coordenadores, disciplinadores e promotores da maior amplitude das organizações, que se propõem, pela cooperação, a dar mais satisfatórios resultados aos objetivos das mesmas cooperativas.
>
> Nessa razão, o *cooperativismo* assinala o sistema econômico fundado na *cooperação,* que, com a mesma significação de *cooperar,* de que se deriva, mostra a maneira por que o cooperativismo se realiza pela congregação de várias pessoas no sentido de estabelecer a sociedade, que vem tratar e defender os seus interesses econômicos, seja na forma de trabalho, de comércio ou de indústria, em sentido estrito, ou mesmo para a ordem moral ou cultural, tais como se anotam na cooperativa editorial ou de fomento cultural.[141]

O *adequado tratamento tributário* deve ser dado às sociedades cooperativas, as quais a Constituição Federal determina o apoio e estímulo, que pode ser por meio de isenções, a serem regulamentadas pela lei complementar de competência do Congresso Nacional, não fazendo qualquer sentido tratar adequadamente o ato cooperativo, já que este não é suscetível à tributação.

---

140. *"Cooperativismo" (em português). Nova Enciclopédia Barsa. São Paulo: Encyclopaedia Britannica do Brasil Publicações, 1998, p. 399.*

141. SILVA, *op. cit.,* p. 385.

Para fugir do problema das isenções heterônomas, sustentamos que o *adequado tratamento tributário* das sociedades cooperativas é uma isenção nacional, como bem explica Clélio Chiesa, *in verbis:*

> A distinção entre o produto decorrente da atuação do Congresso Nacional, como órgão legislativo da União e do Estado brasileiro, é importante à medida que o efeito vinculante dos diplomas normativos produzidos são diferentes. Vale dizer, as leis nacionais obrigam a todos, União, Estados, Distrito Federal e Municípios, enquanto as leis federais obrigam somente a União e seus subordinados.
>
> Nesse passo, não se pode pretender restringir o alcance das leis nacionais mediante a invocação do princípio federativo e da autonomia dos municípios, pois não é a União, ordem jurídica parcial, que está normatizando, mas o Congresso Nacional, na qualidade de órgão legislativo do Estado brasileiro.
>
> Por isso, à faculdade atribuída ao Estado brasileiro para desonerar da tributação, por meio de leis infraconstitucionais, denomina-se isenções nacionais. Denomina-se, assim, essa faculdade para diferençá-la das isenções heterônomas, as quais eram concedidas pela União (ordem jurídica parcial), sobre tributos alheios à sua competência. Nas isenções nacionais não há que se falar na concessão de isenção de tributo de competência alheia, mas trata-se do Estado brasileiro intervindo na ação de tributar, com o objetivo de atender determinado interesse nacional.[142]

Entretanto, esta isenção não é uma garantia incondicional das sociedades cooperativas, tampouco quer dizer que todos os tributos incidentes sobre quaisquer negócios devem ser isentados pela lei complementar, sobretudo que todas as cooperativas devem receber as mesmas benesses. Prudência e equilíbrio devem tomar conta do trabalho legiferante. A ideia é que a legislação complementar, de maneira dosada, conceda algumas isenções às sociedades cooperativas, averiguando as peculiaridades de cada uma, visando apoiá-las e estimulá-las.

---

142. CHIESA, Clélio. *A competência tributária do Estado brasileiro*: desonerações nacionais e imunidades condicionadas. São Paulo: Max Limonad, 2002, p. 66.

Com efeito, pode a lei complementar isentar alguns bens das sociedades cooperativas da incidência do IPTU, do IPVA, entre outros casos.

Assim, as sociedades cooperativas podem ser prestigiadas pelo legislador complementar com a redução de determinadas cargas tributárias. O importante é não perder de vista que este adequado tratamento tributário (146, III, c, CF/88) somente ganhará sentido se analisado conjuntamente ao apoio e estímulo ao cooperativismo (174, § 2º, CF/88), aliado, ainda, ao princípio da igualdade tributária e da capacidade contributiva.

A título de exemplo, a contribuição previdenciária adicional de 2,5%, veiculada pelo artigo 22, § 1º, da Lei n. 8.212/90, exigida das instituições financeiras, seguradoras, entre outras sociedades empresárias, inclusive das cooperativas de crédito, incide em razão de um ato que não é cooperativo (negócios-auxiliares), mas pode perfeitamente ser isentada em atenção aos preceitos constitucionais cooperativistas.

Sendo assim, *adequado* realmente não é propriamente uma isenção, pois, por estar no altiplano do sistema jurídico brasileiro, deveria então ser imunidade, o que também não é, como já analisado. *Adequado tratamento tributário* é uma autorização constitucional ao legislador complementar para que dê um tratamento ajustado às cooperativas, levando-se em conta as peculiaridades deste modelo societário, sendo que isso pode ocorrer por meio de isenções, mas não necessariamente somente por meio disso.

Adequado representa uma aspiração de natureza ampla, onde o legislador complementar está autorizado a realizar o que for preciso para se ter uma política fiscal coerente, ajustada, equilibrada, que respeita as diversidades do cooperativismo em relação às sociedades mercantis. Dentro deste contexto, a lei complementar está autorizada a conceder isenções.

Importante frisar que a pretensão da Carta Magna não é liberar as cooperativas de toda e qualquer carga tributária.

Muito pelo contrário, existem diversos negócios praticados por elas que devem ser tributados, porém, algumas situações devem ser sopesadas pela lei complementar.

Não obstante as afirmações acima, devemos considerar que cada ente político, no uso da sua competência tributária, não precisa aguardar qualquer lei complementar de autoria do Congresso Nacional para implantar no âmbito dos seus respectivos territórios uma política fiscal adequada ao modelo cooperativista.

Por fim, quanto à previsão do parágrafo único do artigo 79 da Lei Geral do Cooperativismo, ao impor que o ato cooperativo não implica operação de mercado, nem contrato de compra e venda de produto ou mercadoria, foi concedida uma isenção tributária? Bem, quanto a isto, vários pontos devem ser analisados antes que se chegue a qualquer resposta.

Partimos primeiro da análise de que a Constituição Federal de 1988 traçou de forma minudente as competências impositivas de cada ente político, não havendo a possibilidade de um se imiscuir na esfera do outro, sem que isso acarrete uma inconstitucionalidade. Neste aspecto, a repartição privativa de competências foi rigorosa.

O ente político detentor da competência impositiva também possui a competência desonerativa. Assim, é certo que, fora os casos de isenções nacionais, somente o ente político que criou em abstrato o tributo que lhe compete poderá estabelecer uma isenção. Foi-se o tempo em que a União Federal, na condição de ente federado, podia atuar diretamente nos impostos de outros entes políticos para conceder isenções, conhecidas como heterônomas.

A Constituição Federal de 1967 previa no artigo 19, § 2º, que "*a* União Federal, mediante Lei Complementar e atendendo relevante interesse social e econômico nacional, poderá conceder isenções de impostos estaduais e municipais". Com o advento da Constituição Federal de 1988 esta previsão foi totalmente revogada, como nos conta Clélio Chiesa, *in verbis:*

Com o advento da Constituição de 1988, tal faculdade foi eliminada da ordem jurídica, ficando expressamente vedado no art. 151, III, à União instituir isenções de tributos da competência dos Estados-membros, do Distrito Federal e dos Municípios. Não há, portanto, sob a égide da Constituição atual, a possibilidade da instituição de isenções heterônomas, mas somente as autônomas, concedidas pela pessoa política titular da competência para criar o tributo atingido pela isenção, e as isenções a serem concedidas pelo Estado brasileiro em situações excepcionais.[143]

Entrementes, não podemos nos olvidar que a Lei Geral do Cooperativismo foi editada no ano de 1971, portanto, sob a égide da Constituição Federal de 1967. Apesar disso, não se pode dizer que a intenção do legislador ordinário foi conceder uma isenção. Primeiro, porque não houve a edição de Lei Complementar, conforme exigia o revogado artigo 19, § 2º, da CF/67. Segundo, porque a isenção era unicamente para impostos estaduais e municipais e o parágrafo único do artigo 79 da Lei n. 5.764/71 nada dispõe sobre isso. Terceiro e não menos importante, pela própria interpretação do parágrafo único do artigo 79, não sobressai qualquer evidência de tentativa de concessão de isenção, mas simplesmente a intenção do legislador de demarcar a repercussão do ato cooperativo dentro do ordenamento jurídico.

Portanto, a definição do parágrafo único do art. 79 da Lei n. 5.764/71 não diz respeito a uma isenção. Simplesmente a intenção do legislador foi determinar a característica essencial do ato cooperativo.

4.1.3 Não incidência

Nem tudo o que ocorre em nossas vidas interessa para o Direito. Acordar de manhã cedo, escovar ou não os dentes, tomar ou não café da manhã, entre tantas outras tarefas que realizamos em nosso dia a dia, não repercutem em absolutamente nada na esfera jurídica. Como já tivemos a oportunidade de

---

143. CHIESA, *op. cit.*, p. 64.

expressar em passagem anterior deste trabalho, o Direito se ocupa de parte dos acontecimentos que são vivenciados pelos indivíduos e, mais notadamente, daqueles que repercutem entre duas ou mais pessoas. Estão totalmente fora do campo normativo as condutas intrassubjetivas.

Como tudo no Direito possui vasta possibilidade de ambiguidade, o mesmo se dá com a expressão fato jurídico. Ora, podemos falar daquele fato previsto no antecedente normativo da regra-matriz de incidência tributária, outrora podemos aludir ao fato desencadeado pelo indivíduo e que adentrou ao sistema jurídico. Portanto, o fato jurídico pode estar representado tanto abstratamente pela norma geral, como pode estar individualizado pela norma concreta.

De uma forma ou de outra, o fato jurídico se diferencia dos demais fatos justamente por ter o adjetivo de jurídico. Ou seja, somente será fato jurídico, abstrato e geral, individual ou concreto, se houver expressa previsão nas referidas normas jurídicas. Isto o diferencia dos fatos sociais, dos fatos econômicos, dos fatos contábeis. A partir de um mesmo fato é possível construir inúmeras realidades. É permitido usar um fato para dar denotação jurídica, como também é correto utilizá-lo para dar feição econômica ou, talvez, política.

Para Pontes de Miranda:

> Com a incidência da regra jurídica, o suporte fático, colorido por ela (= juridicizado), entra no mundo jurídico. A técnica do direito tem como um dos seus expedientes fundamentais, e o primeiro de todos, esse, que é o de distinguir, no mundo dos fatos, os fatos que não interessam ao direito e os fatos jurídicos, que formam o mundo jurídico; donde dizer-se que, com a incidência da regra jurídica sobre o suporte fático, esse entra no mundo jurídico.[144]

---

144. MIRANDA, Pontes de. *Tratado de Direito Privado*. 4. ed. 2. tir. São Paulo: Revista dos Tribunais, 1983, p. 74-5.

Importa observar que o recorte feito pelo legislador no mundo social acaba delimitando os contornos dos fatos que serão ou não jurídicos.

Compulsando a obra de Aurora Tomazini de Carvalho encontramos profícua exposição sobre a ambiguidade da expressão 'fato jurídico', senão vejamos:

> A expressão "fato jurídico", como tantas outras, padece do problema da ambiguidade inerente aos signos. Se observarmos seu uso, tanto a doutrina, como na legislação e na jurisprudência, verificamos seu emprego, de forma reiterada, para designar, pelo menos, três realidades distintas: (i) a descrição hipotética presente nos textos jurídicos; (ii) a verificação concreta do acontecimento a que se refere tal hipótese; e (iii) o relato em linguagem jurídica de tal ocorrência.[145]

Dessarte, o uso da expressão fato jurídico pode ser feito em sentido amplo ou em sentido estrito e não se confunde com o evento. Este faz menção à ocorrência de um acontecimento qualquer no mundo real, entretanto, como não foi relatado em linguagem, não chegou a se tornar um fato, social ou jurídico. Na teoria difundida por Paulo de Barros Carvalho, acompanhada por Fabiana Del Padre Tomé, Aurora Tomazini de Carvalho, entre outros juristas, um simples acontecimento, enquanto não vertido em linguagem, não passa de mero evento.

O evento é um acontecimento no mundo fenomênico, que as pessoas não conseguem tocá-lo. O que se pode fazer é apenas relatá-lo, tal como ocorrido, pelo uso da língua, baseado na teoria da prova. Entrementes, é interessante anotar que nem todos os juristas fazem esta distinção entre fato e evento.

No escólio de Fabiana Del Padre Tomé constata-se a seguinte situação:

---

145. CARVALHO, *op. cit.*, 2009, p. 534.

> Para movimentar as estruturas do direito, aplicando normas gerais e abstratas e delas sacando novas normas, é preciso conhecer o fato. Para relatar algo, é preciso ter acesso a ele. Mas, como já anotamos, conhecido o evento, não há como entrar em contato direto com ele, pois se esvai no tempo e no espaço. Sobram, apenas, vestígios marcas deixadas por aquele evento, as quais servem como base para construção do fato jurídico e adequado desenvolvimento do processo de positivação.[146]

Não é qualquer fato que pode ser qualificado de jurídico. Tão somente aqueles que estiverem previstos no campo material da regra-matriz de incidência tributária que recebem este atributo. Não sobejam dúvidas que o Direito somente se atenta para parte dos acontecimentos sociais, não havendo regulamentação sobre muitas coisas, as quais o legislador entende como despicienda ou porque ainda não houve interesse político. Este recorte feito nos acontecimentos sociais e que são juridicizados é que chamamos fato jurídico.

Não obstante, como tudo no Direito sofre de forte carga de ambiguidade, com a expressão "fato jurídico" não poderia ser diferente. Podemos falar em fato jurídico e aludir unicamente àquela hipótese descrita no antecedente da regra-matriz de incidência tributária, isto é, fato jurídico geral e abstrato. Como visto, a lei descreve em seu corpo um fato que, caso vier a ser concretizado no plano da realidade social, desencadeará a repercussão jurídica correlata. Este fato jurídico é *lato sensu*.

Para que se chegue ao fato jurídico *stricto sensu* não há como fugir da teoria da prova, pois é por ela que se torna possível relatar a ocorrência de um determinado evento, seja por meio de indícios ou qualquer outro mecanismo admitido pelo próprio direito positivo.

O aplicador do Direito não consegue tocar o evento, pois este sempre se esvai no espaço e no tempo, mas é possível pela técnica apropriada reproduzir o evento e transformá-lo

---

146. TOMÉ, *op. cit.*, p. 35.

num fato. Este fato ganhará repercussão jurídica a partir do momento em que houver prova suficiente da sua ocorrência e for expedida a norma individual e concreta. Portanto, quando o aplicador do direito individualiza as condutas e concretiza o direito, ele construiu o fato jurídico *stricto sensu*.

Eis o entendimento de Paulo de Barros Carvalho:

> Realizado o acontecimento do evento previsto na hipótese de incidência e constituído o fato pela linguagem competente, propaga-se o efeito jurídico próprio, instalando-se o liame mediante o qual uma pessoa, sujeito ativo, terá o direito subjetivo de exigir de outra, sujeito passivo, o cumprimento de determinada prestação pecuniária. Eis a fenomenologia da incidência tributária. Esta requer, por um lado, norma jurídica válida e vigente; por outro lado, a realização do evento juridicamente vertido em linguagem que o sistema indique como própria e adequada. Estaremos diante de não incidência, portanto, sempre que algum desses elementos não estiver presente.[147]

O adequado tratamento tributário não é uma imunidade, tampouco propriamente uma isenção, mas sim, uma autorização do constituinte para que o legislador complementar possa em determinados casos instituir isenções nacionais que venham a apoiar e estimular o cooperativismo. Descartamos a ideia que o *adequado tratamento* possa ser uma não incidência tributária, eis que, na linha do pensamento desenvolvido neste trabalho, acabaria por gerar uma total falta de tributação das sociedades cooperativas, o que não é verdade.

De acordo com Renato Lopes Becho:

> Consideramos não incidência a ausência de norma legal que considere um evento como de interesse para o Direito Tributário. Melhor dizendo, não incidência significa que não há lei que considere um dado acontecimento como passível de tributação. Seguindo a terminologia apresentada no subtítulo antecedente, estaremos frente a uma não incidência quando uma certa materialidade, que descreve um acontecimento do mundo real, não for utilizada pelo legislador como apta a fazer nascer a relação

---

147. CARVALHO, *op. cit.*, 2008, p. 654.

tributária. Se um materialidade, se um verbo e seu complemento não forem descritos em uma lei como geradores de um dever de recolher tributo aos cofres públicos, estaremos diante de uma não incidência em matéria tributária.[148]

Por sua vez, o parágrafo único do artigo 79 da Lei n. 5.764/71 é uma situação de não incidência. Este comando normativo expressa claramente a própria essência do ato cooperativo, ao dizer que não se trata de operação de mercado, contrato de compra e venda de produtos e mercadorias. A bem da verdade, não precisava o legislador ter sustentado o óbvio. Não seria possível agir de outra maneira, pois, acaso o ato cooperativo fosse considerado como operação de mercado, contrato de compra e venda de produtos e mercadorias, as cooperativas seriam enterradas, para nunca mais existirem no Brasil.

Devemos compreender que nem toda circulação econômica ou de riquezas é passível de imputação tributária. Podemos perfeitamente utilizar como exemplo o imposto sobre a renda das pessoas físicas. Segundo o arquétipo constitucional, o referido imposto somente incidirá sobre aquilo que for considerado renda, uma riqueza nova que acarreta um acréscimo patrimonial à pessoa, decorrente do seu trabalho ou patrimônio. Portanto, não são quaisquer valores que circulam na pessoa física que autorizam a incidência desta exação.

Temos claro quanto a isso as indenizações por danos morais. Por mais que estas indenizações possam representar um acréscimo patrimonial à pessoa física, certamente não se amoldam ao conceito de renda, conforme já pacificado pelo Superior Tribunal de Justiça ao editar a Súmula n. 498: "não incide imposto de renda sobre a indenização por danos morais".[149] Com isso, torna-se possível enxergar que não são todos os fatos que ocorrem em nossas vidas que estão aptos a desencadear a tributação.

---

148. BECHO, op. cit., 2005, p. 207.

149. Superior Tribunal de Justiça. Órgão julgador S1 - PRIMEIRA SEÇÃO. Data do julgamento 08/08/2012. Data da publicação DJe 13/08/2012. Fonte RSTJ vol. 227 p. 957.

Neste diapasão está o ato cooperativo. Por mais que as cooperativas circulem riquezas, seja por meio da transferência de mercadorias ou prestação de serviços aos seus cooperados, isto é, atuam no mercado fomentando a economia, não se pode dizer que estes atos estão submetidos à incidência tributária, eis que não são suficientes para que haja a subsunção, consoante determina o artigo 114 do Código Tributário Nacional.[150]

A jurisprudência do Superior Tribunal de Justiça acolhe o entendimento de que os atos cooperativos não são situações suficientes para fazer nascer uma relação jurídica de Direito Tributário, senão vejamos:

> TRIBUTÁRIO. AGRAVO REGIMENTAL NO AGRAVO DE INSTRUMENTO. COFINS. COOPERATIVA MÉDICA. ATO NÃO-COOPERATIVO. TERCEIROS NÃO ASSOCIADOS. EXIGIBILIDADE. ACÓRDÃO ASSENTADO EM MATÉRIA DE PROVA. SÚMULA 7/STJ. 1. Os argumentos tecidos pela recorrente em sua peça regimental não se mostram capazes de infirmar os fundamentos da decisão agravada, apenas demonstram mero inconformismo com o resultado do julgado impugnado. 2. A jurisprudência assente do STJ é no sentido de que apenas os atos praticados nos termos encartados no art. 79 da Lei n. 5.764/71, ou seja, os tipicamente cooperativos, é que gozam do benefício da não incidência tributária. Nos demais casos, ou seja, nas operações/intermediações realizadas por sociedades cooperativas médicas a terceiros não cooperados ou não associados, a tributação é realizada normalmente. 3. No caso, o aresto a quo concluiu pela natureza não cooperativa dos serviços celebrados pela Cooperativa de Trabalho Médicos com terceiros não associados. Tal premissa não pode ser desconstituída por demandar revolvimento do substrato fático. Pleito que encontra óbice no enunciado Sumular n. 7 do STJ. 4. Agravo regimental não provido.[151]

---

150. Art. 114. Fato gerador da obrigação principal é a situação definida em lei como necessária e suficiente à sua ocorrência.

151. Superior Tribunal de Justiça. AgRg no Ag 1322625/GO AGRAVO REGIMENTAL NO AGRAVO DE INSTRUMENTO 2010/0116758-7. Relator Ministro MAURO CAMPBELL MARQUES. Órgão julgador T2 - SEGUNDA TURMA. Data do julgamento 07/10/2010. Data da publicação DJe 25/10/2010. Apesar de não concordarmos com o entendimento do Colendo STJ de que o ato cooperativo seja somente aquele praticado entre a cooperativa e o cooperado, esta ementa serve de qualquer modo para demonstrar que seja qual for o conceito ou a definição do ato cooperativo, este

TRIBUTÁRIO. COOPERATIVA DE TRABALHO. ATO COOPERATIVO TÍPICO. CSLL. NÃO INCIDÊNCIA. ART. 79, PARÁGRAFO ÚNICO, DA LEI 5.764/1971. PRECEDENTES DO STJ. 1. Nos termos do art. 79 da Lei 5.764/1971, atos cooperativos são aqueles praticados entre a cooperativa e seus cooperados ou entre cooperativas associadas. O ato cooperativo, assim definido, não implica operação de mercado. 2. As cooperativas podem realizar negócios com terceiros não cooperados, desde que observados seus objetivos sociais e disposições legais. Nessa hipótese, contudo, a própria Lei 5.764/1971 dispõe expressamente que os negócios praticados pela cooperativa com terceiros não são considerados atos cooperativos e devem ser tributados (arts. 86 e 87). 3. *In casu*, o Tribunal a quo acolheu os Embargos à Execução, sob o fundamento de que a Autoridade Fazendária, ao proceder ao lançamento fiscal, não fez distinção entre os atos cooperativos próprios e os não cooperativos da cooperativa de eletrificação rural. 4. A jurisprudência do STJ firmou-se no sentido de ser indevida a cobrança da CSLL sobre atos vinculados à atividade básica da sociedade cooperativa. 5. Agravo Regimental não provido.[152]

Ao se debruçar sobre a análise do artigo 146, III, *c*, da Carta Magna, escreveu Reginaldo Ferreira Lima que:

> Dessa forma, independentemente da edição da lei complementar, os fatos provenientes da atuação em sociedades cooperativas não podem ser equiparados para configurar as hipóteses de incidência próprias de outros fatos aos quais se prescreve efeitos jurídicos. Isto porque, pelo princípio da tipologia tributária, os fatos e as repercussões materiais destes identificam um tipo de tributo e apenas um fato típico.[153]

E arremata o autor:

> Assim, entendemos, pela aplicação sistemática dessa disposição constitucional, que as repercussões jurídicas dos atos

---

não representa uma hipótese de incidência tributária.

152. Superior Tribunal de Justiça. AgRg no REsp 499581/SC AGRAVO REGIMENTAL NO RECURSO ESPECIAL 2003/0015084-0. Relator Ministro HERMAN BENJAMIN. Órgão julgador T2 - SEGUNDA TURMA. Data do julgamento 22/09/2009. Data da publicação DJe 30/09/2009.

153. LIMA, Reginaldo Ferreira. *Direito Cooperativo Tributário*. São Paulo: Max Limonad, 1997, p. 65.

cooperativos não se enquadram nos tipos tributários aos quais se atribuiu competência para gerar o nascimento das relações jurídicas dessa natureza, não configurando as hipóteses exaustivamente dispostas na Constituição.[154]

Imaginemos a possibilidade de sustentar que o associado de uma cooperativa de crédito, quando toma emprestado para si um numerário com a própria cooperativa, estaria realizando uma operação de mercado. Nada mais absurdo! O associado, ao mesmo tempo que é sócio, também é recebedor dos serviços da cooperativa, de modo que fica refutada qualquer alegação se tratar o caso de operação de mercado.

Destaca Waldirio Bulgarelli que "por suas características e objetivos definidos minuciosamente pelo Direito Privado, não se ajustam às hipóteses da legislação tributária, caracterizando-se a não incidência sobre suas operações com seus associados".[155]

Vale trazer à baila o trecho das razões apresentadas pelas cooperativas recorrentes nos autos do Recurso Especial nº 616.219/MG, integralmente acatado pelo Exmo. Sr. Ministro Relator Luiz Fux, que diz o seguinte, *verbis:*

> Por fim, sob o ângulo axiológico mister parafrasear o apelo extremo das recorrentes no sentido de que: "Não se pretende aqui um discurso messiânico, mas realista, mesmo porque o cooperativismo, enquanto sistema, existe unicamente no sentido de facultar o acesso dos menos favorecidos ao mercado, e através dos princípios da livre adesão (portas abertas) e da ausência de lucro, com tributação plena na pessoa jurídica (quando da prática de atos não cooperativos) e na pessoa física (quando da prática de atos cooperativos). A partir do momento em que o Fisco desconsidera esta particularidade essencial deste ser social que é a cooperativa, não haverá mais razão para que pessoas físicas se associem, eis que tal associação terá como única consequência a duplicação das incidências tributárias (paga-se na cooperativa e na pessoa física do cooperado, e em face de uma mesma realidade – prática de atos cooperativos) !!! Que fique claro: a União Federal está matando um ser social exigindo-lhe um espeque de

---

154. *Id. ibid.*, p. 66.
155. BULGARELLI, *op. cit.*, 1974, p. 40.

incidência ao largo de sua essência, e maior que a das empresas que perseguem lucro. Explica-se: na sociedade comercial tributa-se na pessoa jurídica, e como forma de evitar dupla incidência isenta-se em certas hipóteses a distribuição de lucros na pessoa do sócio. Na cooperativa, não se tributa na pessoa jurídica, e quando se verifica o ato cooperativo, eis que tal realidade pertence ao cooperado, sendo neste tributado O Fisco, ao pretender tributar a cooperativa faz com que neste sistema a incidência se dê tanto na pessoa jurídica quanto na pessoa física, ao contrário do próprio sistema comercial e lucrativo!!! ", assertiva em consonância com a principiologia inserta no art. 174 da CF, de verificação obrigatória em razão da fase pós-positivista enfrentada pelo sistema jurídico pátrio.[156]

Dessarte, o *adequado tratamento tributário* é um fenômeno jurídico que deve ser estudado à parte do *ato cooperativo*.

No primeiro caso temos uma autorização do constituinte para o legislador complementar outorgar isenções às sociedades cooperativas, diante das peculiaridades de cada uma, com o objetivo de alcançar com a maior eficácia possível o apoio e o estímulo. Inclusive, este tratamento adequado não diz respeito exclusivamente à concessão de isenções. Podem ser realizadas políticas outras em matéria fiscal, sem que isso implique em alegação dos entes políticos de invasão de competência. É dentro deste contexto, de normas gerais de direito tributário, que está situado o adequado tratamento tributário.

No segundo caso, a definição de ato cooperativo previsto no parágrafo único do artigo 79 da Lei n. 5.764/71, revela estritamente a essência desse ato, que pela sua própria natureza está fora do campo de incidência tributária. Portanto, tudo aquilo que for considerado ato cooperativo deverá estar fora do campo de incidência, sendo que qualquer tentativa de tributação acabará mexendo profundamente nas estruturas desse modelo societário.

---

156. Superior Tribunal de Justiça. Recurso Especial n. 616.219/MG. RELATOR MINISTRO LUIZ FUX. Órgão julgador Primeira Seção. Data do julgamento 27/10/2004. Publicado em DJ 25/09/2006.

4.2 Projeto de Lei Complementar n. 271/2005

Como já mencionado no Capítulo anterior, está em trâmite no Senado Federal o Projeto de Lei n. 03, de 2007, de autoria do Senador Osmar Dias. Conjuntamente caminha o Projeto de Lei n. 153, de 2007, de autoria do Senador Eduardo Suplicy. Ambos objetivam substituir a Lei Geral do Cooperativismo – LGC (5.764/71). Nestas propostas de alteração legislativa, busca-se uma atualização das regras jurídicas que regem o setor, havendo, inclusive, menção à modificação da definição legal de ato cooperativo prevista no artigo 79 da Lei Geral do Cooperativismo.

Entretanto, no parecer subscrito pelos Senadores Benedito de Lira e Waldemir Moka, Presidente e Relator, respectivamente, da Comissão de Agricultura e Reforma Agrária – CRA, datado de 29 de maio de 2014, ficou decidido que a redação do artigo 79 da Lei n. 5.764/71 ficaria mantida por ora, pois o assunto deveria ser resolvido por intermédio do Projeto de Lei Complementar n. 271/2005, o qual pretende regulamentar o adequado tratamento tributário do ato cooperativo.

Saca-se o quanto segue do relatório da Comissão, *verbis:*

> Estamos de acordo com a análise feita pela Senadora GLEISI HOFFMANN, de que o constituinte, como forma de incentivar o cooperativismo, determinou que o ato praticado entre a cooperativa e seus sócios tivesse tratamento tributário diferenciado em relação ao dispensado às empresas capitalistas, mas que por força da própria Constituição, restringe-se ao ato cooperativo.
>
> Para sanar essa questão, mantivemos o atual texto constante do art. 79 da Lei nº 5.764, de 1971, tendo em vista que existe matéria específica que trata do adequado tratamento tributário em tramitação na Câmara dos Deputados, através do PLP 271, de 2005, pautando-do para ser apreciado com urgência, portanto, a regulamentação do ato cooperativo para fins tributários obedecerá ao preceito do adequado tratamento tributário constitucionalmente referido, por lei complementar, conforme determina o art. 146, inciso III, alínea c, combinado com o § 2º do art. 174, ambos da Constituição Federal.[157]

---

157. BRASIL. Senado Federal. *Parecer s/nº*, 2014. Disponível em: <www.senado.

O Projeto de Lei Complementar n. 271/2005, que busca disciplinar o artigo 146, III, c, da Constituição Federal, assim foi apresentado:

PROJETO DE LEI COMPLEMENTAR N. 271/2005

(Do Sr. Luiz Carlos Hauly)

Dispõe sobre o adequado tratamento tributário ao ato cooperativo

O Congresso Nacional decreta:

Art. 1º. Esta lei complementar estabelece normas gerais, no âmbito federal, para o adequado tratamento tributário ao ato cooperativo praticado pelas sociedades cooperativas, conforme previsto na alínea c do inciso III do art. 146 da Constituição Federal.

Art. 2º. O ato cooperativo, como tal definido pela legislação vigente, praticado pelas sociedades cooperativas regularmente constituídas e seus associados, entre estes e aquelas e pelas cooperativas entre si quando associadas, para a consecução dos objetivos sociais, não está sujeito à incidência de tributos e contribuições federais, e em especial relativamente:

I – à disponibilidade econômica ou jurídica de renda dele resultante, referente a trabalho, serviço, operação ou atividade que constitua objeto social da cooperativa;

II – receita bruta, líquida ou faturamento resultante do conjunto de atos cooperativos;

III – a saída de mercadorias ou produtos do:

a) estabelecimento do produtor cooperativado para o estabelecimento da cooperativa a que pertença;

b) estabelecimento de uma cooperativa para outra, dessa mesma ou doutra cooperativa a ela associada.

IV – ao fornecimento de bens ou produtos da cooperativa aos seus associados;

V – ao fornecimento de habitações da cooperativa aos seus associados;

VI - às operações de empréstimo, financiamento e a de repasse de recursos financeiros;

---

gov.br/atividade/ materia/getTexto.asp?t=147308>.

VII – a prestação de serviços da cooperativa aos sócios ou das cooperativas associadas, entre si;

VIII – a devolução aos sócios das sobras resultantes de atos cooperativos.

Art. 3º. Não está sujeito à incidência de impostos e contribuições federais o patrimônio das cooperativas.

Art. 4º. Esta lei complementar entra em vigor na data de sua Publicação.[158]

O aludido Projeto de Lei, em verdade, não vai alterar muito a realidade vivenciada pelas sociedades cooperativas, pois, a pretexto de regulamentar o artigo 146, III, c, da Constituição Federal, a proposta legislativa apenas repete boa parte de tudo o que já está em vigor, valendo-se de outras palavras.

Logo de início, depreende-se da redação do artigo 2º uma evidente atecnia legislativa, quando o texto estatui que não haverá incidência de tributos e contribuições federais sobre os atos cooperativos. E, depois, no artigo 3º, fala em impostos e contribuições federais. Foi-se o tempo em que havia discussão quanto à natureza jurídica das contribuições federais (contribuições sociais), sendo que tanto a doutrina, quanto a jurisprudência, notadamente do Supremo Tribunal Federal, pacificaram o entendimento no sentido de que todas as contribuições sociais possuem natureza tributária.

O Excelso Pretório,[159] ao adotar a teoria pentapartite,

---

158. BRASIL. Câmara dos Deputados. Comissão de Finanças e Tributação. *Projeto de Lei Complementar nº. 271*, de 2005. Disponível em: <http://www.camara.gov.br/sileg/integras/1052777.pdf>.

159. Voto proferido pelo Ministro Moreira Alves no julgamento do RE n. 146.733-9: "De efeito, a par das três modalidades de tributos (os impostos, as taxas e as contribuições de melhoria), a que se refere o art. 145 para declarar que são competentes para instituí-los a União, os Estados, o Distrito Federal e os Municípios, os arts. 148 e 149 aludem a duas outras modalidades tributárias, para cuja instituição só a União é competente: o empréstimo compulsório e as contribuições sociais, inclusive as de intervenção no domínio econômico. No tocante às contribuições sociais – que dessas duas modalidades tributárias é a que interessa para este julgamento –, não só as referidas no art. 149 – que se subordina ao capítulo concernente ao sistema tributário nacional – têm natureza tributária, como resulta igualmente, da

reconheceu a autonomia das contribuições, classificando-as como tributos próprios, devido às suas peculiaridades. Em sentido contrário, Paulo de Barros Carvalho e Roque Antonio Carrazza defendem a teoria tripartite, mas não com o intuito de desafiar a natureza tributária das contribuições, mas sim, com o propósito de infirmar a teoria pentapartite quanto à autonomia das contribuições, sendo que estas no plano jurídico ora devem ser classificadas como impostos, outrora como taxas, a depender da situação analisada.

Contextualizando este artigo 2º, com os incisos e alíneas, o que se tem é simplesmente um detalhamento maior daquilo que já está consolidado no artigo 79 e parágrafo único da Lei n. 5.764/71. O *caput* do artigo 2º do Projeto de Lei n. 271/2005 repete o que já está disposto no *caput* do artigo 79 da Lei n. 5.764/71, quanto à definição de ato cooperativo, enquanto negócio jurídico de natureza bilateral. Portanto, nenhuma novidade.

A não incidência de tributos sobre os atos cooperativos já é uma situação que deve ser respeitada por força do quanto dispõe o parágrafo único do artigo 79 da Lei n. 5.764/71, pois se trata de negócio jurídico que não implica operação de mercado, nem contrato de compra e venda de produtos e mercadorias. Com efeito, todos os incisos e alíneas do indigitado artigo 2º apenas explicitam de forma mais clara o sentido e alcance do ato cooperativo.

Mas, como oportunamente afirmado, o legislador sequer precisava ter se preocupado com isso. O ato cooperativo pela sua própria essência não é uma operação de mercado ou contrato de compra e venda de produtos e mercadorias.

---

observância que devam ao disposto nos artigos 146, III, e 150, I e III, mas também as relativas à seguridade social previstas no artigo 195, em conformidade com o disposto no § 6º deste dispositivo, que, aliás, em seu § 4º, ao admitir a instituição de outras fontes destinadas a garantir a manutenção ou expansão da seguridade social, determina se obedeça ao disposto no art. 154, I, norma tributária, o que reforça o entendimento favorável à natureza tributária dessas contribuições sociais" (RE n. 146.733-9 - Pleno, j. 29.6.92).

Por fim, a única vantagem que se pode contabilizar a favor das sociedades cooperativas é a previsão do artigo 3º, que impõe a não incidência de impostos e contribuições federais sobre o seu patrimônio. Esta previsão, por mais que trate o caso como sendo de não incidência, a bem da verdade é uma isenção, pois, por intermédio de um comando normativo superior, autorizado pelo constituinte, mutila parcialmente as regras-matrizes de incidência das normas jurídicas tributárias editadas pela União, Estados, Municípios e Distrito Federal, a ponto de desonerá-las da cobrança de impostos e contribuições federais sobre o seu patrimônio.

Este artigo 3º confirma os argumentos lançados alhures, no sentido de que o *adequado tratamento tributário* poderá ser uma isenção nacional concedida pelo legislador complementar, sobre as situações que entender necessárias para equilibrar o tratamento jurídico tributário das sociedades cooperativas em relação às demais sociedades, especialmente as mercantis.

Portanto, a lei complementar poderá outorgar isenções às cooperativas, sendo que os entes políticos não poderão alegar qualquer violação ao pacto federativo, eis que existe autorização do constituinte para a edição de norma geral tributária, de competência do Congresso Nacional, na qualidade de representante do Estado brasileiro.

5. TRIBUTAÇÃO DAS COOPERATIVAS

5.1 Regime Jurídico Tributário

Inegavelmente há grande dificuldade por parte das cooperativas de receberem um correto tratamento tributário por parte do Poder Público. Muitas vezes isso decorre não somente da falta de conhecimento específico acerca da matéria, mas, sobretudo pela resistência do Fisco em reconhecer que as cooperativas realmente não são sociedades empresárias e que, apesar de circularem riqueza, não significa que tenham lucro.

A administração pública se apega aos aspectos econômicos para motivar sua investida contra as sociedades cooperativas em matéria tributária. De fato, há inúmeras cooperativas que circulam muito dinheiro. Mas não se pode perder de vista que o regime jurídico tributário destas sociedades é peculiar. Portanto, deve haver uma atenção especial do poder público em relação às normas jurídicas, não podendo considerar exclusivamente os aspectos econômicos e, assim, saírem por aí autuando as cooperativas.

Destaca Waldirio Bulgarelli que:

> As cooperativas são as empresas que possivelmente mais problemas apresentam no âmbito tributário. As causas específicas

dessa situação, evidentemente, decorrem, de uma mais geral, que é sem dúvida a do imperfeito enquadramento desse tipo de sociedade nos sistemas fiscais vigorantes, decorrentes quer da ignorância e dos desconhecimento sobre suas verdadeiras características, quer de uma política fiscal orientada num sentido totalizante, portanto, sem admitir exceções válidas, ou destinada a atender aos reclamos dos outros tipos de empresas.[160]

Pelo fato de as sociedades cooperativas praticarem negócios com seus cooperados e também com terceiros estranhos ao seu quadro societário, certamente haverá situações que terá tributação. Isso vai depender, como visto nas linhas acima, da situação concreta, daquilo que for considerado ato cooperativo ou não. Portanto, tendo em vista que pode haver a tributação das cooperativas, certamente estas sociedades deverão se enquadrar em algum regime de tributação para efeito de cálculo dos valores devidos.

Assim sendo, no âmbito da tributação federal, as cooperativas poderão, de acordo com cada situação, optar pelo regime que lhes seja mais favorável. Por outras palavras, as sociedades cooperativas poderão ser enquadradas no regime de lucro real, lucro presumido ou no Simples Nacional. Entretanto, existem regramentos em vigência que em certos casos excluem o enquadramento da cooperativa de certos regimes ou até mesmo obrigam a adesão em outros.

É o caso da Lei Complementar n. 123, de 14 de dezembro de 2016 que dispõe em seu artigo 3º, § 4º, inciso VI, sobre a vedação da inclusão das sociedades cooperativas, exceto as de consumo, no regime do Simples Nacional.[161] Não obstante, também há a Lei Ordinária n. 9.718, de 27 de novembro de

---

160. BULGARELLI, op. cit., 1974, p. 5.

161. Art. 3º - [...]
§ 4º Não poderá se beneficiar do tratamento jurídico diferenciado previsto nesta Lei Complementar, incluído o regime de que trata o art. 12 desta Lei Complementar, para nenhum efeito legal, a pessoa jurídica:
VI - constituída sob a forma de cooperativas, salvo as de consumo.

1988 que obriga as cooperativas de crédito a se enquadrarem no regime de lucro real.[162]

A seguir, veremos com mais vagar alguns dos tributos mais importantes que são exigidos das sociedades cooperativas. Evidentemente que não é possível esgotar a análise do assunto, o que demandaria longos estudos. Apenas será feita uma abordagem daqueles tributos que julgamos mais relevantes e controvertidos no contexto do cooperativismo.

5.2 Imposto sobre a Renda – IR

É sempre bom recordar que todas as materialidades possíveis da tributação por meio de impostos foram bem traçadas na Constituição Federal. O constituinte originário, cercando-se de precaução para possíveis desvirtuamentos do sistema tributário nacional, esquematizou um modelo exacional rígido, onde todos os entes políticos claramente foram outorgados com competência legiferante, mas não só, estabeleceram-se os limites para a fixação dos impostos.

Por mais que a Carta Magna não tenha adentrado expressamente às minúcias dos impostos, isto não permite o legislador ordinário livremente passear sobre o assunto, como se houvesse recebido uma carta em branco para instituir ao seu livre alvitre as condutas sobre as quais devem recair os impostos. Inegavelmente existe no sistema constitucional tributário um conceito implícito sobre todos os institutos e materialidades possíveis para a criação dos impostos.

---

162. Art. 14 - Estão obrigadas à apuração do lucro real as pessoas jurídicas:
II - cujas atividades sejam de bancos comerciais, bancos de investimentos, bancos de desenvolvimento, caixas econômicas, sociedades de crédito, financiamento e investimento, sociedades de crédito imobiliário, sociedades corretoras de títulos, valores mobiliários e câmbio, distribuidoras de títulos e valores mobiliários, empresas de arrendamento mercantil, *cooperativas de crédito*, empresas de seguros privados e de capitalização e entidades de previdência privada aberta. (grifo nosso).

Desta feita, apesar de os entes políticos terem recebido plena aptidão legislativa em matéria tributária, isto não implica liberdade irrestrita, pois sempre a Constituição Federal continuará a ser o fundamento de validade para todo o processo de derivação legislativa. Nestes moldes, o legislador ordinário sempre deve respeitar os limites da regra-matriz estabelecida no corpo da Lei Maior para cada tributo, como há muito vem sendo proclamado por Paulo de Barros Carvalho, *in verbis:*

> Podemos dar por consente que, em todas as imposições tributárias, os alicerces da figura impositiva estarão plantados na Constituição da República, de onde se irradiam preceitos pelo corpo da legislação complementar e da legislação ordinária, crescendo em intensidade a expedição de regras em escalões de menor hierarquia.[163]

Prescreve o artigo 153, III, da Constituição Federal, que compete à União criar o *imposto sobre renda e proventos de qualquer natureza*. Todavia, como dito acima, não é qualquer quantia recebida pelo cidadão que pode ser considerada como hipótese de incidência tributária para este imposto. Mister compreendermos, de acordo com as melhores técnicas de hermenêutica jurídica, qual realmente o sentido e alcance da materialidade constitucional do imposto sobre a renda e proventos de qualquer natureza.

Perpassando a obra "Imposto sobre a Renda"[164] de Roque Antônio Carrazza, deparamo-nos com valiosos esclarecimentos sobre a materialidade desta exação. O autor inicia explicando que a União Federal, por força do quanto está previsto no artigo 153, III, da Lei Magna, tem competência para tributar por meio de imposto, a renda e os proventos de qualquer natureza. A regra-matriz desta exação está totalmente traçada na Carta Magna, de tal sorte que o legislador ordinário não

---

163. CARVALHO, *op. cit.*, 2008, p. 593.

164. CARRAZZA, Roque Antonio. *Imposto sobre a renda*. 3. ed. São Paulo: Malheiros, 2009.

tem plena liberdade para exigir o imposto sobre tudo aquilo que entenda como sendo renda ou proventos de qualquer natureza.

A primeira observação que é feita pelo professor é no sentido de que renda ou proventos de qualquer natureza não se confunde com as materialidades dos demais impostos encetados nos artigos 153, 154, I, 155 e 156, da CF. Sendo assim, renda não é importar, nem exportar, nem operação financeira, nem propriedade predial e territorial urbana. Portanto, sobre estas materialidades não podem incidir o IR.

Do mesmo modo, renda não é sinônimo de rendimento. Este representa qualquer ganho, isoladamente considerado, ao passo que renda exprime uma riqueza nova, obtida dentro de um determinado espaço de tempo, deduzidos os gastos necessários à sua obtenção e mantença. Pode-se, então dizer, que renda e proventos de qualquer natureza são ganhos econômicos do contribuinte gerados por seu capital, por seu trabalho ou pela combinação de ambos, apurados após o confronto das entradas e saídas verificadas em seu patrimônio, num dado período. Dessarte, a renda que justifica a tributação é aquela que representa um acréscimo patrimonial no tempo.

Por outros dizeres, quando as receitas do contribuinte, numa fração de tempo, superarem suas despesas, teremos saldo positivo, isto é, acréscimo patrimonial, sobre o qual, ao menos em princípio, incidirá o imposto. Este tributo somente pode alcançar o enriquecimento real econômico. Não é exação sobre o patrimônio, mas sim, sobre o acréscimo patrimonial ocorrido dentro de um espaço de tempo. Renda tributável é sempre renda líquida ou lucro, isto é, resultado positivo.

A incidência do IR não se dá sobre a disponibilidade de riqueza nova, em si mesma considerada, mas sobre as pessoas que as têm. Esta renda nova tem que estar disponível para o seu titular, ou seja, que nada juridicamente lhe obste o uso ou a destinação. Portanto, um crédito vencido e não pago não pode ser alcançado pelo IR. Também não pode ser alvo do IR a ausência de ganho real do contribuinte, p. ex., reembolso de despesas ou recomposições patrimoniais (indenização).

O imposto sobre a renda pressupõe uma universalidade de entradas e saídas de valores no patrimônio do contribuinte. Dita o art. 153, § 2º, da CF que o imposto em tela incidirá sobre a totalidade das rendas obtidas pelo contribuinte num determinado espaço de tempo, abatendo-se, por óbvio, as despesas. Com efeito, este tributo não pode incidir exclusivamente na fonte, pois esta técnica não leva em conta a real existência de acréscimo patrimonial. A tributação pode ocorrer na fonte, desde que seja possibilitado ao contribuinte fazer os ajustes, deduções e abatimentos aptos a ilidir os efeitos economicamente desfavoráveis.

Em resumo às lições de Roque Carrazza podemos afirmar que, nos termos da Constituição Federal, o IR deve ter por hipótese de incidência o fato de uma pessoa (física ou jurídica), em razão do seu trabalho, do seu capital ou da combinação de ambos, obter ao fim de certo período temporal, acréscimos patrimoniais. Tais acréscimos, no caso de pessoa física tem o nome de *renda líquida*, e no caso de pessoa jurídica chama-se *lucro*.

As sociedades cooperativas realizam circulação econômica, todavia, não são todos os valores resultantes dos seus negócios jurídicos que estão suscetíveis à incidência do imposto sobre a renda.

A atual legislação que trata dos atos cooperativos, infelizmente, não aparelhada aos ditames constitucionais, prevê em seu artigo 79 (Lei n. 5.764/71) que os atos cooperativos somente são aqueles realizados entre as cooperativas e seus associados, ou entre estas e outras cooperativas associadas, com a finalidade de atingir o seu objeto social. Evidentemente temos uma legislação que prima pelo ato cooperativo unilateral, o que já foi abordado.

Apesar de não se concordar com a definição legal de ato cooperativo, pois com o advento da Constituição Federal de

1988 o assunto passou a ter posição de maior relevo no nosso sistema jurídico, nascendo uma nova realidade para o direito cooperativista, que foi contemplado pelo constituinte originário com previsões de tratamento tributário adequado, apoio e estímulo, os Tribunais ainda vêm decidindo a tributação das sociedades cooperativas dentro da determinação que dimana do artigo 79 da Lei n. 5.764/71.

Discorre o professor Carlos Ervino Gulyas que:

> A ausência de lucro, no caso, implica insuficiência do suporte fático e, portanto, acarreta a não incidência da regra tributária, o que, aliás, ocorre sempre que qualquer pessoa jurídica não tenha apurado lucro fiscal. Resta concluir, assim que o regime tributário das cooperativas decorre naturalmente do próprio reconhecimento desse tipo societário pela ordem jurídica, o que importa dizer: não se sujeita ao tributo o resultado que provier de atos típicos, pois estes não geram lucros; ao contrário, sujeitam-se ao imposto os resultados que decorram de atividade não ligada ao objetivo principal, como as descritas nos arts. 85, 86 e 88 da Lei n° 5.764/71, bem como outros que contenham o elemento lucro. Os resultados tributáveis deverão ser apurados com apoio em escrituração contábil que apresente destaque das receitas e correspondentes custos, despesas e encargos. Desta forma, consegue-se obedecer ao princípio constitucional da isonomia no tratamento fiscal, das pessoas jurídicas, mediante imposição, a cada uma, de ônus na exata medida em que revelam sua capacidade de contribuir.[165]

Para efeito de incidência ou não de imposto de renda, na atual concepção da jurisprudência do Superior Tribunal de Justiça, deve-se distinguir o que é e o que não é ato cooperativo, sendo que no julgamento do recurso representativo de controvérsia Recurso Especial n. 58.265/SP, sedimentou-se o entendimento de que os atos não cooperativos sofrem normalmente a incidência tributária do imposto sobre a renda, conforme se destaca do Agravo Regimental no Agravo 1221603/SP, *verbis:*

---

165. GULYAS, Carlos Ervino. Imposto de Renda de Pessoas Jurídicas e as Sociedades Cooperativas. *Revista de Direito Tributário*, ano VII, p. 263, jul./dez. 1983.

DIREITO TRIBUTÁRIO. AGRAVO REGIMENTAL. COOPERATIVA DE TRABALHO. UNIMED. SERVIÇOS PRESTADOS A TERCEIROS. ATOS NÃO COOPERATIVOS. INCIDÊNCIA DO IRPJ E DA CSLL SOBRE OS ATOS NEGOCIAIS. TEMA JÁ JULGADO PELA SISTEMÁTICA PREVISTA NO ART. 543-C, DO CPC EM RECURSO REPRESENTATIVO DA CONTROVÉRSIA. TRIBUTAÇÃO DE DESPESAS. FALTA DE PREQUESTIONAMENTO. APLICAÇÃO DAS SÚMULAS 282 E 356 DO STF. 1. Ato cooperativo é aquele que a cooperativa realiza com os seus cooperados ou com outras cooperativas, sendo esse o conceito que se extrai da interpretação do art. 79 da Lei n° 5.764/71, dispositivo que institui o regime jurídico das sociedades cooperativas. 2. Na hipótese dos autos, a contratação, pela Cooperativa, de serviços laboratoriais, hospitalares e de clínicas especializadas, atos objeto da controvérsia interpretativa, não se amoldam ao conceito de atos cooperativos, caracterizando-se como atos prestados a terceiros. 3. A questão sobre a incidência tributária nas relações jurídicas firmadas entre as Cooperativas e terceiros é tema já pacificado na jurisprudência desta Corte, sejam os terceiros na qualidade de contratantes de planos de saúde (pacientes), os sejam na qualidade de credenciados pela Cooperativa para prestarem serviços aos cooperados (laboratórios, hospitais e clínicas), deve haver a tributação do IRPJ e CSLL normalmente sobre tais atos negociais. 4. Consoante o julgado no recurso representativo da controvérsia REsp. n. 58.265/SP, "[...] as operações realizadas com terceiros não associados (ainda que, indiretamente, em busca da consecução do objeto social da cooperativa), consubstanciam 'atos não cooperativos', cujos resultados positivos devem integrar a base de cálculo do imposto de renda" (REsp. n. 58.265/SP, Primeira Seção, Rel. Min. Luiz Fux, julgado em 09.12.2009). 5. A tese de que se trata de tributação sobre uma despesa e não sobre uma receita da Cooperativa não foi apreciada pela Corte de origem, o que atrai o teor das Súmulas 282 e 356/STF. 6. Agravo regimental não provido.[166]

Ainda, não se pode perder de vista a edição da Súmula n. 262, do Superior Tribunal de Justiça, por meio da qual a Primeira Seção Cível decidiu que *incide o imposto de renda sobre o resultado das aplicações financeiras realizadas pelas*

---

[166]. Superior Tribunal de Justiça. AgRg no Ag 1221603/SP AGRAVO REGIMENTAL NO AGRAVO DE INSTRUMENTO 2009/0148022-0; Ministro MAURO CAMPBELL MARQUES; Órgão julgador T2 - SEGUNDA TURMA; Data do julgamento 06/06/2013; Data da publicação DJe 11/06/2013.

cooperativas,[167] numa clara demonstração de que o conceito de ato cooperativo, mesmo com o advento da Constituição Federal de 1988, ainda não foi repassado pela jurisprudência.

Não soçobram dúvidas de que as sociedades cooperativas podem manter negócios com terceiros não associados, todavia, devem fazer a chamada *segregação contábil*, separando-se o que são atos típicos (atos cooperativos nos termos do artigo 79 da Lei n. 5.764/71) dos atos atípicos (não cooperativos), consoante se colhe da redação dos artigos 85, 86, 87, 88 e 111 da Lei n. 5.764/71.

Interessante registrar as lições de Renato Lopes Becho quanto à problemática da incidência do imposto de renda sobre os atos praticados pelas cooperativas com terceiros. Na sua visão, os atos considerados como não cooperativos, levando-se em conta a previsão do artigo 79, da Lei n. 5.764/71, não poderiam sofrer a mesma tributação que recai sobre as sociedades comerciais em geral, pois a exigência fiscal estaria ferindo de morte o princípio da igualdade e da capacidade contributiva.

Vejamos:

> Pelo *princípio da igualdade*, bem como pelo incentivo dado ao cooperativismo pela Constituição Federal de 1988, entendemos que não pode haver uma tributação igualitária sobre esse resultado positivo com o lucro das sociedades comerciais. De fato, tributar igualmente o resultado eventual da cooperativa é tributar igualmente os desiguais. Esse resultado não é perseguido como objetivo, mas decorre de circunstâncias de mercado, ou operacionais, ou como forma de ampliar os conhecedores do sistema. Esse resultado, ressalte-se, nem vai compor, em nenhuma hipótese, o patrimônio dos associados. Por isso, falta à cooperativa a capacidade contributiva típica do imposto sobre a renda, como visto.[168]

---

167. Superior Tribunal de Justiça. Súmula 262. Órgão Julgador S1 – PRIMEIRA SEÇÃO; Data do julgamento 24/04/2002; Data da publicação DJ 07/05/2002 p. 204; RSSTJ vol. 20 p. 63; RSTJ vol. 155 p. 311 RT vol. 800 p. 214.

168. BECHO, *op. cit.*, 2005, p. 256.

E finaliza:

> Entendemos que, pelo princípio da capacidade contributiva e pelo incentivo que o constituinte quis que fosse dado às cooperativas (CF, art. 174, § 2º), a lei complementar prevista no artigo 146, III, c, da CF deveria isentar ou, pelo menos, reduzir a carga tributária desse imposto quando as cooperativas praticam atos não cooperativos que lhe propiciem resultado positivo.[169]

De acordo com a nossa proposta, o ato cooperativo não pode mais ser definido exclusivamente pela interpretação literal do artigo 79 da Lei n. 5.764/71. A Constituição Federal de 1988 mudou o panorama e o rumo do direito cooperativista no Brasil, de tal sorte que os atos cooperativos devem ser compreendidos com maior abrangência. Como já defendido, isto não implica ingerência da Ciência Jurídica no Direito Positivo. Muito pelo contrário, o operador do direito deve interpretar o sistema, para que daí retire a norma jurídica proclamada pelo Direito.

Neste sentido, estamos de acordo com a doutrina que verbera acerca da existência de outros atos cooperativos que não aqueles provenientes da interpretação gramatical do artigo 79 da Lei n. 5.764/71. Por força da interpretação sistemática podemos ter atos cooperativos que não se ajustam à literalidade do artigo supramencionado, mediante a compreensão das naturezas jurídicas dos negócios praticados pelas sociedades cooperativas.

Acolhendo a tese de Renato Lopes Becho, o professor Roque Antonio Carrazza faz a seguinte distinção para efeito de tributação do ato cooperativo:

> Negócio-fim ou principal: aqueles realizados para atingir os objetivos da cooperação. Estão expressamente previstos no art. 79 da Lei n. 5.764/71. Neles se incluem os atos cooperativos.
>
> Negócio-meio ou, para nós, negócios essenciais: aqueles imprescindíveis para a realização dos negócios-fim ou principais. Não

---

169. *Id. ibid.*, p. 257.

estão expressamente previstos no conceito legal de ato cooperativo, mas este não se realiza sem tais negócios-meios.

Negócios-auxiliares: servem de apoio à cooperativa. Não fazem parte da cadeia produtiva, mas dão sustentação e possibilidade de existência à cooperativa. Todas as pessoas, físicas ou jurídicas, necessitam desses negócios auxiliares;

Negócios-secundários ou supérfluos: não são necessários à vida da sociedade, mas podem ser úteis e permitir algum ganho não substancial.[170]

Para Carrazza, os negócios-fim e os negócios-meio equivalem juridicamente aos atos cooperativos. Já os negócios-auxiliares e os negócios acessórios podem ou não ser havidos como atos cooperativos, havendo vários fatores que influem para tanto. O importante de tudo isso é demonstrar que existe doutrina séria dizendo que não podemos nos furtar da interpretação sistemática do Direito e que não necessariamente o ato cooperativo é aquele encetado no artigo 79, da Lei n. 5.764/71.

Destaca-se das palavras de Roque Carrazza que:

> De fato, as disposições legais não devem ser interpretadas – ou seja, compreendidas em seu alcance e significado – apenas no estrito e exclusivo entendimento gramatical de seus termos. Fosse assim, e talvez o ensino da Ciência Jurídica pudesse ser desnecessário, posto que a mera alfabetização seria suficiente para converter qualquer cidadão em verdadeiro *expert* na arte de interpretar as leis. A palavra "exegese" poderia ser substituída por "leitura", e o termo "Hermenêutica" deixaria de identificar uma Ciência própria, para constituir-se em sinônimo de "Gramática".[171]

Continua o mestre afirmando que:

> Tais ideias ressaltam a importância da *interpretação sistemática*, que, em busca da *mens legis*, exige uma visão global do ordenamento jurídico.

---

170. CARRAZZA, *op. cit.*, 2009, p. 351.

171. *Id. ibid.*, p. 350.

Realmente, a procura pela verdade jurídica não pode terminar na simples leitura de um texto legislativo. Nele há de haver uma interpretação sistemática e racional, que não leva a soluções absurdas.

Ora, a *literalidade* do art. 79, *caput*, da Lei n. 5.764/71 deve ser afastada, justamente porque leva a *soluções absurdas*, que, na prática, atentam contra os princípios que informam o *cooperativismo*, que, por óbvio, sobrepairam ao dispositivo em pauta.[172]

A não compreensão do ato cooperativo como algo mais abrangente do que a disposição gramatical do artigo 79 da Lei n. 5.764/71 gera problemas ainda maiores dentro do sistema jurídico. Isto porque, os chamados atos não cooperativos, a teor do que dispõem os artigos 87 e 111, da Lei n. 5.764/71 devem ser totalmente revertidos para a conta do Fundo de Assistência Técnica, Educacional e Social.

Mais uma vez é evidente a ofensa ao princípio da igualdade tributária, pois, além das cooperativas estarem sendo tributadas nos mesmos moldes das sociedades comerciais em geral, estão tendo que cumprir um papel que é essencial do Estado, não podendo distribuir esse resultado com os seus associados, ao passo que as demais sociedades não precisam fazer isso.

Sendo assim, o imposto sobre a renda pode sim incidir nas sociedades cooperativas, mas desde que não seja sobre os valores auferidos em razão da prática de atos cooperativos, conforme a definição adotada neste trabalho.

5.3 Contribuição Social sobre o Lucro Líquido – CSLL

Valendo-se praticamente das mesmas razões expostas alhures, quando tratamos acerca do Imposto sobre a Renda das sociedades cooperativas, podemos nos projetar sobre a Contribuição Social sobre o Lucro Líquido – CSLL, já que possuem ambas as exações hipótese de incidência e base

---

172. CARRAZZA, *op. cit.*, 2009, p. 351.

de cálculo idênticas. Atentando-se para o artigo 195, I, c, da Carta Magna encontramos o fundamento de validade para a contribuição social em testilha, onde o constituinte permitiu à União Federal a criação desta modalidade tributária sobe o lucro das pessoas jurídicas.

Entretanto, deve ser reconhecido que não existe *bis in idem* na cumulação da cobrança de imposto sobre a renda da pessoa jurídica conjuntamente com a contribuição social sobre o lucro líquido, eis que a vedação constitucional diz respeito à duplicidade de incidência de impostos (artigo 154, I, CF) ou de contribuições (art. 195, § 4º c/c o art. 154, I, da CF), mas nada impede que um imposto tenha a mesma hipótese de incidência de uma contribuição social. A intepretação do artigo 153, III com o artigo 195, I, c, da CF nos confirma esta situação.

Portanto, não resta dúvida alguma de que o imposto sobre a renda das pessoas jurídicas possui a mesma hipótese de incidência e base de cálculo das contribuições sociais sobre o lucro líquido, não padecendo esta cumulação de qualquer vício de inconstitucionalidade. Todavia, a proposta deste trabalho é justamente compreender a tributação das sociedades cooperativas, face o tratamento tributário adequado que deve existir, por força da própria natureza jurídica do ato. Com isso, veremos que a incidência da contribuição social sobre o lucro líquido comum às pessoas jurídicas não recebe o mesmo tratamento no contexto do cooperativismo.

Já não é mais novidade que o ato cooperativo, tal como definido no artigo 79 da Lei n. 5.764/71 não implica um fato jurídico capaz de despertar a incidência da legislação tributária que dispõe acerca do imposto sobre a renda. O mesmo raciocínio empreendido nas linhas acima, quando tratamos deste imposto, serve de auxílio para compreender que a contribuição social sobre o lucro líquido também não incidirá sobre o ato cooperativo, tendo em vista que estas sociedades não visam qualquer lucro. O fato de exercerem uma atividade econômica não implica que os resultados obtidos pelas cooperativas são lucros, capazes de gerar a incidência da CSLL.

Todavia, o que mais chama a atenção é que, ainda nos dias que correm, parte da doutrina e quase que a unanimidade da jurisprudência vêm afirmando que o ato cooperativo é simplesmente aquele definido no artigo 79 da Lei n. 5.764/71, o que representa uma visão pequena sobre a magnitude que o tema atingiu com a edição da Constituição Federal de 1988. O próprio Superior Tribunal de Justiça possui firmes decisões no sentido de aplicar literalmente a redação do artigo 79 da Lei em comento, como se o advento da CF/88 não tivesse mudado a realidade jurídica das sociedades cooperativas.

Vejamos:

DIREITO CONSTITUCIONAL E TRIBUTÁRIO – CONTRIBUIÇÃO SOCIAL SOBRE O LUCRO – ATO COOPERATIVO – LEI Nº 10.833/03 – ISENÇÃO. 1. A não incidência da CSLL, nos termos da jurisprudência dominante do STJ, em casos de cooperativas, restringe-se a atos cooperados praticados exclusivamente entre a cooperativa e seus associados. 2. Recurso especial conhecido e provido. Vistos, relatados e discutidos os autos em que são partes as acima indicadas, acordam os Ministros da SEGUNDA TURMA do Superior Tribunal de Justiça "A Turma, por unanimidade, deu provimento ao recurso, nos termos do voto do(a) Sr(a). Ministro(a)-Relator(a)."Os Srs. Ministros Castro Meira, Humberto Martins, Herman Benjamin e Mauro Campbell Marques votaram com a Sra. Ministra Relatora.[173]

TRIBUTÁRIO. PROCESSUAL CIVIL. AGRAVO REGIMENTAL NO AGRAVO DE INSTRUMENTO. COOPERATIVA DE MÉDICOS VETERINÁRIOS. TRIBUTAÇÃO. PIS, COFINS E CSLL, ATOS NÃO COOPERATIVOS. ENQUADRAMENTO. REEXAME DE MATÉRIA FÁTICO-PROBATÓRIA. INVIABILIDADE. SÚMULA 7/STJ. AGRAVO NÃO PROVIDO. 1. Os atos não cooperativos que geram receitas e lucros são passíveis de tributação pelo PIS, COFINS e CSLL. 2. A análise da questão referente ao enquadramento dos serviços tributados – se dizem respeito ou não a atos tipicamente cooperados – requer reavaliação do conjunto fático-probatório dos autos, o que é vedado na via especial, conforme enunciado sumular 7/STJ. 3. Agravo regimental não provido. Vistos, relatados e discutidos os autos

---

173. Superior Tribunal de Justiça. REsp 1190066 / SP RECURSO ESPECIAL 2010/0072796-0; Relatora Ministra ELIANA CALMON; T2 - SEGUNDA TURMA; Data do julgamento 08/06/2010; DJe 28/06/2010.

em que são partes as acima indicadas, acordam os Ministros da PRIMEIRA TURMA do Superior Tribunal de Justiça, por unanimidade, negar provimento ao agravo regimental, nos termos do voto do Sr. Ministro Relator. Os Srs. Ministros Benedito Gonçalves (Presidente), Hamilton Carvalhido, Luiz Fux e Teori Albino Zavascki votaram com o Sr. Ministro Relator.[174]

Mesmo diante da pacificação jurisprudencial e doutrinária quanto à não incidência de CSLL sobre os atos cooperativos típicos, isto é, aqueles praticados nos exatos termos do artigo 79, da Lei Geral do Cooperativismo, a Secretaria da Receita Federal editou a Instrução Normativa n. 390, de 30 de janeiro de 2004, dispondo no artigo 6º um absurdo, que "as sociedades cooperativas calcularão a CSLL sobre o resultado do período de apuração, decorrente de operações com cooperados ou com não cooperados".[175]

Mas isso não deve ser considerado um grande problema, haja vista que a doutrina e a jurisprudência são uníssonas em proclamar a não incidência da CSLL sobre os atos cooperativos típicos. O grande desafio é mudar o entendimento dominante dos Tribunais, principalmente do Superior Tribunal de Justiça, quanto à concepção da nova realidade que existe para o ato cooperativo, por força da constitucionalização do assunto.

Todas as regras de interpretação são válidas e não podem ser descartadas ou ignoradas, todavia, o resultado hermenêutico sempre deve debruçar-se sobre uma visão sistêmica. Portanto, por mais que a legislação em vigor diga que o ato cooperativo é apenas aquele realizado entre as cooperativas e seus associados, entre aquelas e outras cooperativas associadas, e vice-versa, não podemos nos contentar com esta visão

---

174. Superior Tribunal de Justiça. AgRg no Ag 1148734 / SC AGRAVO REGIMENTAL NO AGRAVO DE INSTRUMENTO 2009/0011820-6; Relator Ministro ARNALDO ESTEVES LIMA; T1 - PRIMEIRA TURMA; Data do julgamento 26/10/2010; Data da publicação DJe 12/11/2010.

175. Ministério da Fazenda. Secretaria da Receita Federal. *Instrução Normativa nº 390*, de 30 de janeiro de 2004. Disponível em: <http://normas.receita.fazenda.gov.br/sijut2consulta/link.action? visao=anotado&idAto=15288>.

reducionista, a qual sem sombra de dúvida amesquinha a constitucionalização do Direito Cooperativo. Nunca é demais lembrar que a definição de ato cooperativo remonta aos idos de 1971 (Lei Ordinária n. 5.764), ao passo que a Constituição Federal de 1988 trouxe uma nova realidade.

Diante de tudo quanto dito, pautando-se pela coerência do raciocínio, a não incidência da contribuição social sobre o lucro líquido segue a mesma sorte do imposto sobre a renda das sociedades cooperativas. Isto é, todos os valores apurados pelas sociedades cooperativas devem ser compreendidos como resultado e não como lucro, pois a ideia que se tem é que com a constitucionalização do cooperativismo a melhor interpretação nos indica que o ato cooperativo não é mais bilateral, mas sim, assumiu inexoravelmente a condição de unilateral, condicionado ao atingimento dos objetivos sociais da sociedade.

5.4 Imposto sobre Produtos Industrializados – IPI

A legislação pátria previu três distintas hipóteses de incidência para o IPI, como podemos ver pelas seguintes regras--matrizes de incidência tributária – RMIT:

a) uma, que onera a saída de produto:

| Critério material: a saída de produto de estabelecimento industrial, ou equiparado a indústria

| Critério espacial: a princípio qualquer lugar do território nacional

| Critério temporal: no momento da saída do produto do estabelecimento comercial

| Critério pessoal: Sujeito Ativo: União Federal

Sujeito Passivo: titular o estabelecimento industrial ou equiparado

| Critério quantitativo: Base de Cálculo: valor do produto

Alíquota – percentagem constante na tabela.

b) outra, que grava a importação de produtos industrializados, do exterior:

| Critério material: importar produto industrializado do exterior

| Critério espacial: repartições alfandegárias do país

| Critério temporal: no momento do desembaraço aduaneiro

| Critério pessoal: Sujeito Ativo: União Federal

Sujeito Passivo: importador

| Critério quantitativo: Base de Cálculo: valor de cálculo dos tributos aduaneiros

Alíquota – percentagem constante na tabela.

c) terceira, mas atualmente revogada, a arrematação de produtos industrializados levados a leilão por terem sido apreendidos ou abandonados:

| Critério material: arrematar, em leilão, produto industrializado apreendido ou abandonado

| Critério espacial: qualquer lugar onde se realizar o leilão

| Critério temporal: no momento da arrematação

| Critério pessoal: Sujeito Ativo: União Federal

Sujeito Passivo: arrematante

| Critério quantitativo: Base de Cálculo: valor da arrematação

Alíquota – percentagem constante na lei.

O legislador não determinou a conduta ligada a produtos industrializados. Desta feita, criou três hipóteses, sendo evidente

191

que se tratam de impostos diferentes, apenas com a mesma denominação (IPI). Na sujeição passiva, além das pessoas diretamente relacionadas com o critério material, a legislação também abarcou pessoas que indiretamente mantêm relação com a hipótese de incidência desta exação.

O IPI, não obstante sua não cumulatividade, é um imposto de grande relevância nas contas de arrecadação da União. Entrementes, adquiriu papel peculiar na implementação de um Sistema Tributário Nacional eficaz junto a uma política comercial favorável, servindo como ferramenta de controle de mercado, do fluxo internacional – importação e exportação – de mercadorias.

A tabela de incidência do IPI – TIPI se destina a oferecer elementos para a identificação dos produtos atingidos pela exação, além de conferir-lhes um valor percentual, a título de alíquota. Tratando-se de uma classificação produzida pela linguagem prescritiva do direito, está informada por critérios exclusivamente jurídicos.

Deve ser registado que existe sensível diferença entre o Sistema Harmonizado (Convenção Internacional de Bruxelas) e a tabela de incidência do IPI extraída da Nomenclatura Brasileira de Mercadorias. A primeira serve para estabelecer padrões internacionais de comercialização. A segunda visa estabelecer distinções entre os produtos baseada na essencialidade (seletividade), conforme determina a Constituição Federal.

Feita esta abordagem, existem cooperativas que podem vir a ter problemas com a exigência do IPI. Isto porque, os Fiscos sempre entendem que o ato cooperativo é somente aquele veiculado pelo artigo 79 da Lei n. 5.764/71. Nesta concepção, as cooperativas que fizerem a importação de produtos industrializados ou algumas cooperativas que realizarem a produção industrial, serão devedoras do imposto em estudo.

Entretanto, tanto a importação de produtos industrializados, quanto a industrialização de produtos por cooperativas, podem ser caracterizados como negócios-fim ou meio, indispensáveis ao atingimento dos objetivos sociais da sociedade. É necessário primeiro que se faça uma devida interpretação do ato cooperativo, nos moldes da apresentação deste trabalho, e depois uma análise de cada caso concreto para se constatar se o fato se revela como um negócio-meio.

5.5 Imposto sobre Serviços de Qualquer Natureza – ISSQN

Não é de hoje que está sedimentado na doutrina que a Constituição Federal, ao traçar as competências impositivas dos entes políticos, estabeleceu quais tributos lhes são próprios, demarcando não somente o limite de suas atuações legiferantes, mas também determinando as possíveis materialidades dos tributos. A Carta Magna não cria os tributos em espécie, apenas indica para o legislador ordinário quais são os caminhos que devem ser seguidos para a regulamentação do programa tributário.

Com relação aos impostos, a Lei Maior foi prudente ao estipular as possíveis materialidades, não deixando ao livre arbítrio dos entes políticos legislar sobre o que bem quisessem. Em outros dizeres, as competências tributárias outorgadas pelo constituinte não representam uma carta em branco para os entes políticos criarem a seu bel prazer os impostos. A hermenêutica constitucional comprova que existem requisitos a serem seguidos, conforme se colhe da lição de Roque Antonio Carrazza:

> A Constituição, ao discriminar as competências tributárias, estabeleceu – ainda que, por vezes, de modo implícito e com uma certa margem de liberdade para o legislador – a norma padrão de incidência (o arquétipo, a regra-matriz) de cada exação. Noutros termos, ela apontou a hipótese de incidência possível, o sujeito ativo possível, o sujeito passivo possível, a base de cálculo possível e a alíquota possível, das várias espécies e subespécies de tributos. Em síntese, o legislador, ao exercitar a competência tributária, deverá ser fiel à norma-padrão de incidência do

tributo, pré-traçada na Constituição. O legislador (federal, estadual, municipal ou distrital), enquanto cria o tributo, não pode fugir deste arquétipo constitucional.[176]

Contextualizando esta realidade com o caso telado podemos afirmar sem medo de errar que não é qualquer serviço que pode ser objeto de incidência de ISSQN. Muito pelo contrário, o legislador municipal deve se limitar aos preceitos constitucionais, sob pena de incorrer em vício que nulifica todo o seu trabalho legiferante.

Melhor explica José Eduardo Soares de Melo:

> O cerne da materialidade da hipótese de incidência do imposto em comento não se circunscreve a 'serviço', mas a uma 'prestação de serviço', compreendendo um negócio (jurídico) pertinente a uma obrigação de 'fazer', de conformidade com os postulados e diretrizes do direito privado.[177]

Com muita sapiência, Paulo de Barros Carvalho disserta sobre as peculiaridades que caracterizam a possibilidade de exigência do Imposto Sobre Serviços de Qualquer Natureza, *verbis*:

> Para configurar-se a prestação de serviços é necessário que ocorra o exercício, por parte de alguém (prestador), de atuação que tenha por objetivo produzir uma utilidade relativamente a outra pessoa (tomador), a qual remunera o prestador (preço do serviço). Prestar serviços é atividades irreflexiva, reivindicando, em sua composição, o caráter da bilateralidade. Em vista disso, torna-se invariavelmente necessária a existência de duas pessoas diversas, na condição de prestador e de tomador, não podendo cogitar-se de alguém que preste serviço a si mesmo. E mais, é imprescindível que o contato bilateral tenha conteúdo econômico, fixando-se um "preço" em contraprestação à utilidade imaterial fornecida pelo prestador.[178]

---

176. CARRAZZA, *op. cit.*, 2013, p. 587-8.

177. MELO, José Eduardo Soares de. *ISS – aspectos teóricos e práticos*. 5. ed. São Paulo: Dialética, 2008, p. 36.

178. CARVALHO, *op. cit.*, 2008, p. 685-6.

Não soçobra qualquer dúvida de que nem todo o serviço representa um fato submetido à incidência do ISSQN.

A Constituição Federal de 1988 recepcionou parte da Lei n. 5.764, de 16 de dezembro de 1971, a qual define a Política Nacional do Cooperativismo, institui o regime jurídico das sociedades cooperativas e dá outras providências. Este diploma normativo por si mesmo é um instrumento capaz de afastar a exigência tributária do ISSQN sobre as sociedades cooperativas.

Rezam os artigos 2º, 3º e 4º da Lei n. 5.764/71 que:

> Art. 2º As atribuições do Governo Federal na coordenação e no estímulo às atividades de cooperativismo no território nacional serão exercidas na forma desta Lei e das normas que surgirem em sua decorrência.
>
> Art. 3º Celebram contrato de sociedade cooperativa as pessoas que **reciprocamente se obrigam a contribuir** com bens ou **serviços** para o exercício de uma atividade econômica, de proveito comum, sem objetivo de lucro. (grifamos).
>
> Art. 4º As cooperativas são **sociedades de pessoas**, com forma e natureza jurídica próprias, de natureza civil, não sujeitas a falência, **constituídas para prestar serviços aos associados**, distinguindo-se das demais sociedades pelas seguintes características... (grifamos).

Não é necessário muito esforço exegético para se notar que existe uma grande proteção por parte do constituinte e do legislador ordinário sobre as cooperativas, sendo dever da Administração Pública promover o estímulo destas sociedades, as quais são constituídas entre pessoas com fins comuns, que reciprocamente se obrigam a contribuir com bens ou serviços (mutualidade) para o desempenho de determinada atividade econômica sem objetivo de lucro.

Nesta senda, as cooperativas podem tanto praticar atos não cooperados, como atos cooperados.

Com efeito, o ato cooperativo não implica operação de mercado, nem contrato de compra e venda de produtos ou mercadoria. Isto quer dizer que sempre que se estiver diante de um ato cooperativo não haverá prestação de serviço ou venda de produtos ou mercadorias.

Exemplificando, quando uma cooperativa de crédito disponibiliza uma quantia para o seu associado em verdade não lhe está a prestar qualquer tipo de serviço financeiro. Primeiro, porque quando o associado ingressa na cooperativa, por meio da aquisição de cota capital, este se torna dono, podendo votar e ser votado, participar de todas as reuniões ordinárias e extraordinárias, definir o plano de ação, deliberar sobre a destinação dos excedentes, receber parte das sobras e daí por diante. Segundo, porque a própria legislação em vigor prevê que o ato cooperativo não implica operação de mercado, ou seja, não existe prestação de serviço para efeito de tributação.

Por mais que os Municípios detenham competência tributária para instituir, arrecadar e fiscalizar o Imposto sobre Serviços de Qualquer Natureza – ISSQN, certo é, por força do princípio da estrita legalidade encetada no artigo 150, I, da Constituição Federal, só o podem fazer dentro do arquétipo material previsto na Constituição Federal. O próprio constituinte, quando traçou as competências legislativas em matéria tributária delimitou a incidência da tributação, não deixando ao talante dos entes políticos deliberarem da forma como lhes conviessem.

Existe uma estrutura de ordem constitucional que prescreve todos os limites da tributação no Brasil. A despeito de infelizmente ainda não ter sido promulgada a lei complementar prevista no artigo 146, III, c, da CF, que deverá tratar de assuntos pormenores de tributação, a Lei n. 5.764/71 tem sido utilizada pela doutrina e pela jurisprudência para proteger o ato cooperativo das exigências do Imposto Sobre Serviços de Qualquer Natureza – ISSQN.

O serviço desenvolvido no âmbito da finalidade estatutária da cooperativa não se enquadra na tipicidade do ISSQN, haja vista que a figura do tomador e do prestador se confunde com a mesma pessoa, ou seja, o associado (dono da cooperativa) é quem toma e presta o serviço para si mesmo. Internamente não há circulação econômica e lucro. No mais, todas as despesas geradas pela Cooperativa serão rateadas entre os associados, consoante determina o artigo 80 da Lei n. 5.764/71: *As despesas da sociedade serão cobertas pelos associados mediante rateio na proporção direta da fruição de serviços.*

Colhe-se dos ensinamentos de Helder Gonçalves Lima que:

> Como vimos, serviços tributáveis têm como característica a prestação de uma utilidade econômica em favor de terceiro, sob regime de direito privado, realizada de forma habitual e na intenção de lucrar. Neste mote, cumpre sublinhar que a finalidade precípua da cooperativa é prestar serviços aos seus associados, que, por natureza, são também usuários de seus serviços, em decorrência lógica e inarredável do princípio da dupla qualidade, característica basilar do cooperativismo. Consubstancia-se, nessas hipóteses, um ato cooperativo que nada tem de serviço tributável. Com efeito, a prestação de serviços realizada pela cooperativa aos próprios associados configura, em verdade, operação interna, praticada dentro do âmbito jurídico cooperativo, onde não há elemento estranho à esfera jurídica desta sociedade. Infere-se, portanto, que no cooperado não se materializa a figura do tomador, que há de ser necessariamente um terceiro, estranho à sociedade. Cooperado não é terceiro em relação à cooperativa, em absoluto. Outrossim, o fato de a cooperativa prestar serviço a seu próprio associado (ato cooperativo), em operação interna, implica na inexistência de circulação econômica do bem imaterial (serviço), assim como de fim lucrativo.[179]

A jurisprudência do Superior Tribunal de Justiça é uníssona quanto à impossibilidade de tributação via ISSQN dos atos cooperativos, *verbis*:

---

179. LIMA, Helder Gonçalves. ISS e cooperativas de trabalho: o adequado tratamento constitucional tributário. Nov. 2012. Disponível em: <http://jus.com.br/artigos/23028/iss-e-cooperativas-de-trabalho-o-adequado-tratamento-constitucional-tributario#ixzz2i61FvX77>.

AGRAVO REGIMENTAL NO RECURSO ESPECIAL. COOPERATIVA DE SERVIÇOS MÉDICOS. ATO MERAMENTE NEGOCIAL, NÃO COOPERATIVO. ISS. INCIDÊNCIA. PRECEDENTES. – Não incide o ISS sobre as atividades próprias de cooperativa. Por outro lado, as atividades de natureza empresarial, decorrentes de relação jurídica negocial, estão sujeitas à incidência do tributo porque não se qualificam como atos cooperativos. Precedentes. Agravo regimental improvido. (AgRg no REsp 1172458 / RJ AGRAVO REGIMENTAL NO RECURSO ESPECIAL 2009/0246952-7; Ministro CESAR ASFOR ROCHA; T2 - SEGUNDA TURMA; Julgamento 29/05/2012; DJe 05/06/2012).

TRIBUTÁRIO – COOPERATIVA – NÃO INCIDÊNCIA DE ISSQN EM ATOS COOPERADOS – ART. 79 DA LEI N. 5.769/1971 – PRECEDENTES – REENQUADRAMENTO FÁTICO – MATÉRIA DE PROVA – SÚMULA 7/STJ. 1. Discute-se nos autos a incidência de ISSQN sobre atos praticados por cooperativa médica considerados nas instâncias ordinárias como tipicamente cooperativos. 2. A sujeição à incidência do ISSQN dá-se apenas nos atos não cooperados, ou seja, aqueles decorrentes de relação jurídica negocial advinda da prestação de serviços a terceiros, o que *in casu* não ocorreu. 3. "A embargada repassa os valores recebidos dos pacientes aos médicos-cooperados, pelos serviços por eles prestados, o que configura ato cooperado (art. 79 da Lei 5.769/1971) e afasta a incidência do ISS. Não se trata de venda ou administração de planos de saúde." (EREsp 622.794/MG, Rel. Min. Herman Benjamin, Primeira Seção, julgado em 28.10.2009, DJe 6.11.2009.) 4. Contrariar o enquadramento feito pelas instâncias originárias, de que os serviços tributados dizem respeito a atos tipicamente cooperados, porquanto não há a prestação de serviços pela cooperativa diretamente a terceiros, para efeito de análise de eventual violação do artigo 79 da Lei n. 5.764/71, demandaria o reexame de todo o contexto fático-probatório dos autos, o que, além de escapar da função constitucional deste Tribunal, encontra óbice na Súmula 7 do STJ, cuja incidência é induvidosa no caso sob exame. Agravo regimental improvido. (AgRg no REsp 1102763 / SP AGRAVO REGIMENTAL NO RECURSO ESPECIAL 2008/0273073-0; Ministro HUMBERTO MARTINS; T2 - SEGUNDA TURMA; Julgamento 03/12/2009; DJe 15/12/2009).

Portanto, mesmo à guisa da inexistência de lei complementar que regulamente o adequado tratamento tributário ao ato cooperativo, não se pode falar em incidência do ISSQN para esta espécie de sociedade, pois a própria natureza do ato cooperativo é o bastante para afastar a exigência fiscal.

Todavia, não podemos nos esquecer de que a definição de ato cooperativo para efeito de incidência ou não do ISSQN tem sido baseada no artigo 79 da Lei n. 5.764/71. Isso é evidente pela simples leitura das jurisprudências do Superior Tribunal de Justiça, acima transcritas. Quando o ato é interno, entre a cooperativa e o associado, não se discute a não incidência do indigitado imposto. O problema emerge quando a cooperativa presta serviços a terceiros, não associados. Exemplo é o caso das cooperativas de trabalho em relação aos seus tomadores de serviços.

De acordo com a jurisprudência, os valores negociados entre a cooperativa de trabalho e o tomador do serviço devem ser compreendidos como passíveis de incidência de ISSQN, por supostamente não se tratar de ato cooperativo. Ocorre, à toda evidência, que é totalmente impossível, p. ex., que uma cooperativa de médicos sobreviva senão mediante a venda de planos de saúde para terceiros. Por mais que o negócio jurídico não esteja sendo praticado entre cooperativa e associado, isto não desnatura a qualidade jurídica de ato cooperativo.

Volta-se a afirmar que não necessariamente o ato cooperativo deve ser praticado internamente (cooperativa x associado). Obrigatoriamente temos que ter a participação da cooperativa, mas não do associado, visando a consecução dos seus objetivos societários. Portanto, no exemplo dado acima, a cooperativa médica tem por objeto prestar serviços aos seus contratantes na área da saúde e os valores recebidos são atos cooperativos, inclusive sendo da natureza de negócio-fim. Em última hipótese é um negócio-meio, porém, não se pode afirmar que não é ato cooperativo.

5.6 Imposto sobre Circulação de Mercadorias – ICMS

Entre as competências tributárias atribuídas aos Estados e ao Distrito Federal está a criação do Imposto sobre Circulação de Mercadorias – ICMS. É cediço que esta sigla alberga não menos do que cinco modalidades diferentes de impostos. Todavia, interessa-nos analisar neste momento o ICMS-mercadoria. Poder-se-ia falar de outras hipóteses de incidência desta exação, porém, não será tratado neste momento, face à extensão do tema, o qual requer muito espaço para ser totalmente esboçado.

Expõe Paulo de Barros Carvalho que:

> O étimo do termo 'mercadoria' está no Latim *mercatura*, significando tudo aquilo susceptível de ser objeto de compra e venda, isto é, o que se comprou para pôr à venda. Evoluiu de *merx, mercis* (sobretudo no plural: *mercês, mercium*), referindo-se ao que é objeto de comércio, adquirindo, na atualidade, o sentido de 'qualquer objeto, natural ou manufaturado, que se possa trocar e que, além dos requisitos comuns a qualquer bem econômico, reúne outro requisito extrínseco, a destinação ao comércio'. Não se presta o vocábulo para designar, nas províncias do direito, senão coisa móvel, corpórea, que está no comércio.[180]

Acrescenta o mestre:

> A natureza mercantil do produto não está, absolutamente, entre os requisitos que lhe são intrínsecos, mas na destinação que se lhe dê. É mercadoria a caneta exposta à venda entre outras adquiridas para esse fim. Não se enquadra nesse conceito, porém, aquela mantida em meu bolso e destinada a meu uso pessoal. Observe-se que não se operou a menor modificação na índole do objeto referido. Apenas sua destinação veio a conferir-lhe o atributo de mercadoria.[181]

No contexto das cooperativas a discussão que ressai acerca do ICMS-mercadoria está muito mais atrelada àquelas sociedades de consumo, na qual, como já visto neste trabalho, são constituídas por pessoas com a finalidade de terem acesso a bens, produtos ou mercadorias destinados ao uso, mediante melhores preços e condições.

---

180. Antenor Nascentes *apud* CARVALHO, *op. cit.*, 2008, p. 648.

181. *Id. ibid.*, p. 648.

Quando a cooperativa de consumo vende estes produtos aos seus associados, parece não haver muita dúvida quanto à realização de um negócio-fim, portanto, ato cooperativo típico, em sentido estrito, não implicando, dessarte, operação de mercado, nem contrato de compra e venda de produto ou mercadoria (parágrafo único, artigo 79, Lei n. 5.764/71).

Geraldo Ataliba verberou sobre isso:

> O ato pelo qual a cooperativa de consumo – que comprou uma coisa em nome do cooperado – lhe transfere essa coisa, não é ato mercantil por lhe faltarem os elementos *lucro* como fim e *mercadoria* como objeto; além do mais, não é regido pelo Direito Mercantil (Comercial). Todas as relações cooperativa/cooperado são regidas pelo Direito Civil, *ex vi legis*.
>
> [...]
>
> Daí podermos afirmar que não incide ICMS sobre a movimentação de bens entre cooperativa e cooperados, porque esta configura ato cooperativo, não regido pelo Direito Mercantil e, pois, não configurando, para nenhum efeito, operação relativa a circulação de mercadorias.
>
> Por isso, é unânime a doutrina em salientar que o ato cooperativo não tem cunho de alteridade, elidindo o lucro, o proveito, o sobrepreço que precisamente caracteriza o ato mercantil.[182]

No mesmo rumo seguem as palavras de José Souto Maior Borges:

> Quando a cooperativa adquire de terceiro qualquer produto e os entrega a seus associados, essa operação não é de mercado. É feito por delegação contratual característica do regime cooperativista, exclusivamente para consumo. Simples entrega desses produtos, não caracteriza assim transferência de propriedade de mercadoria, mas simplesmente de produtos ou gêneros. Subtraídos do processo econômico circulatório, esses produtos não podem ser, enquanto destinados aos associados, mercadorias. São coisas fora do comércio, que, nada obstante poderão *ad*

---

182. ATALIBA, Geraldo. ICM – Não incidência sobre o ato cooperativo. *RDTributário*, São Paulo, n. 2, 1997 (fizemos a substituição da sigla ICM por ICMS, por questão de atualização à nova ordem constitucional).

futurum nele serem eventualmente reintroduzidas. Mas, só com a reintrodução no mercado, revestir-se-ão da qualidade de mercadorias e pois serão tributáveis pelo ICMS, sem nenhuma óbice constitucional. Recorde-se que a distinção entre coisa móvel e mercadoria decorre precisamente da sua destinação: bens móveis que se destinam à comercialização.[183]

Mas, nem sempre a situação parece ser tão tranquila quanto aparenta. Por mais estanho que possa parecer, compulsando a jurisprudência do Colendo Superior Tribunal de Justiça, deparamos com certos julgamentos reconhecendo a incidência do ICMS sobre determinado ato cooperativo típico – em sentido estrito –, praticado por uma sociedade cooperativa de consumo com os seus associados, *in verbis:*

PROCESSO CIVIL. TRIBUTÁRIO. ICMS. FORNECIMENTO DE ENERGIA ELÉTRICA. ENTIDADES COOPERATIVAS. EXAME DE LEI LOCAL. IMPOSSIBILIDADE. CONFRONTO ENTRE LEI LOCAL E LEI FEDERAL. MATÉRIA CONSTITUCIONAL. RECURSO NÃO CONHECIDO.1. Discute-se no recurso especial a incidência e ICMS sobre as operações de fornecimento de energia elétrica pela cooperativa aos seus cooperados. 2. O aresto recorrido mencionou a existência lei local que expressamente autoriza a exação tributária. Logo, para que se possa decidir em sentido contrário ao estipulado na origem, faz-se necessária a interpretação daquela legislação, o que se encontra vedado nesta seara, ante o óbice da Súmula 280/STF. 3. Outrossim, não cabe ao STJ, na instância extraordinária, examinar se a lei local invadiu a esfera normativa destinada à LC nº 87/96, pois essa discussão possui contornos constitucionais, cujo exame é da competência do Supremo Tribunal, nos termos do art. 102, III, d, da Constituição da República. 4. Recurso especial não conhecido. Vistos, relatados e discutidos os autos em que são partes as acima indicadas, acordam os Ministros da Segunda Turma do Superior Tribunal de Justiça, prosseguindo no julgamento, após o voto-vista do Sr. Ministro Castro Meira, divergindo da Sra. Ministra-Relatora, por maioria, não conhecer do recurso nos termos do voto do Sr. Ministro Castro Meira, que lavrará o acórdão. Vencidos os Srs. Ministros Eliana Calmon e Mauro Campbell

---

183. BORGES, José Souto Maior; ATALIBA, Geraldo. *Parecer ICM & ato cooperativo*. Porto Alegre: Fecotrigo, 1978, p. 52.

Marques. Votaram com o Sr. Ministro Castro Meira os Srs. Ministros Humberto Martins e Herman Benjamin.[184]

Nota-se que o Recurso Especial em epígrafe não foi conhecido pela maioria. Todavia, buscando os votos condutores do julgamento, encontramos o entendimento da Exma. Sra. Ministra Eliana Calmon, acompanhada pelo Exmo. Sr. Ministro Mauro Campbell Marques, conforme transcrição a seguir:

> A jurisprudência desta Corte admite a cobrança de ICMS sobre os atos praticados pela cooperativa com seus cooperados – ato cooperativo – se se adequarem à hipótese de incidência normativa, como acontece no caso em tela, na qual a cooperativa circula energia elétrica aos cooperados.

Nesse sentido:

> Tributário. ICMS. Cooperativa. Denúncia Espontânea. Inexistência. Multa Moratória Devida. Cerceamento de Defesa. Cumulação de Honorários em Execução e Embargos. Possibilidade de Concessão de Benefício da Justiça Gratuita à Pessoa Jurídica. Condições. 1. Tratando-se de débito declarado e não pago pelo contribuinte, torna-se despicienda a homologação formal, passando a ser exigível independentemente de prévia notificação ou da instauração de procedimento administrativo fiscal. Assim, como o artigo 138, do CTN, condiciona a denúncia espontânea a tributos cujo fato gerador não seja de conhecimento do Fisco, bem como ao depósito do principal e juros, não se aplica ao caso em tela, sendo devida a multa moratória.2. É pacífico o entendimento da Corte de que incide ICMS ainda que em operações da cooperativa com seus cooperados. 3. Assentou a Corte Especial a viabilidade da cumulação de honorários no processo de execução e nos embargos de devedor.4. A pessoa jurídica pode ser beneficiária da "justiça gratuita", desde que as condições exigidas legalmente e notoriamente quanto a sua real situação financeira. 5. Precedentes jurisprudenciais. 6. Recurso parcialmente conhecido e sem provimento.[185]

---

184. Superior Tribunal de Justiça. REsp 1185225/RJ RECURSO ESPECIAL 2010/0047742-6. Relatora Ministra ELIANA CALMON. Relator para acórdão Ministro CASTRO MEIRA. T2 - SEGUNDA TURMA. Data do julgamento. Data do julgamento DJe 25/05/2011.

185. Superior Tribunal de Justiça. Recurso Especial 243.882/RS, Rel. Ministro MILTON

Tributário. ICM. Cooperativa de consumo. Operação com associados. Incidência do tributo. 1. A jurisprudência atual da Eg. 2ª Turma firmou-se em sentido contrário ao do aresto paradigma, prestigiando o entendimento do acordão embargado, consoante o qual incide o ICM nas operações efetuadas entre cooperativas e seus associados. 2. Embargos de divergência não conhecidos por estar superada a tese da decisão apontada como dissidente.[186]

ICM – Cooperativas de consumo – Depósito – Juros e correção monetária. As cooperativas de consumos estão sujeitas ao ICM, inclusive por suas operações realizadas com os seus associados, o que caracteriza o fato gerador (Decreto-lei 406/68 art. 1., item i). O depósito não exonera o executado do pagamento dos juros de mora, do acréscimo legal devido nos termos do art. 161 do CTN e da correção monetária, simples atualização do débito. Recurso improvido.[187]

Em sentido totalmente contrário aos entendimentos jurisprudenciais acima transcritos, defende Roque Antonio Carrazza que:

> Muito bem, podem os Estados e o Distrito Federal exigir ICMS sobre a transferência de coisas da cooperativa de consumo para seus associados?
>
> Estamos que não, já que na entrega de coisas pela cooperativa de consumo a cooperado não há "operação relativa à circulação de mercadoria".
>
> Por outro giro verbal, a cooperativa de consumo não deve recolher ICMS quando entrega, a seus associados, bens que adquire no mercado, em nome e para consumo destes.
>
> É evidente que, no caso, o ICMS não pode incidir, porque a cooperativa, na verdade, age em nome e por conta dos cooperados, como se consumidora final fosse. Quando lhes entrega os bens adquiridos, em rigor não lhes transfere a propriedade dos mesmos, que, desde o momento da aquisição, já era dos próprios cooperados. A cooperativa apenas os representou no ato de aquisição. Não há, pois, na espécie, operação mercantil.[188]

LUIZ PEREIRA, PRIMEIRA TURMA, julgado em 12/03/2002, DJ 24/06/2002 p. 194.

186. Superior Tribunal de Justiça. Embargos de declaração em Recurso Especial n. 38815/SP, Rel. Min. Peçanha Martins, Primeira Seção, julgado em 26/02/1997, publicado no DJ de 12/05/1997 p. 18750.

187. Superior Tribunal de Justiça. Recurso Especial 19567/SP, Rel. Ministro Garcia Vieira, Primeira Turma, julgado em 08/04/1992, publicado no DJ de 01/06/1992 p. 8030.

188. CARRAZZA, op. cit., 2009, p. 93-94.

Entrementes, para que seja possível fornecer produtos ou mercadorias aos seus associados, a cooperativa necessariamente tem que adquiri-los no mercado, mediante a compra e venda com não associados. Por não se tratar de um ato regido pela bilateralidade propugnada pelo artigo 79 da Lei n. 5.764/71, tendemos a concluir que não se trata de um ato cooperativo, portanto, passível de exigência do ICMS-mercadoria.

Até que se pode defender que nesta hipótese o ato é cooperativo, por se tratar de negócio-meio à consecução dos seus objetivos sociais. Ou seja, o ato será considerado cooperativo para a cooperativa, porém, não o será para o estabelecimento que fez a venda. Todavia, cairíamos num problema, que, não obstante a falta de juridicidade, é uma realidade admitida pelo Superior Tribunal de Justiça, que é a questão do contribuinte de fato. Quando a cooperativa de consumo adquire no mercado comum produtos ou mercadorias, não é ela a contribuinte do ICMS, mas sim, o outro estabelecimento.

Para conseguirmos propagar todos os efeitos pretendidos pelo ato cooperativo neste caso, teríamos que avançar sobre a legitimidade do contribuinte de fato para questionar a incidência do ICMS. Entretanto, verificando a jurisprudência do Superior Tribunal de Justiça, tudo indica, por ora, que o contribuinte de fato está legitimado a questionar este imposto somente quando for consumidor de energia elétrica, senão vejamos:

> TRIBUTÁRIO. IPI. RESTITUIÇÃO DE INDÉBITO. CONTRIBUINTES DE FATO. ILEGITIMIDADE ATIVA AD CAUSAM. SUJEIÇÃO PASSIVA APENAS DOS FABRICANTES (CONTRIBUINTES DE DIREITO). MATÉRIA SUBMETIDA AO RITO DOS RECURSOS REPETITIVOS. 1. O Superior Tribunal de Justiça, após o julgamento do REsp 903.394/AL, Rel. Min. Luiz Fux, DJ. 26.04.10, submetido ao rito dos recursos repetitivos (art. 543-C do CPC), pacificou o entendimento de que "o 'contribuinte de fato' não detém legitimidade ativa ad causam para pleitear a restituição do indébito relativo ao IPI incidente sobre os descontos incondicionais, recolhido pelo 'contribuinte de direito', por não integrar a relação jurídica tributária pertinente".

2. Agravo Regimental não provido.[189]
PROCESSUAL CIVIL. TRIBUTÁRIO. OMISSÃO INEXISTENTE. LEGITIMIDADE ATIVA. ICMS SOBRE "TUSD" E "TUST". NÃO INCIDÊNCIA. SÚMULA 83/STJ. 1. Não há a alegada violação do art. 535 do CPC, ante a efetiva abordagem das questões suscitadas no processo, quais seja, ilegitimidade passiva e ativa ad causam, bem como a matéria de mérito atinente à incidência de ICMS. 2. Entendimento contrário ao interesse da parte e omissão no julgado são conceitos que não se confundem. 3. O STJ reconhece ao consumidor, contribuinte de fato, legitimidade para propor ação fundada na inexigibilidade de tributo que entenda indevido. 4. "(...) o STJ possui entendimento no sentido de que a Taxa de Uso do Sistema de Transmissão de Energia Elétrica - TUST e a Taxa de Uso do Sistema de Distribuição de Energia Elétrica - TUSD não fazem parte da base de cálculo do ICMS" (AgRg nos EDcl no REsp. 1.267.162/MG, Rel. Ministro HERMAN BENJAMIN, SEGUNDA TURMA, julgado em 16/08/2012, DJe 24/08/2012.). Agravo regimental improvido.[190]

Até mesmo nos casos de imunidade tributária há firme jurisprudência do Supremo Tribunal Federal no sentido de que o contribuinte de fato não pode questionar a incidência da carga tributária, dispondo que:

AGRAVO REGIMENTAL EM RECURSO EXTRAORDINÁRIO COM AGRAVO. IMUNIDADE PRETENDIDA PELO MUNICÍPIO NA CONDIÇÃO DE CONTRIBUINTE DE FATO. IMPOSSIBILIDADE. É pacífico o entendimento deste Supremo Tribunal Federal no sentido de que o município não pode ser beneficiário da imunidade recíproca nas operações em que figurar como contribuinte de fato. O repasse do ônus financeiro, típico dos tributos indiretos, não faz com que a condição jurídica ostentada pelo ente federativo na condição de sujeito passivo da

---

189. Superior Tribunal de Justiça. AgRg nos EDcl no REsp 1441367/RS AGRAVO REGIMENTAL NOS EMBARGOS DE DECLARAÇÃO NO RECURSO ESPECIAL 2014/0046582-0. Ministro HERMAN BENJAMIN. T2 - SEGUNDA TURMA. Data do julgamento 23/09/2014. Publicado em DJe 10/10/2014.

190. Superior Tribunal de Justiça. AgRg no AREsp 845353/SC AGRAVO REGIMENTAL NO AGRAVO EM RECURSO ESPECIAL 2015/0319862-6. Relator Ministro HUMBERTO MARTINS. Julgamento 05/04/2016. Órgão T2 - SEGUNDA TURMA. Publicação DJe 13/04/2016.

relação jurídica tributária seja deslocada para a figura do consumidor da mercadoria ou serviço. Agravo regimental a que se nega provimento.[191]

Portanto, no momento, a utilidade da definição de ato cooperativo proposta neste trabalho está atrelada à previsão do artigo 121, I, do Código Tributário Nacional que prevê o contribuinte como sendo aquela pessoa que mantém relação direta e pessoal com a hipótese de incidência tributária.

5.7 PIS/PASEP e COFINS

Compulsando a legislação brasileira se observa que quando da entrada em vigor da Constituição Federal de 1988 já existia previsão normativa para a incidência das contribuições sociais nominadas de Programa de Integração Social (PIS) e o Programa de Formação do Patrimônio do Servidor Público (PASEP), por meio da Lei Complementar n. 07/70, como também, a contribuição denominada FINSOCIAL, regulada pelo Decreto-lei n. 1.940/82, ambas tendo por base de cálculo o faturamento.

Não há dúvida de que tanto a PIS/PASEP quanto a FINSOCIAL foram recepcionadas pela nova Carta Magna, todavia, dúvidas perseguiram os operadores do direito face à redação do seu artigo 195, § 4º c/c o artigo 154, I, onde ficou expressamente vedada a instituição de contribuição social incidente sobre a mesma situação jurídica.

Entretanto, o Supremo Tribunal Federal, afastando a alegação de *bis in idem*, sustentou que:

---

191. Supremo Tribunal Federal. AG.REG. no RECURSO EXTRAORDINÁRIO COM AGRAVO 758886 AgR/MG - MINAS GERAIS. Relator(a): Min. ROBERTO BARROSO. Julgamento: 09/04/2014. Órgão Julgador: Primeira Turma. ACÓRDÃO ELETRÔNICO DJe-095 DIVULG 19-05-2014 PUBLIC 20-05-2014.

[...] a existência de duas contribuições sobre o faturamento está prevista na própria (art. 195, I, e 239), motivo singelo, mas bastante, não apenas para que não se possa falar em inconstitucionalidade, mas também para infirmar a ilação de que a contribuição do artigo 239 satisfaz a previsão do artigo 195, I, no que toca a contribuição calculada sobre o faturamento.[192]

Sem adentrar ao mérito do julgado acima, certo é que nos dias que correm persiste a incidência tributária do PIS/PASEP, havendo uma modificação quanto ao nome do FINSOCIAL, que passou a ser designado por Contribuição para o Financiamento da Seguridade Social – COFINS, instituído por meio da Lei Complementar n. 70/91.

De qualquer modo, antes do advento da Emenda Constitucional n. 20/98, a base de cálculo de ambas as contribuições ainda era o faturamento. Após a referida Emenda Constitucional, houve uma ampliação da base de cálculo, computando-se, também, a receita.

O fundamento de validade das contribuições em análise está no artigo 149, *caput*, da Constituição Federal, que autoriza a União Federal a instituir contribuições sociais. Não obstante, a redação do artigo 195, I, *b*, da Constituição Federal é mais específica ao possibilitar a criação de contribuição para o financiamento da seguridade social sobre a receita ou faturamento. Ainda, a previsão contida no artigo 239, da CF/88 que especificamente trata acerca do PIS/PASEP.

No plano infraconstitucional se verifica que o PIS/PASEP inicialmente era regulado pela Lei Complementar n. 07/70 e que a COFINS passou a ser disciplinada pela Lei Complementar n. 70/91. Entretanto, algumas modificações foram feitas em ambas as legislações, passando pela Medida Provisória 1.678-38/98, convertida na Lei Ordinária n. 9.715/98 (PIS/PASEP), pela Medida Provisória 1.724/98, convertida

---

192. Trecho do voto do Min. Ilmar Galvão no RE 150.164-1.

na Lei Ordinária n. 9.718/98 (PIS/PASEP e COFINS – atualmente esta lei soma-se aos demais dispositivos da LC 70/91 e da Lei n. 9.715/98, que tratam do regime cumulativo). Não se pode deixar de mencionar as Leis Ordinárias n. 10.637/02 e n. 10.833/03.

A Lei Ordinária n. 10.637/02 dispõe em seu artigo 8º, X, com a redação que foi dada pela Lei Ordinária n. 10.684/03, que:

> Art. 8º-Permanecem sujeitas às normas da legislação da contribuição para o PIS/Pasep, vigentes anteriormente a esta Lei, não se lhes aplicando as disposições dos arts. 1º a 6º:
>
> X - as sociedades cooperativas.

Por seu turno, a Lei Ordinária n. 10.833/03 reza em seu artigo 10, VI, com a redação da Lei Ordinária n. 10.865/04, o seguinte:

> Art. 10. Permanecem sujeitas às normas da legislação da COFINS, vigentes anteriormente a esta Lei, não se lhes aplicando as disposições dos arts. 1º a 8º: (Vide Medida Provisória nº 252, de 15/06/2005).
>
> VI - sociedades cooperativas, exceto as de produção agropecuária, sem prejuízo das deduções de que trata o art. 15 da Medida Provisória nº 2.158-35, de 24 de agosto de 2001, e o art. 17 da Lei nº 10.684, de 30 de maio de 2003, não lhes aplicando as disposições do § 7º do art. 3º das Leis nºs 10.637, de 30 de dezembro de 2002, e 10.833, de 29 de dezembro de 2003, e as de consumo; (Redação dada pela Lei nº 10.865, de 2004).

A jurisprudência consolidada pelo Superior Tribunal de Justiça entende que a incidência do PIS/PASEP e da COFINS deverá levar em consideração o ato cooperativo típico, ou seja, tal como definido no artigo 79, da Lei n. 5.764/71. Em outros dizeres, quando houver tipicamente um ato cooperativo, não incidirá estas contribuições, todavia, quando a sociedade cooperativa realizar negócios com terceiros, não associados, certamente terá que fazer o pagamento de ambas as contribuições.

209

Vejamos:

PROCESSUAL CIVIL. AGRAVO REGIMENTAL. RECURSO ESPECIAL. DIREITO TRIBUTÁRIO. COOPERATIVA DE TRABALHO MÉDICO. UNIMED. CONCEITO DE ATO COOPERATIVO TÍPICO. SERVIÇOS PRESTADOS A TERCEIROS. ATOS NÃO COOPERATIVOS. INCIDÊNCIA DAS CONTRIBUIÇÕES AO PIS E COFINS SOBRE OS ATOS NEGOCIAIS. TEMA JÁ JULGADO PELO REGIME DO ART. 543-C, DO CPC, E DA RESOLUÇÃO STJ 08/08. 1. A jurisprudência deste STJ já se firmou no sentido de que é legítima a incidência do PIS e da COFINS, tendo como base de cálculo o faturamento das cooperativas de trabalho médico, sendo que por faturamento deve ser compreendido o conceito que restou definido pelo STF como receita bruta de mercadorias, de mercadorias e serviços e de serviços de qualquer natureza, por ocasião do julgamento da ADC 01/DF. Precedentes: REsp 635.986/PR, Segunda Turma, Rel. Min. Eliana Calmon, DJe de 25.9.2008; REsp 1081747/PR, Segunda Turma, Rel. Min. Eliana Calmon, 15.10.2009. 2. O fornecimento de serviços a terceiros não cooperados e o fornecimento de serviços a terceiros não associados inviabiliza a configuração como atos cooperativos, devendo ser tributados normalmente. Precedentes: REsp 635.986/PR, Rel. Ministra Eliana Calmon, Segunda Turma, DJe 25.9.2008; REsp 746.382/MG, Rel. Min. Humberto Martins, DJ de 9.10.2006; REsp 1096776/PB, Segunda Turma, Rel. Min. Mauro Campbell Marques, julgado em 19/08/2010; AgRg no REsp 751.460/MG, Rel. Ministro Mauro Campbell Marques, Segunda Turma, DJe 13.2.2009; AgRg no AgRg no REsp 1033732/SP, Rel. Ministro Francisco Falcão, Primeira Turma, DJe 1.12.2008; EDcl nos EDcl no REsp 875.388/SP, Rel. Ministro Luiz Fux, Primeira Turma, DJe 29.10.2008. 3. O tema referente à tributação pelo IRPJ dos atos praticados pela cooperativa com terceiros não associados já foi objeto de julgamento em sede de recurso especial representativo da controvérsia REsp. n. 58.265 / SP, Primeira Seção, Rel. Min. Luiz Fux, julgado em 09.12.2009. 4. No referido julgamento, embora se estivesse apreciando a hipótese específica voltada ao Imposto de Renda e não às contribuições ao PIS e COFINS, nas razões de decidir restou firmado o pressuposto de que "[...] as operações realizadas com terceiros não associados (ainda que, indiretamente, em busca da consecução do objeto social da cooperativa), consubstanciam 'atos não cooperativos', cujos resultados positivos devem integrar a base de cálculo do imposto de renda" (REsp. n. 58.265 / SP, Primeira Seção, Rel. Min. Luiz Fux, julgado em 09.12.2009). 5. Desse modo, definido que se tratam de atos não cooperativos, não há que se falar em isenção do IRPJ, da CSLL e das contribuições ao PIS e COFINS por aplicação do art. 79, da Lei n. 5.764/71. 6. Observar que nos recursos representativos da controvérsia REsp. n. 1.141.667/RS e REsp. n. 1.164.716/MG, pendentes de julgamento, e RE 598.085-RJ o que se discute não é o conceito de ato cooperativo típico (tema já abordado no recurso representativo da controvérsia REsp. n. 58.265/SP, Primeira Seção, Rel. Min. Luiz Fux, julgado em 09.12.2009), mas sim o confronto da isenção para o ato cooperativo típico previsto no art. 79, da Lei n. 5.764/71 com o estabelecido pelo art. 15, da Medida Provisória n. 2.158-35, que restringiu as exclusões da base de cálculo das contribuições ao PIS/PASEP e COFINS somente a determinados valores ali especificados. 7. Agravo regimental não provido.[193]

Nas palavras de Flávio Augusto Dumont Prado, *verbis:*

> Todavia, independentemente de se considerar como faturamento ou receita bruta a base de cálculo dessas contribuições, há que se destacar que as cooperativas, em virtude das características que lhe são peculiares, não possuem receita bruta, e tampouco faturamento, no sentido técnico que a palavra apresenta e no sentido técnico utilizado pelo constituinte para permitir a incidência de tributos, tais como os ora analisados.
>
> Sabe-se, e quanto a isto não se tem dúvidas, que as sociedades cooperativas não tem objetivo de lucro, uma vez que são criadas única e exclusivamente para prestarem serviços aos seus associados.
>
> Considerando que as cooperativas não visam lucro, e partindo-se do pressuposto que praticam exclusivamente atos cooperados, há que se reconhecer que o objetivo delas não é mercantil, mas sim, social, pois visam, tão somente, no caso das cooperativas de crédito, ajudar seus associados a investir e a captar recursos com uma taxa mais vantajosa. (.) Esta conclusão resta ainda mais evidente quando se analisa o art. 79 da Lei n° 5. 764/71, que define atos cooperados, haja vista que reconhece, expressamente, que ato cooperativo não implica operação de mercado, *in verbis:* (..)
>
> Ora, considerando que não há negócio mercantil, como podem os resultados auferidos com a prática de atos cooperados serem

---

193. Superior Tribunal de Justiça. AgRg no REsp 786612 / RS AGRAVO REGIMENTAL NO RECURSO ESPECIAL 2005/0166801-5; Ministro MAURO CAMPBELL MARQUES; T2 - SEGUNDA TURMA; data do julgamento 17/10/2013; data da publicação DJe 24/10/2013.

considerados com base de cálculo do PIS e da COFINS, sendo que, para o direito tributário e para o direito comercial privado, para que se tenha receita bruta, é mister a existência de atos de comércio?[194]

De mais a mais, quanto à COFINS, PIS e CSLL, existe Recurso Extraordinário pendente de julgamento até o momento, com repercussão geral já reconhecida pelo Supremo Tribunal Federal. Como observado pelo Exmo. Ministro Joaquim Barbosa, a causa circunda no conceito constitucional de cooperativismo, o qual definirá os rumos da tributação para os atos praticados por estas sociedades.

Vejamos a ementa da repercussão geral:

> TRIBUTÁRIO. INCIDÊNCIA DA COFINS, DA CONTRIBUIÇÃO AO PROGRAMA DE INTEGRAÇÃO SOCIAL E DA CONTRIBUIÇÃO SOBRE O LUCRO LÍQUIDO SOBRE O PRODUTO DE ATO COOPERADO OU COOPERATIVO. DISTINÇÃO ENTRE "ATO COOPERADO TÍPICO" E "ATO COOPERADO ATÍPICO". CONCEITOS CONSTITUCIONAIS DE "ATO COOPERATIVO", "RECEITA DE ATIVIDADE COOPERATIVA" E "COOPERADO". COOPERATIVA DE SERVIÇOS MÉDICOS. VALORES PAGOS POR TERCEIROS À COOPERATIVA POR SERVIÇOS PRESTADOS PELOS COOPERADOS. LEIS 5.764/1971, 7.689/1988, 9.718/1998 E 10.833/2003. ARTS. 146, III, c, 194, par. ún., V, 195, caput, e I, a, b e c e § 7º e 239 DA CONSTITUIÇÃO. Tem repercussão geral a discussão sobre a incidência da Cofins, do PIS e da CSLL sobre o produto de ato cooperativo, por violação dos conceitos constitucionais de "ato cooperado", "receita da atividade cooperativa" e "cooperado". Discussão que se dá sem prejuízo do exame da constitucionalidade da revogação, por lei ordinária ou medida provisória, de isenção, concedida por lei complementar (RE 598.085-RG), bem como da "possibilidade da incidência da contribuição para o PIS sobre os atos cooperativos, tendo em vista o disposto na Medida Provisória nº 2.158-33, originariamente editada sob o nº 1.858-6, e nas Leis nºs 9.715 e 9.718, ambas de 1998" (RE 599.362-RG, rel. min. Dias Toffoli).[195]

---

194. PRADO, Flávio Augusto Dumont. Da Inconstitucional Exigência do PIS e da COFINS das Cooperativas de crédito. *Revista Dialética de Direito Tributário*, nº 58, p. 39, 1999.

195. Supremo Tribunal Federal. RE 672.215 RG/CE – Recurso Extraordinário. Ministro Joaquim Barbosa. Julgamento 29/03/2012, Publicação DJE 083 de 27.04.2012.

Aguardamos que a decisão do Supremo Tribunal Federal seja no sentido de sistematizar o conceito de ato cooperativo, tal como vem sendo defendido pela doutrina, afastando-se, definitivamente, a aplicação literal da redação do artigo 79 da Lei n. 5.764/71.

5.8 Contribuição Previdenciária Patronal

Por expressa disposição do comando normativo estatuído no artigo 149, *caput* e 195, I, *a,* da Constituição Federal, os empregadores estão obrigados a realizar o pagamento de contribuição social de natureza previdenciária, incidente sobre a folha de salários e demais rendimentos pagos ou creditados, a qualquer título, a pessoa física que lhes preste serviço, mesmo sem vínculo de emprego, senão vejamos:

> Art. 149. Compete exclusivamente à União instituir contribuições sociais, de intervenção no domínio econômico e de interesse das categorias profissionais ou econômicas, como instrumento de sua atuação nas respectivas áreas, observado o disposto nos art. 146, III, e 150, I e III, e sem prejuízo do previsto no art. 195, §6°, relativamente às contribuições a que alude o dispositivo.
>
> Art. 195. A seguridade social será financiada por toda a sociedade, de forma direta e indireta, nos termos da lei, mediante recursos provenientes dos orçamentos da União, dos Estados, do Distrito Federal e dos Municípios, e das seguintes contribuições sociais:
>
> I - do empregador, da empresa e da entidade a ela equiparada na forma da lei, incidentes sobre:
>
> a) a folha de salários e demais rendimentos do trabalho pagos ou creditados, a qualquer título, à pessoa física que lhe preste serviço, mesmo sem vínculo empregatício.

A disputa doutrinária e jurisprudencial com relação à natureza jurídica das contribuições sociais, principalmente as previdenciárias, acabou perdendo força com a entrada em vigor da Constituição Federal de 1988. Desde sempre Paulo de Barros Carvalho tinha convicção de que as *contribuições* possuíam nítido caráter tributário, consoante se observa das seguintes palavras:

> Não é de agora que advogamos a tese de que as chamadas *contribuições* têm natureza tributária. Vimo-las sempre como figuras de impostos ou taxas, em estrita consonância com o critério constitucional consubstanciado naquilo que nominamos de *tipologia tributária no Brasil*. Todo o suporte argumentativo calcava-se na orientação do sistema, visto e examinado na sua integridade estrutural. Assim, outra coisa não fez o legislador constituinte senão prescrever manifestamente que as *contribuições* são entidades tributárias, subordinando-se em tudo e por tudo às linhas definitórias do regime constitucional peculiar aos tributos.[196]

Lição, aliás, também defendida por Geraldo Ataliba: "... às contribuições aplica-se, na sua inteireza o princípio da legalidade estrita".[197]

Não soçobra qualquer dúvida de que as contribuições são obrigações compulsórias, instituídas por meio de lei, devendo ser paga em pecúnia, revestindo-se de todos os requisitos previstos no artigo 3º do Código Tributário Nacional.

Assim, desde o voto proferido pelo Exmo. Ministro Moreira Alves, do Supremo Tribunal Federal, doutrinadores e julgadores se renderam à pacificação do tema, nos termos abaixo, *verbis*:

> De efeito, a par das três modalidades de tributos (os impostos, as taxas e as contribuições de melhoria), a que se refere o art. 145 para declarar que são competentes para instituí-los a União, os Estados, o Distrito Federal e os Municípios, os arts. 148 e 149 aludem a duas outras modalidades tributárias, para cuja instituição só a União é competente: o empréstimo compulsório e as contribuições sociais, inclusive as de intervenção no domínio econômico. No tocante às contribuições sociais - que dessas duas modalidades tributárias é a que interessa para este julgamento –, não só as referidas no art. 149 – que se subordina ao capítulo concernente ao sistema tributário nacional – têm natureza

---

196. CARVALHO, *op. cit.*, 2012a, p. 74-5.

197. ATALIBA, Geraldo. *Hipótese de incidência*. 5. ed. São Paulo: Malheiros, 1992, p. 127.

tributária, como resulta igualmente, da observância que devam ao disposto nos artigos 146, III, e 150, I e III, mas também as relativas à seguridade social previstas no artigo 195, em conformidade com o disposto no §6° deste dispositivo, que, aliás, em seu §4°, ao admitir a instituição de outras fontes destinadas a garantir a manutenção ou expansão da seguridade social, determina se obedeça ao disposto no art. 154, I, norma tributária, o que reforça o entendimento favorável à natureza tributária dessas contribuições sociais.[198]

Numa visão tripartite da classificação jurídica dos tributos, nos termos do artigo 145, I, II e III, da Constituição Federal, pode-se afirmar que as contribuições, não obstante sua natureza tributária, devem ser vistas ora como impostos, outrora como taxas, mas nunca como contribuição de melhoria. Dadas às características das contribuições, não se acredita que possam ser espécies autônomas de tributos. Nesta toada caminha a doutrina de Paulo de Barros Carvalho:

> A conclusão parece-nos irrefutável: as contribuições são tributos que, como tais, podem assumir a feição de impostos ou taxas. Excluímos, de indústria, a possibilidade de aparecerem com os caracteres de contribuição de melhoria, posto que esta espécie foi concebida em termos de estreito relacionamento com a valorização do imóvel, traço que não só prejudica como até impede seu aproveitamento como forma de exigência e cobrança das contribuições.[199]

Tal qual determina o regime geral previdenciário instituído pela Lei 8.212/91, a base imponível das contribuições sociais para a seguridade recolhidas pelos empregadores assumem a figura típica de imposto, o qual, perante a unanimidade da doutrina e da jurisprudência, não requer atuação estatal com relação ao contribuinte.

A maior parte das sociedades cooperativas não funciona apenas com os serviços que lhes são prestados por seus

---

198. Supremo Tribunal Federal. Recurso Extraordinário n. 146.733-9 - Pleno, j. 29.6.92.
199. CARVALHO, op. cit., 2012a, p. 76.

associados, mas, inegavelmente, possuem funcionários, devidamente registrados e regidos pela Consolidação das Leis do Trabalho – CLT, como também desfrutam de serviços de terceiros não associados. A Lei Ordinária n. 8.212/91, visando regulamentar a contribuição previdenciária encetada no artigo 149, *caput* c/c o artigo 195, I, *a,* da Constituição Federal, dispôs em seu artigo 22 e seguintes a fórmula para o cálculo desta exação, impondo a todas as empresas esta obrigação tributária.

Por mais que as sociedades cooperativas possuam suas próprias peculiaridades, não se confundido com sociedades empresárias, não se pode deixar que sejam empresas e, portanto, com relação aos seus funcionários, devem fazer o recolhimento da contribuição previdenciária. Aliás, a Lei n. 5.764/71 faz presunção sobre isso em seu artigo 91, ao estatuir que "as cooperativas igualam-se às demais empresas em relação aos seus empregados para os fins da legislação trabalhista e previdenciária".

Assim está disposto no artigo 22 da Lei n. 8.212/91:

> Art. 22. A contribuição a cargo da empresa, destinada à Seguridade Social, além do disposto no art. 23, é de:
>
> I - vinte por cento sobre o total das remunerações pagas, devidas ou creditadas a qualquer título, durante o mês, aos segurados empregados e trabalhadores avulsos que lhe prestem serviços, destinadas a retribuir o trabalho, qualquer que seja a sua forma, inclusive as gorjetas, os ganhos habituais sob a forma de utilidades e os adiantamentos decorrentes de reajuste salarial, quer pelos serviços efetivamente prestados, quer pelo tempo à disposição do empregador ou tomador de serviços, nos termos da lei ou do contrato ou, ainda, de convenção ou acordo coletivo de trabalho ou sentença normativa.
>
> II - para o financiamento do benefício previsto nos arts. 57 e 58 da Lei nº 8.213, de 24 de julho de 1991, e daqueles concedidos em razão do grau de incidência de incapacidade laborativa decorrente dos riscos ambientais do trabalho, sobre o total das remunerações pagas ou creditadas, no decorrer do mês, aos segurados empregados e trabalhadores avulsos:

a) 1% (um por cento) para as empresas em cuja atividade preponderante o risco de acidentes do trabalho seja considerado leve;

b) 2% (dois por cento) para as empresas em cuja atividade preponderante esse risco seja considerado médio;

c) 3% (três por cento) para as empresas em cuja atividade preponderante esse risco seja considerado grave.

III - vinte por cento sobre o total das remunerações pagas ou creditadas a qualquer título, no decorrer do mês, aos segurados contribuintes individuais que lhe prestem serviços;

IV - quinze por cento sobre o valor bruto da nota fiscal ou fatura de prestação de serviços, relativamente a serviços que lhe são prestados por cooperados por intermédio de cooperativas de trabalho.[200]

§ 1º No caso de bancos comerciais, bancos de investimentos, bancos de desenvolvimento, caixas econômicas, sociedades de crédito, financiamento e investimento, sociedades de crédito imobiliário, sociedades corretoras, distribuidoras de títulos e valores mobiliários, empresas de arrendamento mercantil, cooperativas de crédito, empresas de seguros privados e de capitalização, agentes autônomos de seguros privados e de crédito e entidades de previdência privada abertas e fechadas, além das contribuições referidas neste artigo e no art. 23, é devida a contribuição adicional de dois vírgula cinco por cento sobre a base de cálculo definida nos incisos I e III deste artigo.

Resumidamente, temos as seguintes alíquotas para as contribuições previdenciárias, de acordo com o disposto na Lei Ordinária n. 8.212/91:

a) 20% sobre o total das remunerações (art. 22, I);

---

200. O artigo 22, inciso IV, foi declarado inconstitucional pelo Supremo Tribunal Federal, no julgamento do RE n. 595.838. Ademais, a Resolução do Senado n. 10/2016 suspendeu a sua execução, nos seguintes termos:
Art. 1º É suspensa, nos termos do art. 52, inciso X, da Constituição Federal, a execução do inciso IV do art. 22 da Lei nº 8.212, de 24 de julho de 1991, declarado inconstitucional por decisão definitiva proferida pelo Supremo Tribunal Federal nos autos do Recurso Extraordinário nº 595.838.
Art. 2º Esta Resolução entra em vigor na data de sua publicação.

b) 1% a 3% a título de SAT/RAT (art. 22, II): redução de 50% ou aumento de 100%;

c) 2,5% adicional das instituições financeiras e assemelhadas (art. 22, § 1º);

d) 2,5% + 0,1% da receita bruta da comercialização da produção agrícola de pessoa jurídica (art. 25, I e II, Lei n. 8.870/98);

e) 2% + 0,1% da receita bruta da comercialização da produção agrícola de pessoa física (art. 25)

f) 8%, 9% ou 11% dos segurados empregados em função do salário de contribuição.

As sociedades cooperativas em geral estão submetidas à contribuição previdenciária sobre o total das remunerações pagas ou creditadas aos seus funcionários ou terceiros não associados que lhes prestam serviços (20%), além de pagarem de 1% a 3% a título de SAT/RAT (podendo ter redução de 50% a 100% nos termos da legislação). Tratando-se de cooperativa de crédito, pagará um adicional de 2,5% (dois inteiros e cinco décimos).

A relação jurídica mantida entre as cooperativas e o seus funcionários evidentemente não se trata de ato cooperativo. Como já analisado nas linhas que ficaram para trás, este negócio é de natureza auxiliar, portanto, há sim a incidência da contribuição previdenciária. O problema que se tem é com relação ao adicional de 2,5% (dois inteiros e cinco décimos), exigido das cooperativas de crédito, como será visto adiante com maior detença.

5.8.1 O problema da base de cálculo das contribuições sobre a folha de salário

Muito tem se debatido nos últimos anos acerca da composição da base de cálculo da contribuição previdenciária incidente sobre a folha de salário. Isto porque, prevê a Constituição Federal (art. 195, I, *a*) e a Lei Ordinária n. 8.212/91 (art. 22, I) que a base o salário de contribuição será todo e qualquer valor pago pelo empregador para retribuir o trabalho, excluindo-se as hipóteses previstas no artigo 28 do mesmo diploma normativo.

Entrementes, a situação não é tão simples quanto se apresenta. Não basta aplicar a regra contida no artigo 22, I, abatendo-se as previsões do artigo 28, § 9°, da Lei n. 8.212/91, para que se tenha a exata base de cálculo da contribuição previdenciária patronal. Isto porque, as exclusões expressamente mencionadas pelo legislador ordinário não são suficientes para contemplar a definição de remuneração.

Assim já decidiu o Tribunal Superior do Trabalho:

> Note-se, por oportuno que, não obstante as distintas definições de salário de contribuição estabelecidas pela lei, seja qual for o conceito eleito para a incidência da contribuição previdenciárias, o fato gerador da obrigação envolverá, de alguma forma, a remuneração pelo trabalho", afirmou, acrescentando que, no caso em questão, não foi reconhecida relação de emprego. "Assim, a contribuição incide tão-somente sobre as parcelas de natureza remuneratória, excluídas as pagas a título de indenização", concluiu.[201]

Com efeito, as verbas de caráter eventual ou indenizatório, mesmo que não estejam expressamente indicadas no artigo 28, § 9°, da Lei n. 8.212/91, não podem de qualquer forma integrar o salário de contribuição, pois não se assentam na definição de remuneração. Assim, os valores atinentes ao auxílio-doença e auxílio-acidente (15 primeiros dias), o aviso prévio indenizado e o 13° salário proporcional a este, as férias indenizadas, as férias gozadas, o terço constitucional, o salário-maternidade, por exemplo, não podem integrar a base de cálculo desta contribuição previdenciária.

Há, ainda, discussões sobre outras rubricas, mas não se pretende esmiuçar todo o assunto, pois fugirá ao propósito empreendido neste trabalho. Somente a título de elucidação, trataremos de alguns outros valores que são cobrados pelo Fisco

---

201. Tribunal Superior do Trabalho. Recurso de Revista n. 89171/2003-900-04-00.2.

Federal, haja vista que incidem também nas sociedades cooperativas e estas devem se organizar para afastar a exigência.

5.9 Contribuição previdenciária do artigo 22, IV, da Lei n. 8.212/91

De tudo quanto visto nas linhas acima, não há qualquer dúvida de que as contribuições sociais estão submetidas ao sistema constitucional tributário, sendo que o constituinte foi preciso ao delinear a regra-matriz de incidência destas espécies tributárias, havendo pouquíssima margem de subjetividade para o legislador ordinário. Mesmo diante da inegável repartição de competências entre os entes políticos, as materialidades tributárias foram enraizadas na CF/88, não permitindo que a União, os Estados, o Distrito Federal e os Municípios caminhem por linhas tortas.

Ensina Roque Antonio Carrazza que:

> A Constituição, ao discriminar as competências tributárias, estabeleceu – ainda que por vezes, de modo implícito e com uma certa margem de liberdade para o legislador -, a norma padrão de incidência (o arquétipo, a regra-matriz) de cada exação. Noutros termos, ela apontou a hipótese de incidência possível, o sujeito ativo possível, o sujeito passivo possível, a base de cálculo possível e a alíquota possível, das várias espécies e subespécies de tributos. Em síntese, o legislador, ao exercitar a competência tributária, deverá ser fiel à norma-padrão de incidência do tributo, pré-traçada na Constituição.[202]

Nos termos do artigo 195, da CF:

> Art. 195. A seguridade social será financiada por toda a sociedade, de forma direta e indireta, nos termos da lei, mediante recursos provenientes dos orçamentos da União, dos Estados, do Distrito Federal e dos Municípios, e das seguintes contribuições sociais:

---

202. CARRAZZA, *op. cit.*, 2013, p. 587.

> I - do empregador, da empresa e da entidade a ela equiparada na forma da lei, incidentes sobre: (Redação dada pela Emenda Constitucional nº 20, de 1998)
>
> a) a folha de salários e demais rendimentos do trabalho pagos ou creditados, a qualquer título, à pessoa física que lhe preste serviço, mesmo sem vínculo empregatício; (Incluído pela Emenda Constitucional nº 20, de 1998)
>
> b) a receita ou o faturamento; (Incluído pela Emenda Constitucional nº 20, de 1998)
>
> c) o lucro; (Incluído pela Emenda Constitucional nº 20, de 1998)
>
> II - do trabalhador e dos demais segurados da previdência social, não incidindo contribuição sobre aposentadoria e pensão concedidas pelo regime geral de previdência social de que trata o art. 201; (Redação dada pela Emenda Constitucional nº 20, de 1998).

Pois bem: analisando a evolução legislativa nos deparamos nos idos de 1996 com a edição da Lei Complementar n. 86, a qual impunha à própria cooperativa de trabalho, enquanto contribuinte, o pagamento de contribuição de 15% sobre o valor pago aos seus cooperados. Ocorre, todavia, que por meio da Lei Ordinária n. 9.876/99 claramente a LC 86/96 foi revogada, de tal forma que as cooperativas de trabalho foram desobrigadas do recolhimento da contribuição previdenciária de 15%. Portanto, nos dias que correm as cooperativas de trabalho não mais recolhem esta contribuição social.

A Lei Ordinária n. 9.876/99 acresceu o inciso IV, ao artigo 22, da Lei Ordinária n. 8.212/91, passando a ter a seguinte redação:

> Art. 22. A contribuição a cargo da empresa, destinada à Seguridade Social, além do disposto no art. 23, é de:
>
> IV - quinze por cento sobre o valor bruto da nota fiscal ou fatura de prestação de serviços, relativamente a serviços que lhe são prestados por cooperados por intermédio de cooperativas de trabalho.

Em seguida, adveio a Lei Ordinária n. 10.666/2003 que acresceu o seguinte:

> Art. 1º As disposições legais sobre aposentadoria especial do segurado filiado ao Regime Geral de Previdência Social aplicam-se, também, ao cooperado filiado à cooperativa de trabalho e de produção que trabalha sujeito a condições especiais que prejudiquem a sua saúde ou a sua integridade física.
>
> § 1º Será devida contribuição adicional de nove, sete ou cinco pontos percentuais, a cargo da empresa tomadora de serviços de cooperado filiado a cooperativa de trabalho, incidente sobre o valor bruto da nota fiscal ou fatura de prestação de serviços, conforme a atividade exercida pelo cooperado permita a concessão de aposentadoria especial após quinze, vinte ou vinte e cinco anos de contribuição, respectivamente.

O exercício da competência tributária atribuída à União Federal não lhe permite a criação de outra hipótese de incidência para as contribuições sociais, senão aquelas já discriminadas pelo legislador constituinte. A margem de subjetividade aludida pelo precitado mestre tributarista não incluiu a modificação da norma-padrão de incidência.

Mas não foi o que aconteceu quando da edição da Lei Ordinária n. 9.788/99, pois, ao exercitar a competência tributária que lhe foi atribuída pela Constituição Federal, a União estatuiu uma nova fonte de custeio para a seguridade social, tendo por hipótese de incidência pagar pela prestação de serviço realizado por cooperados por intermédio de cooperativas de trabalho, atropelando os ditames constitucionais.

Nem se diga que esta indigitada contribuição poderia ter o seu fundamento de validade no artigo 195, § 4º, CF/88. Simplesmente, porque uma nova fonte de custeio dependeria da edição de Lei Complementar, nos exatos termos do artigo 154, I, da CF/88, conforme transcrito abaixo:

> Art. 195. A seguridade social será financiada por toda a sociedade, de forma direta e indireta, nos termos da lei, mediante recursos provenientes dos orçamentos da União, dos Estados, do

Distrito Federal e dos Municípios, e das seguintes contribuições sociais:

§ 4º A lei poderá instituir outras fontes destinadas a garantir a manutenção ou expansão da seguridade social, obedecido o disposto no art. 154, I.

Art. 154. A União poderá instituir:

I - mediante lei complementar, impostos não previstos no artigo anterior, desde que sejam não cumulativos e não tenham fato gerador ou base de cálculo próprios dos discriminados nesta Constituição.

Ao investigar o sentido e alcance do enunciado prescritivo dimanado pela Lei Ordinária n. 9.876/99, Leandro Paulsen chega à seguinte conclusão, *verbis*:

> Conforme já abordamos ao cuidar da base econômica prevista no art. 195, I, a, especificamente em face da potencialidade semântica da referência a pagamento ou creditamento a pessoa física, tal contribuição desbordou da base econômica ali dada à tributação, que, mesmo com a redação da EC n. 20/98, enseja a tributação, a título ordinário, das remunerações à pessoa física, e não à pessoa jurídica.
>
> Tendo em conta que a cooperativa é, por certo, pessoa jurídica e que os pagamentos são feitos à cooperativa contratada, e não diretamente aos cooperados, revela-se, na Lei 9.876/99, uma nova contribuição que só por lei complementar poderia ter sido instituída, conforme o art. 195, § 4º, da Constituição.
>
> Ou seja, é inconstitucional a contribuição em questão com a agravante de que a Lei 9.876/99, simultaneamente à inclusão do inciso IV no art. 22 da Lei 8.212/91, revogou expressamente a LC nº 84/96 que impunha à própria cooperativa de trabalho, enquanto contribuinte, o pagamento de contribuição de 15% sobre o valor pago a seus cooperados. Assim, temos uma nova contribuição inconstitucional e a anterior, que era suportada pelas próprias cooperativas, revogada, de modo que nenhuma delas é devida a contar da vigência da Lei 9.876/99.[203]

---

203. PAULSEN, Leandro. *Contribuições: teoria geral* – contribuições em espécie. 2. ed. Porto Alegre: Livraria do Advogado, 2013, p. 157-8.

Entendimento outro não teve o Exmo. Ministro Dias Toffolli, ao proferir o seu voto no julgamento do Recurso Extraordinário n. 595.838/SP, que de forma brilhante declarou a inconstitucionalidade do inciso IV, do artigo 22, da Lei Ordinária n. 8.212/91, *verbis*:

> A contribuição instituída pela Lei n° 9.876/99 representa nova fonte de custeio, sendo certo que somente poderia ser instituída por lei complementar, com base no art. 195, § 4° - com a remissão feita ao art. 154, I, da Constituição.[204]

Vários outros argumentos jurídicos ainda poderiam ser apresentados para reforçar a inconstitucionalidade já decretada da contribuição previdenciária imposta pelo inciso IV, do artigo 22, da Lei Ordinária n. 8.212/91, como: a criação de nova modalidade de contribuinte, ofensa ao princípio da capacidade contributiva, descompasso entre o critério material e a base de cálculo, indevida desconsideração da personalidade jurídica das cooperativas de trabalho.

Por mais que as cooperativas de trabalho não estejam submetidas à cobrança da contribuição previdenciária de 15% sobre os valores pagos aos seus associados, inegável reconhecer que a transferência desse encargo para as empresas tomadoras dos seus serviços acabava por gerar, de forma indireta, uma desvantagem totalmente desarrazoada com relação às demais sociedades, sejam empresárias ou simples. A contratação dos serviços de uma cooperativa de trabalho se tornava mais onerosa para o tomador.

Com isso, o conceito constitucional de ato cooperativo era deturpado, jogado às traças. Não se pode admitir, no sistema jurídico vigente, que as cooperativas de trabalho sejam marginalizadas e a contratação dos seus serviços mais caros, importando em desestímulo ao cooperativismo de trabalho. Ao invés de fomentar as cooperativas de trabalho, o Poder

---

204. Supremo Tribunal Federal. Recurso Extraordinário n. 595.838/SP. Plenário. Relator Ministro Dias Toffoli. Julgado em 23/04/2014. Publicado em DJe 08/10/2014.

Público Federal estava dizimando estas espécies, fazendo com que os tomadores de serviços gradativamente optassem por outras formas de prestação de serviço, onde não houvesse a incidência de contribuição previdenciária de 15%.

Importante as considerações feitas por Renato Lopes Becho, *verbis*:

> O legislador tratou com evidente desconfiança as cooperativas de trabalho. Todos os demais incisos referem-se aos pagamentos realizados a pessoas físicas. Apenas as cooperativas de trabalho estão sujeitas à referida retenção. Ela não se aplica às demais sociedades comerciais que visam lucro na exploração de mão de obra do trabalhador. Não vemos nenhuma justificativa fática, por exemplo relacionada a uma eventual dificuldade em fiscalizar as cooperativas, que não existe nas empresas que visam lucro para seus donos. Ao contrário. As verdadeiras cooperativas de trabalho são empresas que auxiliam a sociedade ao não concentrar o lucro na exploração de mão de obra, possuir conselho fiscal, ser administrada de forma democrática e ser mais ciosa de suas responsabilidades sociais. Há falsas cooperativas de trabalho, como há práticas ilícitas em todas as atividades humanas. Lamentamos que o legislador tenha trilhado o caminho da penalização de todas as cooperativas, culpando-as por alguns agirem ilicitamente. Do ponto de vista jurídico, a norma parece-nos evidentemente inconstitucional, por ferir o princípio da igualdade, largamente estudado nos capítulos iniciais deste trabalho, e por desprestigiar, desestimular e não apoiar o cooperativismo, em desatenção às diversas normas constitucionais por nós já mencionadas (notadamente os arts. 5º, *caput*, 146, III, c e 174, § 2º).[205]

Definitivamente, no Brasil ainda há muito que evoluir no Direito Cooperativista. O legislador ordinário ainda não conseguiu compreender a concepção constitucional que está sendo dada ao ato cooperativo.

---

205. BECHO, *op. cit.*, 2005, p. 280.

5.10 Contribuição previdenciária das cooperativas de crédito

Não obstante as cooperativas de crédito se submeterem ao recolhimento da contribuição previdenciária incidente sobre a sua folha de salário, no importe de 20% (vinte por cento), conforme visto acima, ainda, não se pode deixar de mencionar, estão obrigadas a pagar um adicional de 2,5% (dois vírgula cinco por cento) sobre a base de cálculo determinada nos incisos I e III, do artigo 22, da Lei n. 8.212/91, senão vejamos:

> Art. 22. [..].
>
> § 1º No caso de bancos comerciais, bancos de investimentos, bancos de desenvolvimento, caixas econômicas, sociedades de crédito, financiamento e investimento, sociedades de crédito imobiliário, sociedades corretoras, distribuidoras de títulos e valores mobiliários, empresas de arrendamento mercantil, cooperativas de crédito, empresas de seguros privados e de capitalização, agentes autônomos de seguros privados e de crédito e entidades de previdência privada abertas e fechadas, além das contribuições referidas neste artigo e no art. 23, é devida a contribuição adicional de dois vírgula cinco por cento sobre a base de cálculo definida nos incisos I e III deste artigo. (Redação dada pela Lei nº 9.876, de 1999). (Vide Medida Provisória nº 2.158-35, de 2001).

O § 1º do artigo 22, da Lei n. 8.212/91 deixa claramente transparecer o quanto ainda é necessário evoluir no tratamento jurídico das sociedades cooperativas. Nota-se pela leitura deste comando normativo que as cooperativas de crédito foram enquadradas na mesma situação dos bancos e demais empresas que atuam no mercado financeiro, como as seguradoras, as distribuidoras de títulos, entre outras. O legislador ainda não conseguiu desgarrar da falsa ideia de que cooperativa de crédito é banco. Evidentemente que não é! Apesar de ser uma instituição financeira, não se confunde com banco, por própria vedação do parágrafo único do artigo 5º da Lei n. 5.764/71.

Exigir das cooperativas de crédito um adicional de 2,5%, claramente vai de encontro com tudo o que almejou o constituinte de 1988. Este acréscimo de contribuição previdenciária não respeita o princípio da igualdade tributária, como também, não estimula, tampouco apoia o cooperativismo.

A sobrecarga de 2,5% (dois vírgula cinco por cento) a título de contribuição previdenciária não tem razão de ser para as sociedades cooperativas, pois o conceito de cooperativismo empreendido pelo legislador constituinte não se coaduna com este adicional.

5.11 Deveres instrumentais das cooperativas

Nos termos do artigo 113 do Código Tributário Nacional, a obrigação tributária se apresenta não somente pela imposição da entrega de determinada quantia de dinheiro pelo contribuinte ou responsável aos cofres públicos (chamada de obrigação principal), mas também, outra nominada de obrigação acessória, que não importa na entrega de qualquer montante em dinheiro ao erário público, senão o cumprimento de certas imposições ligadas a aspectos documentais.

Assim está disposto no CTN:

> Art. 113. A obrigação tributária é principal ou acessória.
>
> § 1º A obrigação principal surge com a ocorrência do fato gerador, tem por objeto o pagamento de tributo ou penalidade pecuniária e extingue-se juntamente com o crédito dela decorrente.
>
> § 2º A obrigação acessória decorre da legislação tributária e tem por objeto as prestações, positivas ou negativas, nela previstas no interesse da arrecadação ou da fiscalização dos tributos.
>
> § 3º A obrigação acessória, pelo simples fato da sua inobservância, converte-se em obrigação principal relativamente à penalidade pecuniária.

Todavia, ensina Paulo de Barros Carvalho que, *verbis*:

> Nossa preferência recai, por isso, na expressão *deveres instrumentais ou formais*. Deveres, com o intuito de mostrar, de pronto, que não têm essência obrigacional, isto é, seu objeto carece de patrimonialidade. E instrumentais ou formais porque, tomamos

em conjunto, é o instrumento de que dispõe o Estado-Administração para o acompanhamento e consecução dos seus desígnios tributários. Ele (Estado) pretende ver atos devidamente formalizados, para que possa saber da existência do liame obrigacional que brota com o acontecimento fático, previsto na hipótese da norma. Encarados como providências instrumentais ou como a imposição de formalidades, tais deveres representam o meio de o Poder Público controlar o fiel cumprimento da prestação tributária, finalidade essencial da plataforma da instituição do tributo.[206]

Como toda e qualquer empresa, as sociedades cooperativas também estão obrigadas a manter toda a escrituração contábil em dia, seja com relação aos negócios que realizam, ou referente aos funcionários que mantêm, consoante farta jurisprudência dos nossos Tribunais, senão vejamos:

PROCESSUAL CIVIL. EMBARGOS DE DECLARAÇÃO. OBSCURIDADE CONFIGURADA. ISS. COOPERATIVA DE SERVIÇOS MÉDICOS. ATOS NÃO COOPERADOS. INCIDÊNCIA DO ISS SOBRE A TAXA DE ADMINISTRAÇÃO. NATUREZA DECLARATÓRIA DO ACÓRDÃO. 1. Os embargos de declaração são cabíveis quando houver no acórdão ou sentença, omissão, contrariedade ou obscuridade, nos termos do art. 535, I e II, do CPC. 2. O acórdão embargado deu provimento parcial ao recurso especial tão-somente para declarar que os atos cooperativos não estão sujeitos ao ISS, bem como para reconhecer a legalidade da incidência da exação, no que tange aos atos não cooperados, apenas sobre a taxa de administração, excluindo-se os valores pagos ou reembolsados aos associados. 3. O aresto embargado, em momento algum, consignou a necessidade de que fosse efetuado novo lançamento para constituição do crédito tributário remanescente. Ao revés, o auto de infração foi considerado hígido, eficaz, em seus aspectos formais e materiais no tocante ao fato de pretender incidir ISS sobre os atos não cooperativos relativos à taxa de administração, bem assim à sanção pelo descumprimento de obrigação acessória. 4. A jurisprudência desta Corte orienta-se no sentido de que o excesso na cobrança expressa na CDA não macula a sua liquidez, desde que os valores possam ser revistos por simples cálculos aritméticos, entendimento este aplicável à espécie. 5. Destarte, à míngua de

---

206. CARVALHO, *op. cit.*, 2012a, p. 362.

comprovação, pela recorrente, da tributação incidente indistintamente sobre os atos cooperados e os não cooperados, cabe a esta proceder à demonstração, no curso da execução fiscal, dos valores sobre os quais o acórdão embargado, de natureza meramente declaratória, afastou a incidência do tributo. 6. Embargos de declaração acolhidos.[207]

TRIBUTÁRIO. AÇÃO ANULATÓRIA DE LANÇAMENTO FISCAL. MULTA POR DESCUMPRIMENTO DE OBRIGAÇÃO TRIBUTÁRIA ACESSÓRIA. COOPERATIVA DE TRABALHO. EMPRESA NOS MOLDES DA LEGISLAÇÃO PREVIDENCIÁRIA. ART. 15, I, DA LEI 8212 /91. NÃO APRESENTAÇÃO DA GFIP. DESCUMPRIMENTO DA PREVISÃO LEGAL. ART. 32, IV, DA LEI 8212 /91. LEGALIDADE DO AUTO DE INFRAÇÃO.
– Para a legislação previdenciária, empresa é a firma individual ou sociedade que assume o risco de atividade econômica urbana ou rural, com fins lucrativos ou não (art. 15, I, da Lei 8212 /91). – O art. 32, IV, da Lei 8212 /91 determina, expressamente, a obrigação da empresa de informar, através da GFIP (Guia de Recolhimento do FGTS e Informações à Previdência Social), dados referentes às contribuições previdenciárias devidas ou outras informações de interesse do INSS. – Cabimento de aplicação de sanção pelo descumprimento de obrigação acessória. – Apelação improvida.[208]

Entretanto, a Lei n. 5.764/71 estabelece uma regra específica de contabilização das operações da cooperativa, conhecida como *segregação contábil*, que tem a finalidade certa de separar os atos cooperativos, dos demais atos considerados como não cooperativos, para efeito de incidência de tributos.

Assim está previsto no artigo 87, senão vejamos:

> Art. 87. Os resultados das operações das cooperativas com não associados, mencionados nos artigos 85 e 86, serão levados à

---

207. Superior Tribunal de Justiça. Embargos de Declaração no Recurso Especial n. 875388/SP (2006/0175502-5). 1ª Turma. RELATOR MINISTRO LUIZ FUX. Data do julgamento 11/03/2008. Publicado no DJe 28/04/2008.

208. Tribunal Regional Federal da 5ª Região. Apelação Cível n. 327409-CE (2002.81.00.012278-0). Relator Desembargador Federal José Maria Lucena. 1ª Turma. Julgado em 24/11/2005. Publicado no Diário da União de 15/12/2005.

conta do "Fundo de Assistência Técnica, Educacional e Social" e serão contabilizados em separado, de molde a permitir cálculo para incidência de tributos.

As decisões proferidas pelo Conselho Administrativo de Recursos Fiscais constantemente vêm reafirmando a necessidade das sociedades cooperativas de um modo geral observarem as regras específicas de contabilização dos seus negócios. Não basta a sociedade cooperativa fazer a escrituração contábil dos atos cooperativos. Sobretudo, devem se ater à regular anotação das informações contábeis quanto aos atos considerados como não cooperativos, *in verbis:*

> IRPJ / CSL – COOPERATIVA – NÃO SEGREGAÇÃO DOS ATOS NÃO COOPERATIVOS – BASE DE CÁLCULO – O resultado decorrente de atos não cooperativos deve ser tributado pelo IRPJ e CSL. Na situação em que a cooperativa praticou atos não cooperativos mas não promoveu a **segregação**, deve a fiscalização intimá-la para que apresente os resultados segregados, relativos a atos cooperativos e a atos não cooperativos. A tributação pelo resultado global, antes de qualquer iniciativa da fiscalização para identificar a verdadeira base de cálculo (lucro real), é precipitada.[209] (grifo nosso).
>
> IMPOSTO SOBRE A RENDA DE PESSOA JURÍDICA - IRPJ Exercício: 2003, 2004. COOPERATIVA MÉDICA. ATOS COOPERATIVOS E NÃO COOPERATIVOS. DISCRIMINAÇÃO. SEGREGAÇÃO. TRIBUTAÇÃO. Na comercialização de planos de saúde, existe prestação de utilidade pela cooperativa a terceiros (usuários, na comercialização de planos de saúde), na medida em que os planos permitem o direito de usar serviços médicos e utilidades conexas de não cooperados. O contratante, simplesmente, não paga o preço através da cooperativa. Antes, paga preço à cooperativa, de modo que as relações econômicas relativas ao plano de saúde contratado se instalam entre o terceiro e a cooperativa, e não entre o terceiro e o cooperado. Assim, são atos cooperativos, nas cooperativas de médicos, apenas os serviços prestados por estes, classificando-se como atos não

---

209. Conselho Administrativo de Recursos Fiscais. Processo n. 10880.013406/2001-37. Recurso n. 132.666. 8ª Câmara do Primeiro Conselho de Contribuintes. Origem: Delegacia Regional de Julgamentos de Ribeirão Preto/SP. Sessão de 29 de janeiro de 2004. Acórdão n. 108-07.687. Relator José Henrique Longo.

cooperativos os serviços prestados por terceiros. Diante da falta de **segregação contábil** entre os resultados provenientes dos atos cooperativos e aqueles decorrentes dos atos não cooperativos, é cabível a tributação pelo IRPJ do resultado global da cooperativa. MULTA ISOLADA. FALTA DE RECOLHIMENTO DE ESTIMATIVA. VERIFICAÇÃO APÓS O ENCERRAMENTO DO EXERCÍCIO. IMPOSSIBILIDADE. O artigo 44 da Lei nº 9.430, de 1996, preceitua que a multa de ofício deve ser calculada sobre a totalidade ou diferença de imposto ou contribuição, materialidade que não se confunde com o valor calculado sob base estimada ao longo do ano. O Imposto de Renda da Pessoa Jurídica ou a Contribuição Social sobre o Lucro Líquido efetivamente devido pelo contribuinte surge com o lucro apurado em 31 de dezembro de cada ano-calendário. É improcedente a aplicação de penalidade pelo não recolhimento de estimativa quando a fiscalização apura, após o encerramento do exercício, valor de estimativas superior ao Imposto de Renda da Pessoa Jurídica ou Contribuição Social sobre o Lucro Líquido apurado em sua escrita fiscal ao final do exercício. LANÇAMENTOS DECORRENTES. PIS. COFINS. Tratando-se de tributação reflexa, o decidido com relação ao principal (IRPJ) constitui prejulgado às exigências fiscais decorrentes, no mesmo grau de jurisdição administrativa, em razão de terem suporte fático em comum. Assim, o decidido quanto à infração que, além de implicar o lançamento de IRPJ implica os lançamentos da contribuição para o Programa de Integração Social (PIS) e da Contribuição Social para o Financiamento da Seguridade Social (COFINS), também se aplica a estes outros lançamentos naquilo em que for cabível ATOS COOPERADOS. INCIDÊNCIA DE PIS E COFINS. A isenção de COFINS concedida pela Lei Complementar 70/91 às cooperativas se cingia aos ingressos decorrentes de atos cooperativos, não sendo afetada sua revogação, no lançamento em dissídio. Exigência sobre as receitas de atos não cooperativos que deve ser mantida reflexamente. MULTA DE LANÇAMENTO DE OFÍCIO. CARÁTER DE CONFISCO. INOCORRÊNCIA. A falta ou insuficiência de recolhimento do imposto dá causa ao lançamento de ofício, para exigi-lo com acréscimos e penalidades legais. A multa de lançamento de ofício é devida em face da infração às regras instituídas pelo Direito Fiscal e, por não constituir tributo, mas penalidade pecuniária prevista em lei é inaplicável o conceito de confisco previsto no inciso V, do art. 150 da Constituição Federal MULTA DE LANÇAMENTO DE OFICIO. RESPONSABILIDADE OBJETIVA. A responsabilidade por infrações da legislação tributária independe da intenção do agente ou responsável. O fato de não haver má-fé do contribuinte não descaracteriza o poder-dever da Administração de lançar com multa de ofício as receitas não oferecidas à tributação. Recurso Parcialmente Provido.[210] (grifo nosso).

Parece estar tudo certo quanto a isso. Evidentemente, o Poder Público, por lídima autorização legal, pode exigir dos súditos que preencham façam declarações, emissão de notas fiscais, registros nos livros contábeis apropriados, entre tantos outros deveres instrumentais. Mas, um ponto que se considera fundamental é o seguinte: se o ato cooperativo é uma hipótese de não incidência tributária, qual a legalidade do Poder Público exigir a *segregação contábil*?

Na linha de entendimento adotada neste trabalho, a não incidência tributária representa acontecimentos não recortados pelo legislador do mundo social para efeito de juridicização. Temos inúmeros acontecimentos no nosso cotidiano que não possuem qualquer repercussão no Direito, notadamente é matéria tributária. A comunicação escrita ou oral que fazemos com nossos amigos, a carona que damos a uma pessoa, enfim, são situações não contempladas pela legislação como fato suficiente e necessário para o nascimento de um vínculo jurídico.

Dentro deste contexto situamos o ato cooperativo. Os atos cooperativos estão totalmente fora do campo de incidência tributária, justamente por não se configurarem como fatos jurídicos sujeitos à imputação. Não havendo a possibilidade de nascimento de uma obrigação tributária sobre eles, mesmo assim, estas sociedades devem cumprir a segregação contábil, sob pena de sanção? O correto não seria apenas a

---

210. Conselho Administrativo de Recursos Fiscais. Processo n. 15889.000021/2007-39. Órgão julgador Órgão Julgador: 2ªTO/4ªCÂMARA/1ªSEJUL/CARF/MF. Relator: PAULO ROBERTO CORTEZ. Data da Sessão: 13/02/2014. Número da Decisão: 1402-001.584.

contabilização dos atos não cooperativos para efeito de pagamento dos tributos cabíveis?

É tentador defender que nos casos de não incidência tributária não existe qualquer possibilidade de o Poder Público exigir do contribuinte o cumprimento de certos deveres instrumentais. Por exemplo: um banco ser compelido por um Estado-membro a prestar declarações mensais sobre a liberação de créditos aos seus clientes. Este fato não é hipótese de incidência tributária de nenhum tributo estadual, nos termos da Constituição Federal. Portanto, no caso hipotético, seria totalmente abusivo determinar ao banco o cumprimento de deveres instrumentais.

No caso das sociedades cooperativas, os seus negócios podem ser qualificados como hipótese de não incidência tributária ou como hipótese de incidência tributária. A depender da natureza jurídica do negócio praticado, pode ser que não exista nenhum tributo a ser pago, mas, por outro lado, pode ser que a exigência fiscal tenha cabimento. Assim, quando uma cooperativa de consumo vende uma mercadoria para o seu associado, o ato será tipicamente cooperativo, não havendo exigência tributária. Todavia, se esta mesma mercadoria for vendida para um terceiro não associado, haverá a incidência tributária.

Nesse passo, mostra-se perfeitamente legal e legítima a exigência da *segregação contábil*, pois as cooperativas não praticam unicamente negócios que estão fora do campo de exigência fiscal. Estas sociedades podem praticar negócios com não associados. Portanto, a única forma de haver um controle das operações, dos negócios, é exigindo uma contabilidade detalhada e que seja separado tudo aquilo que é ato cooperativo dos demais não cooperativos.

O Direito nasce com o propósito de ordenar a vida das pessoas na sociedade e, para isso, é primordial que exista certo controle do estado com relação aos atos praticados pelos seus súditos. É claro que estes atos devem apresentar uma lógica com os propósitos estatais, não sendo crível que os entes públicos possam impor aos cidadãos o cumprimento de obrigações ou deveres sem qualquer correlação com os seus fins. Assim é que se vê que o ente político não pode exigir de qualquer pessoa o cumprimento de deveres instrumentais, quando evidentemente não tenha qualquer interesse jurídico no evento praticado.

Entrementes, quando os eventos praticados pelos súditos puderem ensejar a incidência tributária, não há dúvida da legalidade e do interesse do ente tributante em exigir o cumprimento dos deveres instrumentais. Portanto, mesmo que os atos cooperativos representem uma hipótese de não incidência tributária, é perfeitamente correto exigir a *segregação contábil*, porque estas sociedades também praticam eventos suscetíveis de incidência fiscal.

Com as palavras de Paulo de Barros Carvalho fica mais fácil a compreensão do assunto, *in verbis:*

> É preciso assinalar que os deveres instrumentais cumprem papel relevante na implantação do tributo porque de sua observância depende a documentação em linguagem de tudo que diz respeito à pretensão impositiva. Por outros torneios, o plexo de providências que as leis tributárias impõem aos sujeitos passivos, e que nominamos de "deveres instrumentais" ou "deveres formais", tem como objetivo precípuo relatar em linguagem os eventos do mundo social sobre os quais o direito atua, no sentido de alterar as condutas inter-humanas para atingir seus propósitos ordinatórios. Tais deveres assumem, por isso mesmo, uma importância decisiva para o aparecimento dos fatos tributários, que, sem eles, muitas vezes não poderão ser constituídos na forma jurídica própria.[211]

---

211. CARVALHO, *op. cit.*, 2008, p. 424.

Por outro giro, não podemos perder de vista, mesmo nos casos em que a Constituição Federal outorga imunidades tributárias e também na concessão de isenções pelos entes políticos, que o cumprimento de deveres instrumentais não fica dispensado.

CONCLUSÃO

O tema abordado neste trabalho não é de fácil solução. Verificamos que existe uma grande distância entre o entendimento dos doutrinadores e da jurisprudência dominante nos Tribunais Superiores. De qualquer modo, isso não serviu de desestímulo para que pudéssemos avançar e tentar enxergar o problema da tributação das sociedades cooperativas por outros ângulos.

De acordo com a proposta formulada, os estudos da Semiótica ajudam sobremaneira na construção de sentido dos enunciados prescritivos e isso foi demonstrado na análise do que realmente se deve entender por *adequado tratamento tributário do ato cooperativo praticado pelas sociedades cooperativas* (art. 146, III, c, CF). Vimos que, para melhor compreensão do assunto, propositalmente devemos fazer uma desestruturação da frase e analisar os pormenores de cada um dos seus elementos.

Assim, o *adequado tratamento tributário* deve ser visto como uma situação jurídica distinta de *ato cooperativo*. Todavia, antes de se chegar às respostas almejadas, foi necessário fazer uma apresentação do sistema jurídico, da concepção das normas jurídicas em regras e princípios. Nisso, constatamos que o enunciado prescritivo dimanado pelo artigo 146, III, c, da Carta Magna, ao determinar que o tratamento seja *adequado*, apesar do alto grau de vaguidade e imprecisão da palavra, não rende ensanchas à afirmação de que o constituinte nada disse. Não podemos admitir a existência de normas constitucionais vazias, despidas de qualquer sentido.

Por isso, a dificuldade foi superar este obstáculo, tentando enxergar a amplitude constitucional do tema. Por outras palavras, o cooperativismo não se resume à prática de atos cooperativos. Sendo assim, valendo-se principalmente do artigo 174, § 2º, da Carta Magna, pudemos notar que o *adequado tratamento* tinha estreita ligação com o apoio e o estímulo ao cooperativismo. Dessa forma, ficou mais fácil de ver que, a bem da verdade, o constituinte não se expressou corretamente na redação do artigo 146, III, c, pois de nada adianta dar *adequado tratamento* se o ato cooperativo não é uma hipótese de incidência tributária.

Neste caminhar, somente teria lógica dar *adequado tratamento tributário* a outra situação jurídica que não o ato cooperativo. Foi assim que entendemos a relevância das palavras utilizadas no § 2º do artigo 174 da CF, ao estatuir que o cooperativismo deve ser apoiado e estimulado. Este apoio e estímulo pode perfeitamente ocorrer por intermédio de políticas fiscais adequadas, mas não somente por isso.

Essa política fiscal pode se apresentar tanto por meio de isenções, totais ou parciais, ou outras situações jurídicas que o caso concreto requerer. A conclusão a que se chega é que o constituinte impôs a edição de lei complementar, categorizando-a nas normas gerais de direito tributário, de competência do Congresso Nacional, com a finalidade dos entes políticos não reclamarem qualquer violação ao pacto federativo e também para que haja uma uniformidade no tratamento das cooperativas em todo o território nacional.

As sociedades cooperativas não estão totalmente livres da tributação. Entretanto, devemos reconhecer que o ato cooperativo merece ser visto sob a luz do conceito implícito na Constituição Federal e que o tratamento tributário a ser dado a estas sociedades deverá ser guiado pelos princípios da igualdade e da capacidade contributiva. Fazendo assim, com certeza o legislador encontrará o equilíbrio para a adoção de uma política fiscal coerente e pertinente a estas sociedades.

REFERÊNCIAS

ALMEIDA, Amador Paes de. *Manual das sociedades comerciais*. 3. ed. São Paulo: Saraiva, 1982.

AMARO, Luciano. *Direito Tributário brasileiro*. 14. ed. São Paulo: Saraiva, 2008.

ARAÚJO, Clarice von Oertzen. *Incidência jurídica*: teoria e crítica. 1. ed. São Paulo: Noeses, 2011.

ATALIBA, Geraldo. *Hipótese de incidência*. 5. ed. São Paulo: Malheiros, 1992.

_____. ICM – não incidência sobre o ato cooperativo. *RDTributário*, São Paulo, n. 2, 1997.

BARROSO, Luis Roberto. Fundamentos teóricos e filosóficos do novo direito constitucional brasileiro. Pós-modernidade, teoria crítica e pós-positivismo. *Revista Diálogo Jurídico*, Salvador, BA, ano I, v. I, n. 06, set. 2001.

BASTOS, Celso; MARTINS, Ives Gandra da Silva. *Comentários à Constituição do Brasil*. São Paulo: Saraiva, 1989. v. 7.

BECHO, Renato Lopes. *Tributação das cooperativas*. 3. ed. São Paulo: Dialética, 2005.

_____. *Elementos de Direito Cooperativo*. São Paulo: Dialética, 2002.

_____. *Filosofia do Direito Tributário*. 2. tir. São Paulo: Saraiva, 2010.

_____. *Lições de Direito Tributário*: teoria geral e constitucional. São Paulo: Saraiva, 2011.

BOBBIO, Norberto. *O positivismo jurídico*: lições de filosofia do direito. Compiladas por Nello Borra. Tradução e notas Márcio Pugliesi, Edson Bini, Carlos E. Rodrigues. São Paulo: Ícone, 1995.

BORGES, José Souto Maior; ATALIBA, Geraldo. *Parecer ICM & ato cooperativo*. Porto Alegre: Fecotrigo, 1978.

BRASIL. Câmara dos Deputados. Comissão de Finanças e Tributação. Projeto de Lei Complementar n°. 271, de 2005. Disponível em: <http://www.camara.gov.br/ sileg/integras/1052777.pdf>.

_____. Constituição Federal de 1988.

_____. Código Tributário Nacional de 1966.

_____. Código Civil de 2002.

_____. Lei n. 12.529/2011.

_____. Lei n. 5.764/1971.

_____. Lei n. 8.212/1991.

_____. Lei n. 123/2016.

_____. Lei n. 9.718/98.

_____. Ministério da Fazenda. Secretaria da Receita Federal. *Instrução Normativa SRF nº 390*, de 30 de janeiro de 2004. Disponível em: <http://normas.receita.fazenda.gov.br/sijut2consulta/link.action?visao=anotado&idAto=15288>.

_____. Senado Federal. *Parecer s/nº*, 2014. Disponível em: <www.senado.gov.br/atividade/Materia/getDocumento.asp?t=67893 >.

_____. Senado Federal. *Parecer s/nº*, 2014. Disponível em: <www.senado.gov.br/atividade/materia/getTexto.asp?t=147308>.

BULGARELLI, Waldirio. *Regime jurídico das sociedades cooperativas*. São Paulo: Pioneira, 1965.

_____. *Direito Cooperativo*. 1 ed. São Paulo: Atlas, 1967.

_____. *Regime tributário das cooperativas*. São Paulo: Saraiva, 1974.

_____. *As sociedades cooperativas e a sua disciplina jurídica*. Rio de Janeiro: Renovar, 1998.

CALSAMIGLIA, Albert. Ciencia jurídica. In: GARZÓN, Ernesto; LAPORTA, Francisco J. (Org.). *El derecho y la justicia*. 2. ed. Madrid: Editorial Trotta, 2000.

CAMPELO, Estenio. *Cooperativas de trabalho*: relação de emprego. Brasília: Brasília Jurídica, 2005.

CARVALHO, Aurora Tomazini. *Curso de Teoria Geral do Direito*: o constructivismo lógico-semântico. São Paulo: Noeses, 2009.

_____. *Curso de Teoria Geral do Direito*: o constructivismo lógico-semântico. 3. ed. São Paulo: Noeses, 2013.

CARVALHO, Paulo de Barros. *Apostila do Curso de Extensão em Teoria Geral do Direito*. São Paulo: IBET/SP, 2007.

_____. *Direito Tributário, linguagem e método*. 2. ed. São Paulo: Noeses, 2008.

_____. *Curso de Direito Tributário*. 24. ed. São Paulo: Saraiva, 2012a.

_____. *Direito Tributário*: fundamentos jurídicos da incidência. Editora Saraiva. 9. ed. São Paulo: 2012b.

CARVALHO, Paulo de Barros. *Fundamentos jurídicos da incidência*. 9. ed. São Paulo: Saraiva, 2012c.

CARRAZZA, Roque Antonio. *Curso de Direito Constitucional Tributário*. 29. ed. São Paulo: Malheiros, 2013.

_____. *Imposto sobre a renda*. 3. ed. São Paulo: Malheiros, 2009.

_____. *ICMS na Constituição*. 13. ed. São Paulo: Malheiros, 2009.

CASSONE, Vittorio. *Sistema Tributário Nacional na Nova Constituição*. São Paulo: Atlas, 1989.

CÍCERO. *Sobre la república*. Trad. Álvaro D'Ors. Madrid: Editorial Gredos, 1984.

CHIESA, Clélio. *A competência tributária do Estado brasileiro*: desonerações nacionais e imunidades condicionadas. São Paulo: Max Limonad, 2002.

DWORKIN, Ronald. *Levando os direitos a sério*. São Paulo: Martins Fontes, 2002.

FERRAZ JR., Tercio Sampaio. *Introdução ao estudo do Direito*. 4. ed. São Paulo: Atlas, 2003.

FERREIRA, Francisco Gilney Bezerra de Carvalho. Do instituto das isenções heterônomas. *Jus Navigandi*, Teresina, ano 17, n. 3248, 23 maio 2012. Disponível em: <http://jus.com.br/artigos/21833>. Acesso em: 19 nov. 2014.

FERREIRA FILHO, Manoel Gonçalves. *Comentários à Constituição Brasileira*. São Paulo: Saraiva, 1994. v. 3.

FRANKE, Walmor. *Direito das Sociedades Cooperativas* (Direito Cooperativo). São Paulo: Saraiva/Editora da Universidade de São Paulo, 1973.

FURQUIM, Maria Célia de Araújo. *A cooperativa como alternativa de trabalho*. São Paulo: LTr, 2001.

GAMA, Tácio Lacerda. *Competência tributária*: fundamentos para uma teoria da nulidade. 2, ed. São Paulo: Noeses, 2011.

GOMES, Orlando. *Contratos*. 7. ed. São Paulo: Forense, 1979.

GUASTINI, Riccardo. *Das fontes às normas*. Trad. Edson Bini. Apres. Heleno Taveira Tôrres. São Paulo: Quartier Latin, 2005.

GULYAS, Carlos Ervino. Imposto de renda de pessoas jurídicas e as sociedades cooperativas. *Revista de Direito Tributário*, ano VII, jul./dez. 1983.

HANS, Kelsen. *Teoria Pura do Direito*. Trad. João Baptista Machado. 7. ed. São Paulo: Martins Fontes, 2006.

HART, H. L. A. *O conceito de direito*. São Paulo: Wmf Martins Fontes, 2013.

HESPANHA, António Manuel. *Cultura jurídica europeia*: síntese de um milênio. Florianópolis: Fundação Boiteux, 2005.

LIMA, Helder Gonçalves. *ISS e cooperativas de trabalho*: o adequado tratamento constitucional tributário. Nov. 2012. Disponível em: <http://jus.com.br/artigos/23028/ iss-e-cooperativas-de-trabalho-o-adequado-tratamento-constitucional-tributario#ixzz2 i61FvX77>.

LIMA, Marcio Alexandre Ribeiro de. *O direito como integridade em Dworkin*: uma perspectiva interpretativa dos princípios e direitos fundamentais. 2006. Dissertação (Mestrado em Direito) – Universidade Federal do Paraná, Curitiba, 2006.

LIMA, Reginaldo Ferreira. *Direito Cooperativo Tributário*. São Paulo: Max Limonad, 1997.

MARQUES NETO, Agostinho Ramalho. *A ciência do direito*: conceito, objeto, método. 2. ed. Rio de Janeiro: Renovar, 2001.

MELO, José Eduardo Soares de. *ISS – aspectos teóricos e práticos*. 5. ed. São Paulo: Dialética, 2008.

PONTES DE MIRANDA, Francisco Cavalcanti. *Tratado de Direito Privado*. Rio de Janeiro: Borsoi, 1968. v. 49.

_____. *Tratado de direito privado*. 4. ed. 2. tir. São Paulo: Revista dos Tribunais, 1983.

MORESO, José Juan. Lenguaje Jurídico. GARZÓN, Ernesto; LAPORTA, Francisco J. (Org.). *El derecho y la justicia*. 2. ed. Madrid: Editorial Trotta, 2000.

NAMORADO, Rui. *Introdução ao Direito Cooperativo*. Lisboa: Almedina, 2000.

NOVA ENCICLOPÉDIA BARSA. São Paulo: Encyclopaedia Britannica do Brasil Publicações, 1998. v. 4.

OLIVEIRA, Ricardo Mariz. O certo e o errado a respeito da tributação de suas aplicações financeiras. *Revista Dialética de Direito Tributário*, n° 12, p. 65, 1998.

PAULSEN, Leandro. *Contribuições: Teoria Geral* – contribuições em espécie. 2. ed. Porto Alegre: Livraria do Advogado, 2013.

PEREIRA, Caio Mário da Silva. *Instituições de Direito Civil*. 21. ed. São Paulo: Forense, 2006. v. I.

PÉRIUS, Vergílio Frederico. *Cooperativismo e lei*. São Leopoldo: Unisinos, 2001.

POÇAS, Fernando Augusto Ferrante. *Imposto sobre serviços*: de acordo com a Lei Complementar n. 116/03. São Paulo: Quartier Latin, 2004.

PRADO, Flávio Augusto Dumont. Da inconstitucional exigência do PIS e da COFINS das cooperativas de crédito. *Revista Dialética de Direito Tributário*, n° 58, 1999.

REALE, Miguel. *Introdução à Filosofia*. 4. ed. São Paulo: Saraiva, 2002.

ROBLES, Gregorio. *O Direito como texto*. Trad. Roberto Barbosa Alves. Barueri, SP: Manole, 2005.

ROSS, Alf. *Direito e justiça*. Trad. Edson Bini; rev. téc. Alysson Leandro Mascaro. Bauru, SP: EDIPRO, 2000.

SAYEG, Ricardo Hanson. *Texto de estudos*: o capitalismo humanista. São Paulo: Edição do Núcleo do Capitalismo Humanista da PUC/SP, 2010.

SCAVINO, Dardo. *La filosofia actual*: pensar sin certezas. Buenos Aires: Paidós Postales, 1999.

SILVA, De Plácido e. *Vocabulário jurídico*. Atualizadores Nagib Slaibi Filho e Gláucia Carvalho. Rio de Janeiro: Forense, 2004.

SILVA, José Afonso da. *Curso de Direito Constitucional Positivo*. 25. ed. São Paulo: Malheiros, 2005.

SILVA, Luís Virgílio Afonso da. O proporcional e o razoável. *Revista dos Tribunais*, Brasília, n. 91, p. 23-50, abr. 2002.

SINGER, Paul. *Cooperativas de trabalho*. s/d. Disponível em: <http://portal.mte.gov.br/data/files/FF8080812BCB2790012BCF0F046C68D9/prog_ cooperativatrabalho2.pdf>.

SÓFOCLES. *Antígone*. Trad. J. B. de Mello Souza, versão para e-book, 2005.

SÜSSEKIND, Arnaldo. *Instituições de Direito do Trabalho*. 22. ed. São Paulo: LTr, 2005. v. I.

TOMÉ, Fabiana Del Padre. *A prova no direito tributário*. 3. ed. São Paulo: Noeses, 2011/2012.

ULHOA, Fábio. *Manual de Direito Comercial*: direito de empresa. 23. ed. São Paulo: Saraiva, 2011.

VILANOVA, Lourival. *Causalidade e relação no direito*. 4. ed. São Paulo: Revista dos Tribunais, 2000.

WITTGENSTEIN, Ludwig. *Tractatus logico-philosophicus*. São Paulo: Edusp, 1994.

Sites consultados:

www.tst.jus.br

www.senado.gov.br

www.camara.gov.br

www.planalto.gov.br

www.trf1.jus.br

www.trf5.jus.br

www.stj.jus.br

www.stf.jus.br

www.carf.fazenda.gov.br

Impressão:
MAXI GRÁFICA
41 3025-440